战略对话

戴秉国回忆录

戴秉国 著

人民出版社

世界知识出版社

战略对话

戴秉国 著

谨以这本小书献给一切致力于实现中华民族伟大复兴和促进世界和平发展进步事业的人们。

作者近照

2005 年 6 月 6 日，在爱丽舍宫会见法国总统希拉克

To His Excellency Dai Bingguo
With best wishes,

2008 年 11 月 21 日，在白宫会见美国总统乔治·W. 布什

2009 年 9 月 18 日，在平壤会见朝鲜劳动党总书记金正日

2009 年 10 月，在北京会见来华参加中华人民共和国成立 60 周年庆典活动的日本前首相村山富市

2010 年 11 月 28 日，在首尔会见韩国总统李明博

2012 年 1 月 17 日，在中印边界问题特别代表第十五次会晤期间，在新德里会见印度总理曼莫汉·辛格

2012 年 8 月 20 日，赴莫斯科参加第七轮中俄战略安全磋商期间，在克里姆林宫会见普京总统

1998 年 7 月 14 日，会见巴勒斯坦民族权力机构主席、法塔赫主席阿拉法特

2010 年 1 月 26 日，过境新加坡期间，会见新加坡内阁资政李光耀

　　2009 年 7 月，代表胡锦涛主席出席在意大利拉奎拉举行的八国集团同发展中国家领导人对话会（简称"8+5"）后，与各国领导人合影留念

　　2010 年 6 月 7 日，作为中国国家主席胡锦涛特别代表出席在土耳其伊斯坦布尔举行的亚信峰会，与各国领导人合影（前排右起第四为作者）

目　录

自　序

当人类历史的车轮驶入 21 世纪之时，70 亿人共居的这个星球正加速发生着数百年来未有的全面、巨大、深刻变化，进入大变化、大变革、大调整的历史新时期；占世界人口五分之一的社会主义中国快步推进民族复兴大业，同外部世界的关系也经历着历史性的重大变化。国际社会普遍高度关注世界的变化、人类的前途、自身的处境，关注中国"崛起"意味着什么，如何发展好、处理好同中国的关系。尽管人类的通信技术变得空前发达，但面对新的形势，人与人、国与国，特别是大国之间面对面、心与心、眼睛对眼睛的坦诚对话沟通反而变得更需要也更重要了。

十多年前，中国领导人胸怀全局、深谋远虑、审时度势，站在历史的潮头，适时作出重大决策：开展同大国之间的战略对话，就世界形势、中国走向、双边和国际关系以及人类前途、世界秩序、全球治理等全局性、战略性、前瞻性等重大问题进行推心置腹的战略沟通和思想交流，探讨如何正确认识世界的变化和彼此的发展，如何在思想、观念、方针、政策和行为方面适应变化，如何增进信任、发展合作，共同构建新型大国关系，

自序手稿

推进人类利益和命运共同体建设，维护好人类共同生活的地球家园。因为建设一个和平、安宁、繁荣、和谐的世界，世界各国都负有一份责任，而大国肩负的责任更为重大。如果大国都恪守国际关系基本准则，善处相互之间的关系，善待弱小国家，那么我们这个星球的秩序和治理问题就比较好办了。

2003 年至 2013 年这 10 年间，我奉命率中方工作团队同美国、俄罗斯、日本、印度、法国、英国和欧盟等大国和大国集团，进行了内容丰富、方式灵活，有广度、有深度、又管用的战略对话与沟通，期间，还多次会见了各国的国家元首或政府首脑。对话着重在相互尊重、总体平和的气氛中进行思想和智慧的沟通交流，但又不是脱离实际的空谈。彼此尽可能寻求和扩大共识，但也不回避矛盾、分歧和交锋。各国领导人都很看重这种对话形式。诚然，对话不是万能的，但对话所产生的积极效果是多方面的，带来的成果是丰硕的，影响是深远的，各大国和世界都从中获益。

就中国而言，10 年间世界虽然经历了几场局部战争、热点危机和金融风暴，但中国牢牢把握住了发展的战略机遇期，经济总量连超法、英、德、日等大国，成为世界第二大经济体，综合国力、国际地位和影响力大幅提升，同各大国关系稳步发展，周边环境总体稳定，中国的主权、安全、发展利益得到有效维护，国家发展的外部环境进一步改善。中国在世界和自身发生历史性巨变的紧要关头，保持了战略自信、战略冷静和战略定力，把握住了战略方向与主动权，在总体和平稳定的内外环境中，稳步而大大地推进了中华民族复兴的伟业，这在某种程度上同上述战略对话的有效进行和与对话伙伴国之间彼此战略意图的有效沟通是分不开的。有人认为，这也许称得上是 21 世纪初中国外交的一大创新和取得成功的一大秘诀。

中国改革开放才只有 30 多年时间，作为一个发展中的社会主义大国，我们学习同外部世界打交道，还处于起步阶段。10 年战略对话，为我们更好认识世界变化，清醒判断自身处境，科学谋划和实践和平发展，妥善处理与各国关系和国际争端，开展好中国特色大国外交，提供了难得的深入思考、探索和学习的机会。

10 年的战略对话，对我自己也是难得的学习、思考、提高的机会。它帮助我更好地认识了世界，更好地认识了中国自己，更好地认识了我的对话伙伴所代表的国家，结交了一批颇具战略头脑的朋友，特别是更加懂得人口众多、块头很大、快速发展的中国应当如何同世界打交道，如何处理好同外部世界的关系，从而既有利于实现我们民族的伟大复兴，又能在更高水平上造福于全人类。

本书是对 10 年战略对话及相关事件的一个粗略回顾，也穿插了一些我个人的感悟和思考，还有一点我早年的经历。这些经历，特别是新中国对我的培育和锻造，我从事对苏联工作和在中共中央对外联络部从事党的对外工作所受的历练，对我主持好战略对话、完成很不轻松的使命是不无关系的，因为每一次对话都不仅是对体力和智力，更是对能力和意志的考验。

令人高兴的是，今天，当这本回忆录问世的时候，中国外交又大大向前发展了。我相信，中国外交的未来必定会更加精彩。

人都是有局限性的，我自己和这本书也不例外，诚恳欢迎读者指点批评。

第一章
走出大山

我们那里是云贵高原，山高林深，好多地方都人迹罕至。

山路曲曲弯弯，净是一些羊肠小道，路旁长着很深的蒿草。

一个人在路上走，很长时间都看不到人。

2013年3月16日下午4时零8分，我离开了中南海的办公室，结束了近半个世纪的外交生涯，开始了退休生活。3月27日，我回到了阔别多年、生我养我的故土。18岁那年，我正是从这里走出了大山，后来走到了北京，再后来走出了国门。我到过世界很多地方，领略了这个星球之美，各国不论大小、贫富、强弱都各有千秋。但在我心里，还是祖国最美，家乡最亲。

明代开国元勋刘伯温曾经写道："江南千条水，云贵万重山。"1941年3月，我就出生在"万重山"中的贵州省印江县对马村杉木山这个小山村里。这里离佛教名山梵净山不远，天朗气清的时候可以看到梵净山的金顶。梵净山被500多平方公里的原始森林所覆盖，是地球同纬度上的一块

1

家乡小山村全貌（贵州省印江县对马村杉木山）

2013年3月，从领导岗位上退下来以后，回到家乡与父老乡亲见面

难得的绿宝石。

印江属革命老区，有光荣的革命传统，还是闻名遐迩的书法之乡，历史上出过几位大书法家。北京"颐和园"三个字就是印江书法家严寅亮的杰作。县城中耸立着有数百年历史的"文昌阁"。

印江县地处偏远，但这一带曾是重要的国际商道，中国生产的茶叶、丝绸和瓷器由此运往南亚诸国。印度前总理尼赫鲁在 20 世纪 50 年代与周恩来总理聊天时，曾专门提到他年少时随印度商队到过我们家乡附近的镇远古镇。后来，中国要修建湘黔铁路，周恩来总理专门指示，铁路一定要经过镇远。

我的父亲母亲

戴家的祖先来白江西省吉安地区，大约在明末迁到贵州，并同当地的居民融合在一起了。

我的祖父叫戴如圭，人很慈祥，记忆中从未见到他生过气，发过火。祖母姓任，没有名字，所以叫戴任氏，不到 50 岁眼睛就全瞎了。他们双双都在 60 多岁离开了人世。

我父亲名叫戴恒德，字进修，是戴家长子。据说，我高祖那一辈出过一个秀才，以后都是普通的农耕人家。父亲 18 岁那一年，祖父主持分家，但大家还住在一个屋檐下。戴家老屋是一个三开间的木屋，我们家住东头，祖父住西头，中间是堂屋。老屋的阁楼上还住着我的曾祖父，那时我们家是四世同堂。

父亲读过一点私塾，在村里算是有点见识了。我们家起初是租别人的地种。后来，父亲不时挑盐巴和土布到附近县城去卖，赚差价。贵州不少

3

1974 年，父亲戴恒德与母亲刘承香合影

1972 年，与母亲在北京天安门广场合影

偏僻的山乡闹土匪，很多小商贩都被土匪打劫过，有时只剩一根扁担和一条短裤逃回来。父亲还算幸运，没遇上过土匪。贵州解放前，辛苦劳作的父亲终于置办了几块地，其中有块地面积稍大些。解放后划成分，我们家被划成"中农"，分到两个箩筐。

我童年生活比较艰辛。初中毕业时，父亲将家养的一头猪卖了，继续供我读书。他说过："娃儿，只要你肯吃苦，能读书，爹千方百计都会供给你；但如果你自己不能读，就不要怪我了。"要不是当年父亲这么坚持，我恐怕也读不成高中了。父亲个性刚强，在我印象中，他只流过一次泪，大概是在外面受了点什么委屈吧。

父亲在学业上、劳动上对我们的要求非常严格。通常是在晚饭后，他叫我们背书，如果背不出来会扇我们的耳光，甚至把我们推出家门外。5岁时父亲就让我开始下地干农活。第一次我是光着屁股同大人一起在大田里插秧。农忙时节，有时天还没亮，他就把我和哥哥从床上拉起来，跟着他去种地，父子三人要披星戴月干一两个小时的农活，天才见亮。夏天要在稻田里弯腰锄草，背上往往被晒得脱一层皮。秋冬季节，我和哥哥要为全家拾柴火。这些乡村生活的艰辛经历培养了我吃苦耐劳的品质。

父亲喜欢在赶集时喝点儿酒，喝完酒回家有时要发脾气。我参加工作后有一次回家，劝他少喝点酒，他不爱听，火气一下子蹿上来说："老子就要喝，你管得着！"他虽然有时冲我们发脾气，但在生活上非常关心我们。我小时候身体不太好，他经常天刚蒙蒙亮就起床为我熬药，他那忙碌的身形在微曦天光中的剪影，成为我的童年记忆里最深的印迹。

我母亲名叫刘承香，是一个织布能手，我上学穿的衣服全是母亲亲手织染缝制的。父母同岁，两家相隔六七华里。外公那边家境比戴家略强一些。据母亲回忆，她结婚那一年，红军长征路过印江县，在我们家乡一带驻扎了一段时间，路过家门口时还说："老乡，你们不要害怕！"印江是红二军团与红六军团会师地。1979 年，印江县人民政府修建了红军会师纪念碑。

母亲非常勤快，爱干净，做的饭很好吃，舌尖上的童年如亲情般浓郁。母亲长得很秀气，裹的小脚，性情温和，就是不识字，没啥文化。我的容貌和性格更像母亲，哥哥更像父亲。在我童年印象中，父母总是从早到晚忙不停。我们晚上上床睡觉了，母亲还在织布，父亲还在院子里铡猪草。而早上我们醒来，他们早起床干活了。记得我的母亲在织布机前摆弄梭子时，经常困得睁不开眼睛，头也控制不住往下落，像鸡啄米一样。我经常在织机的"叽嘎"声中迷迷糊糊进入梦乡。我也清楚地记得，我上小学六年级每周回家时，妈妈都要在夜里帮我捉掉衣服上的虱子，用开水烫洗并在烘笼上烘干后让我再穿回学校。

我有一个哥哥、两个弟弟和两个妹妹。我家男孩多，小时候差点把我过继给同村的婶婶家了。父亲虽然同意过继，但我死活不干。现在，弟弟妹妹们都先后去世了，只剩哥哥和我。小弟弟一直在老家务农，村里失火，火势蔓延，把全村的老屋都烧光了，我家也没保住。老屋烧掉后，弟弟四处找别人家不要的旧砖，再一块一块搬回来，想重新建屋。他可能是太劳累，又喝当地村民自酿的土烧酒，烧坏了胃，得了癌症。我接他到北京治病，还找单位借钱想为他做手术，但大夫说已经晚了，无力回天，我只好含泪把他送回去。他回老家后，疼痛难忍，悄悄投水自尽，死的时候只有 40 岁。后来他的妻子改嫁了，留下的几个孩子由哥哥、妹妹和我帮助抚养成人。

大弟弟中学毕业后留在乡下当民办教师，教书好，人缘也好。他后来得了肺炎，没等痊愈就上班，结果病情恶化转成肺结核。父亲非常着急，带他到处看病，最后还是没救过来。这个弟弟去世后，来了好几百人为他送葬，都说他是一个难得的好人。

大妹妹没念书，大概是重男轻女的缘故吧。困难时期，粮食很紧张，大妹妹非常孝顺父母，总把省下来的一点好东西都留给父母吃，后来患了肝炎，不久转成肝硬化，去世时才刚过 30 岁。我当时已在北京工作，回老家时专门来到妹妹坟前，自己一个人大哭了一场。父母还健在，但一个妹妹和两个弟弟都去世了，白发人送黑发人啊！

小妹妹好一点，是最近因癌症去世的，去世时 58 岁。离世前她在县医院做护理工作。

哥哥比我年长三岁。新中国成立后，印江县首次开设初中班，他是首批学生。他本来叫戴秉华，老师给他改名为戴杰，那时比较时兴取单名。哥哥初中毕业先是在离家十几里的一个村子教书，后参加县里的水利工作队，那时才 15 岁。后来考进贵阳水利学校。水利学校毕业后，他也想考大学，但当时我也要上大学，家里供不起两个大学生，他只好考了一个专科。退休前一直在水电系统做技术工作。

小时候家里不说电灯，连煤油灯也没有。晚上念书就点一盏桐油灯，拿灯草剥皮后，挑出松软的草芯，再浸入一个桐油小碗，然后点上火，真正是灯光如豆啊。说来也怪，虽然光线昏暗，我的眼睛却没有近视，直到上大学以后，我的视力才直线下降，可能也有营养不良的原因吧，我读大学时国家正处于三年自然灾害时期。

我和哥哥念书后不能帮父母干农活了，但他们从不抱怨。后来我们工作了，他们生病也尽量不告诉我们，怕给我们添麻烦。有一次，父亲患了一场重病，差点儿去世，他也硬是忍着没讲，怕干扰我的公事。自 1959 年离家求学，我就很少回家探望父母，1974 年、1989 年分别回去过一次，

身着家乡土家族的民族服装留影

中间长达 15 年，我都没回过家。起初因为没钱回家，后来又因为工作太忙没时间回去。好在父母非常开明，非常理解我们的工作性质。父母于 1990 年、1991 年相继离世，我都没能赶回家为他们送终，非常遗憾。父亲去世的消息传到驻匈牙利使馆后，我的夫人整整瞒了我一个星期。我总觉得她有事没告诉我，在我追问之下，她说出了真情。我痛哭一场之后即带着微笑去参加一场外事活动。外交工作十分特殊，我有很多同事都有类似的情况，忠孝不能两全，也是一件很无奈的事情。

最后一次探亲，见到父母苍老的样子，我非常吃惊，也想在家多陪陪他们。我在家住了四天，父亲要带我去看看他为自己选好的墓地。我心里想以后还有机会，就没去。父母相继去世后，他们葬在一起。那块墓地高踞在一个山岬之上，驻足四望，视野非常开阔。我们还在小的时候就知道那块地方很神奇，即使严冬那里也不会积雪，说不清是什么原因。父亲看中那个地方，可能是怕冷清，觉得躺在那里会暖和一些吧。

漫漫求学路

1952 年秋天，我进入离家 15 里的板溪完小（即"完全小学"）读书。那时，小学五年级以上叫高小，四年级以下叫初小；小学设立有五、六年级的叫完小，没有五、六年级的叫初小。在我们村里，只有三个人上了三年学，算是初小水平。我记得，当时到完小报名时，我说要上五年级，可那个学校那一年恰好不开五年级的课，就是没有五年级，只有六年级。如果要上六年级的话，必须通过考试才行。结果我们一共三个人参加考试，只考取了两个，我是其中之一。

现在回想起来，我能直接进入完小的六年级上学，同我较早读书认字有很大关系。前些时候，我收拾旧东西时偶然翻到了自己小时候念私塾时用过的课本。这些书在"文化大革命"时都被列为"四旧"，要不是我父亲冒着风险把它们珍藏起来，早被造反派一把火烧了。父亲抢救下来的私塾课本大概有五六本，包括《大学》、《中庸》、《论语》、《孟子》等，都是线装本，扉页现在都变黑了。

看到这些书，不由得想起自己进私塾读书时的情景。我有一个隔房的叔公以教书为业，他没有孙子，很喜欢我们兄弟几个。有一天，叔公要我去上学，我又哭又闹，就是不愿意去。他硬是揪着我的耳朵，把我硬生生地扯进了课堂。

读私塾时我年龄还小，先生并不给我讲解书中的内容，只要求我死记硬背。我读过的那些书本上有红色的圈圈点点，书本的末尾还用朱笔写明是哪一年哪一月"戴秉国询通本"。"询通本"大概就是全背下来的意思吧。在父亲收藏下来我读过的四书里还夹着我大概9岁时写的一首小诗："白云一点在空中，一走西来一走东。雾云已散斜光照，日起青山满目融。"也幸亏因为接受了私塾的早期教育，有了一点旧学底子，否则我根本不可能考上高小。

从上小学起，我接受的教育都是比较正统的。那时候，也非常重视少年儿童的政治思想和品德教育。假期，我们每周都要回校过"少先队队日"。我还订阅了一本《红领巾》杂志，经常翻阅。我读的第一本书是《刘胡兰》，还读过《三千里江山》、《董存瑞》、《黄继光》等。现已九十高龄的我小学六年级的班主任老师回忆起一件小事，说当年我曾经把拾到的三角钱交到了学校。

那时，虽然我们贵州山区的小学和苏联没什么直接联系，但我生活的那个时代被深深地打上了苏联的烙印。可以说，我们整整一代人都是在中苏友好的大环境中成长起来的，从小就受到中苏友好的教育和熏陶。9 岁到 18 岁是一个人世界观、人生观形成的重要时期，从小到大接受的教育以及感受到的中苏友好的社会氛围对我们这一代人的成长产生了重要而深远的影响。

上初小时，老师频繁地组织我们同学到集市上去宣传，内容大致是：现在解放了，建立新中国了。苏联是我们的老大哥，苏联的今天就是我们的明天。将来，我们中国也会有拖拉机，而且会开到我们乡下来。我们每家每户都会过上好日子，楼上楼下，电灯电话，一口酒、一口饭、一口肉……总之，无限美好。我还清楚地记得，进入高小的那年冬天，下着大雪，学校组织我们高年级同学到山村各家各户宣传中苏友好。雪很大，山路很滑，我们打着赤脚，翻山越岭，却一点也没觉得苦。后来，我还成了学校中苏友好协会的会员，领取了会员证，胸前别上了中苏友好纪念章，心里美滋滋的。上初中时，我还写过一篇歌颂斯大林的习作，好像是一首诗，句子是排成阶梯式的，是马雅科夫斯基的风格。可以想象得到，当时苏联和苏联人在中国是多么受尊敬！中苏关系有多火！

1953 年 3 月 5 日是斯大林逝世的日子。当时，我正在镇上姑姑家拉二胡，正拉得起劲的时候，突然闯进来一个区政府的干部。他非常严肃地训斥我："都什么时候了，你还敢拉二胡！知道吗，斯大林同志逝世了！"那个年代，苏联和苏联领导人在中国社会备受尊崇，斯大林在中国人眼里几乎和神一样，在斯大林逝世的日子里摆弄乐器是"极不严肃的事、很严重的事"。

那时，在我的记忆中美国是什么呢？就是端着枪穿着高筒靴子的美国大兵和穿着条格背带裤的大腹便便的华尔街大老板。

上完小时我 11 岁，生活要靠自理。上了初中，生活依然比较艰苦。

这是新修的对马溪小学，
当年的旧校舍已经不存在了

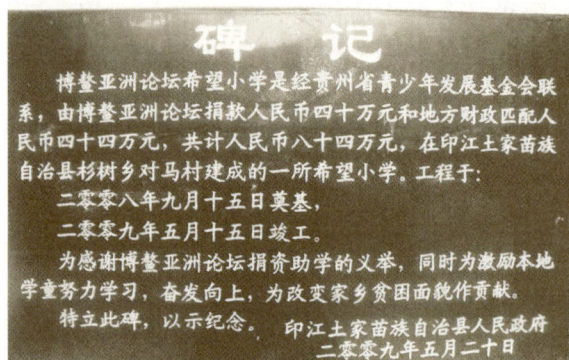

碑 记

博鳌亚洲论坛希望小学是经贵州省青少年发展基金会联系，由博鳌亚洲论坛捐款人民币四十万元和地方财政匹配人民币四十四万元，共计人民币八十四万元，在印江土家苗族自治县杉树乡对马村建成的一所希望小学。工程于：
二零零八年九月十五日奠基，
二零零九年五月十五日竣工。
为感谢博鳌亚洲论坛捐资助学的义举，同时为激励本地学童努力学习，奋发向上，为改变家乡贫困面貌作贡献。
特立此碑，以示纪念。 印江土家苗族自治县人民政府
二零零九年五月二十日

当时，学校要求每个学生都必须交伙食费，每月4元钱，如果不交就停
伙。特别困难的时候，学校也会补助一两块钱，但不是全补。有一次，学
校突然给我停伙，我只好饿着肚子走了四五十里山路回家，一见到母亲，
我就抱紧她的腿哭了起来。母亲赶紧找人借钱，给我交上了伙食费。

初中快毕业时，我面临读高中还是读师范的选择。我从没做过长大了
要搞外交的梦，就是想当个老师。我的想法是考师范。那时候读师范不需
要花钱，而且上完师范就可以分配工作，早点赚钱养家了。为此，我父亲
还专门找到班主任。可是，我的班主任死活不同意，认为我的年纪太小，
他悄悄给我报了高中。后来我顺利地考入高中，但不是在本县读。当时，
贵州省铜仁地区下辖九个县，全地区只有三所高中。我们印江县没有高
中，一部分考生要集中到松桃县城的中学去读，而松桃县离我们家足足有
300多华里远。

要到离家很远的地方去读高中是非常艰苦的。我那时候一个学期只能
回一次家。新中国成立初期家乡有好多地方都没有官道，更没通汽车。从
学校回家全靠步行，而且多半是打着光脚板走路。每一次回家都要走三天
多，晚上就在路边找一家店子歇脚。

我们那里是云贵高原，山高林深，好多地方都人迹罕至。山路曲曲弯
弯，净是一些羊肠小道，路旁长着很深的蒿草。一个人在路上走，很长时
间都看不到人。那时候回一趟家真是跋山涉水，非常不容易。前不久，我
坐汽车回了趟老家，特地从我们村到松桃县城跑了一趟，光路上就花了三
个多小时。现在是公路了还要花这么多时间，那时候可连像样的路都没有
啊！我坐在车里凝视着窗外的景象，默默地想，就是这条路，当年到松桃
读高中历经三个寒暑、六个学期，一共走了六个来回，加起来将近4000
华里！有一次在放假回家的路上，我突然脸色发白，一身虚汗，同行的几

1959 年，高中毕业照

回乡探亲时，在印江县城与初中同学合影

个同学轮流着背我走了几十里山路。个中艰辛和挑战，现今的孩子想也不敢想。由于从小就打赤脚，走山路又很多，至今脚趾都还是变了形的。

从高中起，课程设置中就有外语，那时就是俄语。不过，当时的俄语教学实在太不规范了，教出的俄语非常蹩脚。我们的俄语老师听说是从新疆回来的，只是学了一点俄语的皮毛。上课的时候，他经常东拉西扯，讲些和俄语无关的东西，很不正规。直到高二的后半学期，学校才调来一位刚从贵阳师范学院毕业的女老师，叫陈婷华，成都人。从那时起，我们的俄语教学才算走上正轨。

高中毕业时要填报大学志愿，选专业。我稀里糊涂地就填报了四川大学外语系俄罗斯语言文学专业。记得这好像是我的第三志愿。当时填志愿，根本就没什么人会帮我们拿主意，父母也不在身边。而且他们是农民，即使在身边也不可能给我做主。

高考完了以后，我并不觉得自己能够考上大学，所以刚一考完，我就离开学校回家干活了。期间，我还因为在地里锄草时非常口渴，喝了山泉，结果患上了痢疾。繁重的田间劳动再加上痢疾，把我折腾惨了，几乎忘记了自己还有考大学这回事。

有一天，我在地里干活，直起腰来歇口气，突然想起高考招生可能要出结果了，就对弟弟说："你去镇上赶集的时候，顺便帮我看一看有没有大学的录取通知书。"那时候，乡场上的一切公共服务设施都相当简陋，乡邮政所根本不负责投送书信和报纸，谁家如果有信来，就都放进乡邮政所门外一个敞开的木架子里面，任由大家随便捡取。弟弟到镇上去，一眼就看到了我的录取通知书。这也足见当时家乡的民风淳朴，录取通知书一直都完好无损地摆在那儿，不知有多少天啦！

我收到了四川大学的录取通知书，当然很兴奋。事后才知道，我是

1959 年松桃中学唯一一个考到外省去读大学的学生。那时，四川大学是全国少数重点大学之一。但是，难事也随之而来。要到成都去读大学，总归要花些钱，大概算了算需要 40 多块钱，但我们家肯定拿不出这笔钱来。

收到录取通知书的当夜，我就跑出去四处借钱。家里人七拼八凑，也只凑了 12 块钱。姑父在镇上的供销社工作，多少有点收入，给了我几斤粮票、几块钱，但这些远远不够。我又跑到区政府去求助，得到的答复是："谁叫你考那么远！"

于是，我决定回母校去想想办法。那时候，我也就十七八岁，个子不高，胆子也比较小，要一个人赶 300 多华里的山路回母校，其实挺害怕的。而且，当时我还得了痢疾，身体也相当虚弱。走在路上，只觉得背上的铺盖卷越背越重。即使这样，我第一天还是坚持赤脚步行了 120 华里，真不知当时是从哪里来的力气。有一天半夜起来，跟随着交公粮的农民还赶了好几十华里的夜路。抬头看天上的月亮，人在走，月亮也在走，一切那么真实，也那么渺远。

可没想到步行三天多赶到学校，校教导主任也是一句话："为什么要考到那么远的地方去？"我一听眼泪"唰"地涌了出来，什么也没说，转身就走了。其实学校那时也穷啊！四十多块钱，对学校来说也不是一笔小钱。

我后来赶到铜仁专员公署文教局去求助。当时，从松桃到铜仁已通汽车，但我舍不得花车费，继续光着脚步行，来回又走了 300 多华里。幸运的是，这一趟没有白跑，专员公署文教局补助了我 15 块钱。我如获至宝，但数一数仍然不够，就给家里发电报，请家里无论如何要再弄点儿钱。不知父亲和哥哥想了什么办法，也给我汇来了些钱。后来，陈婷华老师从同学们那里听说了我在四处奔走筹集学费的事，就托人带了 20 块钱给我，当时她也刚工作不久，每月工资也就三十几块钱，这笔钱对她不是小数目。这件事我一直记在心上。陈老师说，后来我把钱寄还给了她。还钱的事我不记得了。陈老师调到成都工作后，还经常叫我去家里吃饭，这份难得的师生情谊，我一直十分珍惜。

　　四处筹钱耗去我好多时间。等钱基本凑够以后，四川大学已经开学了，于是赶紧往成都赶。那时要从贵州的大山走出来很不容易，需要先坐一段汽车，经过秀山到黔江、彭水，再搭乘在乌江上航行的木船。当时江上跑着两种船：一种是由老百姓划桨的普通木船，是敞座儿的，行走得很慢；还有一种俗称"汽划子"，是蒸汽船，跑得比较快。我赶到码头的时候很不巧，汽划子刚刚开走，而等下一趟的话需要5到10天，就只好坐木船了。顺江而下，坐了足足两天半的船才到涪陵。乌江从这里汇入长江，从涪陵登上民生公司的大轮船，溯江而上，开往重庆。那时，自己也就是一个在贵州大山里长大的山伢子，从没有走过这么远的路，外面世界的一切对我来说都是那么新鲜。现在闭目一想，"民生号"轮船在万里长江上鸣笛前行的情景就在脑海里清晰地浮现出来。

　　船一到重庆朝天门码头，我就跑到菜园坝车站去买重庆到成都的火车票。成渝铁路是当时我们西南地区唯一的一条铁路，通车还不到十年。买票要排队，没想到正好轮到我时，售票员要关窗口。我急了，赶紧伸手拦住，央求她行个方便，可她理也不理。我只好又在候车室里呆坐了一夜，第二天才到成都。这时，四川大学已经开学九天了，老师和同学们都以为戴秉国不去了。不管怎么说，虽然一路上曲折艰辛，入学也迟到了，毕竟我走出了大山，"走"进了自己未曾梦想过的大学校园，我的人生由此也开启了另一扇门扉。

川大岁月

　　四川大学历史悠久，出过很多名人大家，像朱德、郭沫若、巴金、童第周、周汝昌、卞之琳、冯友兰、朱光潜等等。新中国刚成立的时候，全国只有七所重点大学，归教育部直属，四川大学是整个西南地区唯一的一所综合性重点大学。外语系是川大最早建立起来的院系之一，我所在的1959级是川大外语系首届俄罗斯语言文学专业，招了两个班，每班二十来人。大学生活并不轻松，到校第二天就赶上听写考试，我只考了2分（满分是5分），没及格，心里很有压力。走进川大校园，我脚上只有一双母亲亲手缝制的布鞋，夏天舍不得穿，怕穿破了冬天就没的穿了，所以经常打赤脚。身上穿的也是母亲自织的土布缝制的衣服。成都的冬天阴冷阴冷的，我挨不住冻，到旧货店去买过一件棉衣御寒。班上还有位热心的同学资助过我一件单衣穿。这种同学情始终难以忘怀。

　　外语系本来是有苏联专家授课的，但是，当我们进学校时，正好赶上中苏关系转冷，苏联专家都离开了，教我们的都是中国老师，有的是刚从北京分配来的青年教师。不过，那时候我们还跟苏联的一些学生保持着"笔友"的通信联系，人家还把照片附在信里寄给我们，可惜后来这些信都弄丢了。实际上，一进大学，我就感觉到中苏关系有些不对劲儿了。另外一个突出的感受就是吃到肉越来越不容易了，国家开始进入经济困难时期。

　　我永远都忘不了自己的大学时光。那时候读大学，像我们这种家庭境遇的学生，国家基本上是可以解决我们吃饭的问题，助学金还能省出一点零花钱，可以用来买字典和学习资料。我那时候很爱读书，成天背着个布书包，书包背到哪儿，书就看到哪儿。

　　1959 年之后，国家进入经济困难时期，班上有许多同学吃不饱肚子，有好多同学得了浮肿病，全班只有七个人没事，我是其中之一。大概是因为我个头儿小，消耗也少的缘故吧。那时，学校为了防止大家浮肿，发明了一种预防办法，就是把大伙儿赶进一个很大的"蒸笼"里面去蒸，下面熏中草药。困难时期给我印象很深的是在食堂里面给同学分饭，这是一项"光荣而神圣的使命"，由同学们轮流做。每盆米饭分给八名同学，怎么分可有讲究啦。总是有人在分饭时把自己那块切得稍微宽一点，或者下面插得斜一点。那时候粮食太金贵了，多吃一口或者少吃一口，可大不一样！

　　这个时期对个人毅力和品格是严峻的考验。也有个别同学饿得实在受不了，干脆回乡了。读大学五年，我只回过一趟家，因为路途花费实在太高了，真是回不起呀。那次我走到自家门外，母亲一见我又黄又瘦的样子就愣住了，几乎没认出我来，整个人都脱了相。

　　那是 1962 年的暑假。那个时候，农村的生活条件开始好转。家里把最好的东西都拿出来给我吃。我在家天天敞开肚子吃，吃了睡，睡了吃，半个月下来，体重竟增加了 6 公斤！返校时，父亲一直把我送到 40 公里外的思南县城去坐汽车，他让我随身带了一袋炒好的豌豆，还特别拿了好几个小玻璃瓶子装满雪白的猪油，也带在身上。这可是了不得的好东西！从学校食堂把热烘烘的白米饭打回来，拌一小勺儿猪油，再撒点盐，那是香气扑鼻啊！现在年轻人都没有这种经历，那时候如果有几瓶猪油，可是解决大问题！

　　读大学期间必须参加生产劳动，每学期大概要劳动一个月。特别是夏收时节，我们要到成都郊外的乡下帮农民割麦子。外语系还组织过劳动竞赛，看哪个同学割得最快、最多。我是农村长大的孩子，比城里人更会干

1964 年，就读于四川
大学期间在成都留影

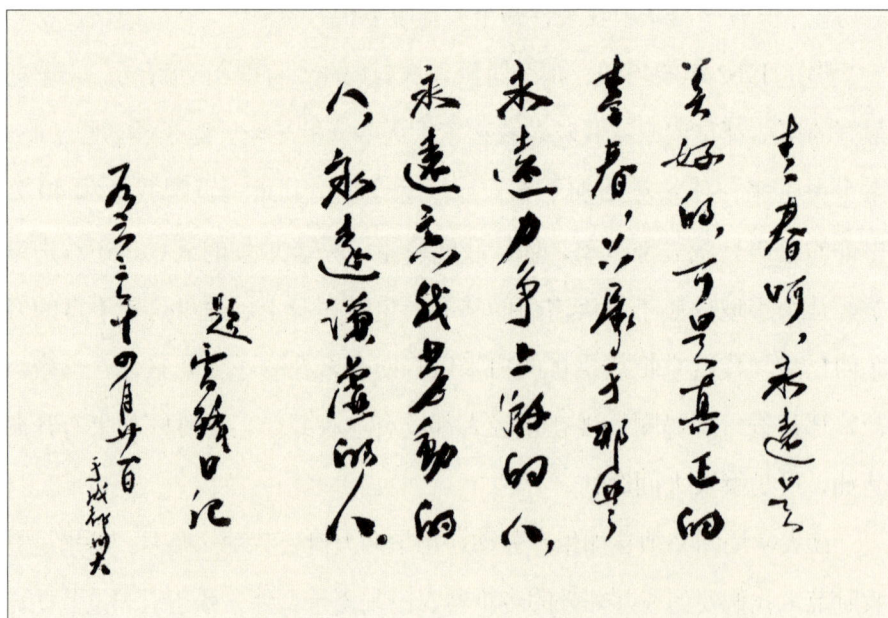

青春呵，永远是
美好的，可是真正的
青春，只属于那些
永远力争上游的人，
永远忘我劳动的人，
永远谦虚的人。

题雷锋日记

一九六三年十月廿六日
于成都作

1964 年，用毛笔抄录了一段雷锋日记，赠给一位大学同学

农活。我们那天天不亮就起床，稍微吃点儿东西就下地，中午也不休息，饭直接送到田间地头，一直要干到天黑才收工。劳动强度这么高，没有一点儿意志力和体力真坚持不下来。我也累得腰和腿都伸不直了。回想起来，也正是因为年轻时候有了这种艰苦的锤炼，后来再遇到什么费神费力的事，就感觉不算什么了。想一想，当时那么困难的条件都坚持下来了，今天还有什么好怕的呢？

大学期间，毛主席号召学雷锋，我们作为大学生，积极响应毛主席号召。我们班还编演了一个学雷锋的俄语话剧。前两年，我的一位大学同学把我 1964 年用毛笔抄给他的雷锋日记的抄件寄给了我，我把它珍藏了起来。内容是："青春啊，永远是美好的，可是真正的青春，只属于那些永远力争上游的人，永远忘我劳动的人，永远谦虚的人。"

大学时光匆匆而过。四年级要写学年论文，我翻译了一篇吉尔吉斯作家艾特马托夫[①]的文学作品。五年级写毕业论文，我的论文标题是《托尔斯泰的人道主义》。说起来，川大外语系的文学气息比较浓厚，开设了西方文学史、文学作品选读、修辞学等课程，我也很感兴趣。大学时期，我养成了阅读《人民日报》和《红旗》杂志的习惯，坚持学习每篇社论。《四川日报》的文艺版和国际版每期都看。

20 世纪六七十年代，无论中学、大学和国家机关都很注重培养工农子弟，政治上很信任。那时，全国各个地方都不富裕，我作为从贵州山区走出来的农村孩子，感觉与城里人的差别也不是很大。然而，今天的情况与以往大不相同，国内重点大学招生，中央国家机关招录干部，工

---

① 钦吉斯·艾特马托夫（1928—2008），苏联著名的吉尔吉斯作家。代表作品有《查密莉雅》、《我们包着红头巾的小白杨》等，作品曾多次获奖。他的创作富于吉尔吉斯民族特色，内容丰富深刻，文笔优美，在世界各国拥有广泛读者。

农子弟的比例是不是越来越小了？我担任外交部党委书记时，专门关注过干部来源和干部结构问题，曾请主管干部工作的副部长调查过外交部干部来源的地区分布和社会阶层情况。我想，这可不是简单的技术问题，而是一个大的政治问题。

我曾在国务院一次关于教育改革的会上发言说，像清华、北大这些顶尖学府是培育中国政治领袖的地方，生源结构要相对合理，应该代表中国社会的各个方面和各个阶层，必须留出一部分名额给西部贫困地区以及出身于工农家庭的寒门子弟。我们这样一个大国将来由什么人来领导和管理，涉及国家前途和命运。据说，有关部委的领导同志听了后觉得很有道理，就把我的意见转给教育部了，现在已经逐步扩大"211"高校招收农村贫困家庭子弟的比例了。

进学院下基层

接近毕业时，川大推荐我们几个各方面表现都不错的同学考"外交学院研究生班"。我原本打算毕业后留校当老师，但既然学校推荐，也就参加了考试，没想到真考上了。当时，大概从全国十几个重点大学招录了50名本科生，分别来自北大、人大、北师大、北京外语学院、南开大学、吉林大学、武汉大学、中山大学、复旦大学、西安外语学院、四川大学等高校。据说，全国上千人参加了这次考试，录取方法就是一刀切，按分数把前边50名排出来，再审查这50人当中有没有什么问题，比如政治问题、家庭问题等，然后把不合格的剔除，把第51名顶上，依次类推。我们这50人当中没什么高干子弟，大都来自普通家庭，其中有15人是俄语专业的，很多都来自农村家庭。其中有一批人后来成为了外交战线的骨干。

那时进外交学院就等于进外交部，享受研究生待遇，每月发42元，还有书报费。我感觉到了北京以后，自己的生活条件一下子改善了很多。因为长期营养不足，我的头发一直发黄，但到北京后不久就变黑了。第一次进北京时，我心情十分激动，对一切都感觉非常新鲜。从北京火车站出来，我叫了一辆人力三轮车，车后面有一个小斗，把从成都带来的竹箱放进去。那天天气晴朗，车夫拉着我经过天安门广场到外交学院去报到，路上那个情景我一辈子都忘不了。

进外交学院不久，1965年的某一天，上面突然说，你们学过外语的就别学了，出去搞"四清"①吧。就这样，我们被分配到湖南省浏阳县靠近文家市的一个地方去搞"四清"。当时从外交部去了不少人，我和唐家璇、李凤林、张德广等一大批同志，还有外交部翻译室一些干部也去了，当时翻译室叫"翻译队"。我们的大队长是丛文滋同志。我单身时经常去他们家蹭饭。

在湖南搞了大半年"四清"，条件真的是非常艰苦。当时，规定我们必须住在最穷的人家，而且不许吃老百姓家的好东西。与老乡同吃同住同劳动，大家睡一张席子，冬天天寒地冻照样下地一起干农活。我那几个月换过三户人家吃住，条件都差。退休以后，我有时间回到当年搞"四清"的村子，请当时认识的几位老乡吃饭，有人还提起，他曾经拿出四个鸡蛋给"小戴"吃，可"小戴"坚决不吃。那时候，大家都喊我"小戴"。

虽然已经解放十多年了，但是湖南农村还非常穷困，让我这个从贵

———————
① 指1963年至1966年进行的城乡社会主义教育运动，也被称为"四清"运动。"四清"指"清政治、清经济、清组织、清思想"。

州山区走出来的孩子都感到吃惊。我们晚上经常开会开到后半夜，然后壮着胆子走夜路，回到寄宿的老乡家里。那一段和湖南老乡共同劳动、生活的经历对于我全面真实地了解我们国家和人民的实际情况非常宝贵，它大大增进了我对劳动人民的朴素感情，社会工作能力也得到锻炼和提高。后来，我担任外交部党委书记后，坚持每年都带一批司局级干部下基层，去贫困地区考察国情。我们作为外交干部，必须真切地认识和了解我们自己的国家、自己的人民，时刻牢记我们在为谁服务，在为什么而奋斗。

我们差不多搞了大半年"四清"后，大概是 1966 年的三四月份回到北京。那时，"文化大革命"已箭在弦上，北京的政治气氛很紧张，已经开始批判"三家村"了。① 到 5 月份，作为工作组成员，我们还被派到北京外语学院。这个工作组由外交部副部长、老红军刘新权同志带队。工作组进驻外语学院才一个多月，也就是到了 6 月的中下旬，中央开始批判"资产阶级反动路线"，要求各地撤出工作组。当时，陈毅元帅兼任外交部部长。陈老总说："你们赶紧撤！"于是我们赶紧打道回府。

记得工作组撤出后的一天，陈老总把我们所有工作队员叫到中南海的小礼堂开会，那是我第一次见到陈毅。印象很深的是他当时慷慨激昂地讲过一句话，大意是说："大风大浪我见过千千万，何惧小风小浪把船翻。"陈老总那个脾气，他对"文化大革命"是很有意见的。后来，我又被派到

---

① 1961 年，中共北京市委机关刊物《前线》杂志开辟了专栏《三家村札记》，邀请北京市委书记处书记邓拓、北京市副市长吴晗和北京市委统战部部长廖沫沙三人合写，用"吴南星"的笔名，以群众喜闻乐见的形式，介绍文史知识，进行思想评论。1966 年年初，《三家村札记》被牵强附会地扣上种种政治罪名，大张挞伐，并随即在全国掀起一场批判"三家村"浪潮，成为"文革"序幕中的标志性事件。

"八大学院"① 去做联络员,最后说这也是错的,是"资产阶级反动路线",把联络员也撤回来了。于是,我就彻底回到外交部,分到苏欧司苏联处,开始跟苏联人打交道。

甘坐"冷板凳"

1966 年,我正式进入外交部苏联东欧司工作。苏欧司是外交部最早建立的一个司,主要负责同苏联和东欧社会主义国家的交往。伍修权同志为首任司长。在苏欧司我从科员做起,一直做到副处长、处长、副司长、司长。这段时间大多处于中苏关系冰冻期,我们这批人不得不坐"冷板凳"。

1969 年 3 月,珍宝岛事件爆发后,组织决定派我到驻苏联大使馆工作。当时,中苏两国剑拔弩张,似乎走到了战争的边缘。我当时心里直犯嘀咕,觉得这一去前途莫测,说不准中苏真会打起来,我会被扣为人质。赴任前,我专门把父亲从贵州老家接到北京来住了几天。我对父亲说,此去恐怕凶多吉少。父亲深明大义,没在我面前表露丝毫担心,或许是怕给我增添心理负担。不过,我确实是带着某种悲壮的心情踏上去莫斯科的行程。

不料我到苏联后,发现当地情况和我在国内的感受完全不同,根本看

---

① 　1952 年,中国政府在苏联教育体制的影响下,进行高等院校调整,拆分了一批历史悠久、学术上有影响力的综合性大学,建立了一批以专门学科为主的高等院校,从而确立了按照专业条块分割的高等教育体制。其中,北京医学院、北京航空学院、北京地质学院、北京钢铁学院、北京石油学院、北京林学院、北京农业机械学院、中国矿业学院等八所学院是由原来的北京大学、清华大学、北洋大学、燕京大学、南开大学、交通大学等当时国内顶尖高校的相关院系组建而成。这些学校地理位置接近,大师云集,学术声望很高,被称为"八大学院"。

1972 年春节之夜，在中国驻苏联
大使馆宿舍内

1972 年，在苏联工作期间，在莫
斯科红场留影

不出要和中国打仗的迹象。尽管如此，中苏关系还是受到了很大影响，中国大使馆门前的"友谊路"用栏杆拦断，禁止行人通行。驻莫斯科的许多同事认为，应向国内反映苏联的真实情况，向国内说明苏联不像要和中国打仗的样子，但使馆内也有同志不赞成，批评这是"对社会帝国主义的本质认识有问题"。

1969年9月11日，苏联总理柯西金赴越南参加完胡志明葬礼回国途中，在北京首都机场同周恩来总理举行了会谈。两国总理一致同意两国不应为边界问题打仗，应通过谈判解决边界问题，还同意恢复互派大使，恢复双边贸易。两国总理机场会谈把可能走向战争的中苏关系及时拉了回来。1969年10月20日，中苏两国副外长级边界谈判在北京举行，一谈就是九年。尽管中苏边界谈判没谈出什么名堂，但恢复谈判后，两国关系的紧张气氛逐渐缓和下来。

驻苏联使馆当时有30多人，大多是光棍和单身。外面的环境是不好的，但内部大家相处是和睦的。我们懂外语的要经常到外面去同苏联老百姓接触，了解民情民意。每次出去都有苏方便衣安全人员"陪同"，不少人同我们彼此都熟悉了，如果我们迷路了，他们还给带路。我还曾陪同王荩卿参赞去过黑龙江边的伯力城、贝加尔湖和黑海索契，一副眼镜还永远留在了黑海。我手脚较笨，但为了工作方便，也学会了开车，但一次学车过程中本该踩刹车而踩到油门上去了，汽车顷刻间撞断路边的大树之后才停了下来。此后这成了使馆学车人的笑谈。

1973年，我结束在驻苏联使馆的工作任期回国。在任期间，我曾回国休假一次。记得当火车穿过国门进入中国那一瞬间，我的眼泪夺眶而出，因为回到了祖国啊！接着列车员送来了一碗美味的三鲜面。那场景实在令人难忘。回国以后，我先到外交部五七干校劳动。其间，我还开过手扶拖拉机，有一回拖拉机开翻了，幸亏我及时跳了下来，才幸免于难，否则不是死，就是瘫。在干校我平生第一次也是唯一的一次提刀杀了一头猪。那是需要手劲的，我的手腕因此痛了许久。

劳动一年多后我回到了苏欧司。那时候，中美关系已开始解冻，中苏关系仍然僵冷，但双方都注意在外交上留有余地，不把话说死，不把事做绝。当时，苏欧司的俄语干部都在坐"冷板凳"。我回北京后，原驻苏联使馆代办安志远同志调任国际司司长，他要我去国际司。但干部司司长王明修同志曾当过苏欧司副司长，了解我的情况，他坚持要我继续回苏欧司工作。后来，还有人劝我到国际司去。那时新中国恢复了在联合国的合法席位，国际司很热门。我说，我还是不去了，半路出家不管到哪儿都得重新来，还是干脆把"冷板凳"坐到底吧。

但是，苏欧司的同志们都没有荒废光阴。在坐"冷板凳"期间大家都没偷懒，还静下心来整理了一批材料。我们编纂了中苏关系档案资料，仔细梳理中苏关系中的一些大事，从1949年2月苏联部长会议副主席、苏共中央政治局委员米高扬奉斯大林之命到西柏坡见毛主席编起，包括刘少奇访苏、毛主席访苏、中苏签订《中苏友好同盟互助条约》①、朝鲜战争、归还旅顺、长波电台等一系列重要事件。我现在还留存了一份由苏联处的好几位同事工工整整手抄而成的关于50年代至80年代的中苏关系大事记。我们整理出一整套资料上呈中央领导同志参阅。这些史料很珍贵，对我日后开展对俄罗斯的外交工作提供了很多启示。

---

① 该条约于1950年2月14日签订，4月11日生效，有效期30年。条约的主要内容是中苏两国通过加强友好与合作，共同防止日本帝国主义之再起及日本或其他用任何形式在侵略行为上与日本相勾结的国家之重新侵略。根据条约有关规定，1979年4月3日，中华人民共和国第五届全国人民代表大会常务委员会第七次会议作出了条约期满后不再延长的决定。

第二章

阴晴冷暖

中、美、苏"大三角"关系十分复杂，既互相关联，又相互制约，中苏之间稍有一点风吹草动，美国就神经紧张，并设法进行牵制。所以，中苏关系十分敏感，如果处理不好，可能会影响中国外交的全局。

我这一生与苏俄"有缘"，亲身经历、感受到了中苏关系的阴晴冷暖，起伏变化。进入外交部后，我长期从事对苏工作。从驻匈牙利大使岗位上卸任回国后，又担任主管俄罗斯及东欧地区事务的部长助理、副部长，直到奉调去了中共中央对外联络部。回顾中苏关系40年的历史，对于我们今天的外交工作仍有着重要的借鉴意义。

关系逆转

中苏关系大致可划为四个 10 年，即蜜月 10 年（1949—1959）、论战 10 年（1959—1969）、对抗 10 年（1969—1979）、谈判 10 年（1979—1989）。

1949 年新中国成立，百废待兴。把新中国建成一个怎样的国家，这是摆在中国共产党人面前亟须回答的重要问题。在认真总结中国革命历史经验教训的基础上，结合当时的国际形势，我们党提出向苏联和社会主义阵营"一边倒"，苏联模式也成为新中国模仿的榜样。

首先需要肯定的是，苏联对新中国第一个五年计划给予了宝贵的援助，为新中国奠定初步的工业基础发挥了积极作用。同时，苏联支持在联合国恢复中国的合法席位，支持中国收复台湾，对于新生的共和国具有重大政治意义。新中国以苏联为师，梦想建成像苏联一样强大的社会主义国家，过上像苏联人民一样富足的生活，当时人们的衣着打扮、音乐、戏剧、小说、电影等各方面都深受苏联影响，社会各领域都打上了苏联的烙印。中苏两国领导人互访频繁，两国人民友情深厚。

但是，斯大林逝世后，赫鲁晓夫上台，苏联内外政策都发生了变化。中苏在一些重大理论和实践问题上出现严重分歧，并逐渐公开化。两国一步步从亲密盟友变成公开对骂的敌手，这种颠覆性的变化对中国社会生活产生了巨大的影响和冲击。随着中苏关系越变越差，苏联在中国人心目中的形象也发生了一些变化。

中苏分歧还从意识形态领域蔓延到国家安全领域。1969 年 3 月 2 日，中苏边防部队在珍宝岛发生武装冲突。5 日，苏联方面打来政府专线电话，要求和周恩来总理或陈毅外长通电话，但我方的接线员拒绝转接，还斥骂了对方。15 日，苏联出动大批装甲车、坦克和武装部队再次侵入珍宝岛地区，并向中国境内纵深进行炮击。中国边防部队打退苏军的三次猛烈进攻，保卫了国家领土。21 日，苏方提出柯西金总理要求同毛泽东主席或者周恩来总理通电话，再次被我方话务员拒绝。后来，毛主席提出了批评："电话是打给我的，怎么不报告我就拒绝了？"

当晚，苏联驻华使馆临时代办紧急约见中国外交部苏欧司副司长，再次要求同中方领导人通电话。我们以备忘录形式答复苏方：鉴于当前情况，打电话不合适，如果苏方有话要讲，可以通过外交途径提出。当时，毛主席指示，准备外交谈判。随后，苏方得信后，提出恢复边界谈判。3 月下旬，毛主席再次说："要准备谈判，我看时候到了。"

1969 年 8 月，苏方在新疆铁列克提地区制造流血事件。当时有西方人士向我方透露，苏联领导人考虑对中国使用核武器，气氛骤然紧张。中国政府就此发表声明："如果一小撮战争狂人敢冒天下之大不韪，袭击中国战略要地，那就是战争，那就是侵略，7 亿中国人民就要奋起抵抗，用革命战争消灭侵略战争。"当时，我们担心事情闹得不可收拾，内部也做好了最坏的准备。

1969 年 9 月 11 日，苏联总理柯西金在北京首都机场同周恩来总理举行会谈。两国总理同意中苏边界谈判应该在不受任何威胁的情况下举行。10 月 20 日，中苏两国副外长级边界谈判在北京举行。尽管谈判没有取得实质成果，但中苏关系有所缓和。

值得一提的是，中苏边界谈判的消息刚一宣布，美国方面就急着要恢复中美大使级会谈。这表明，中美苏大三角关系是客观存在的，中苏关系趋缓令美国不安。美国担心中苏重新和好后会联手对付美国。美国驻波兰大使在华沙时装展览会上紧追一位中国外交官，希望面见中国代办，这才为中美恢复大使级会谈接上头。① 中美关系缓和是冷战时期国际关系中最重要的事件之一。

从中方看，当时判断苏联已上升为主要威胁，这就为改善中美关系创造了条件。毛主席对于中美关系正常化是有战略考虑的。中美恢复大使级会谈及后来的"乒乓外交"仅仅是这个大战略的序曲。毛主席这一时期的战略思想是在国际上搞"一条线，一大片"②，就是联合美国、日本和西欧等国，以及广大亚非拉国家，共同反对苏联霸权主义，以维护中国的自身安全。这一动向也被美方及时捕捉到了。

从苏方看，他们非常清楚中国在苏美对抗中的分量，对中方可能改善中美关系坐卧不安，反复提出希望进行苏中高级会晤，但我们都不做正面回应，同时也不把改善中苏关系的大门关死。1970 年 6 月，罗马尼亚共产党中央执行委员会委员、国务委员会副主席波德纳拉希访华，苏联托他向毛主席传话，希望苏中停止论战，改善关系。毛主席说："中苏论战可以再减 1000 年"，并请波德纳拉希向柯西金转达他的问候。③ 波德纳拉希

---

① 20 世纪 60 年代中后期，中美关系出现转机。1969 年 9 月 9 日，为进一步打开对华关系的僵局，美国总统尼克松接见美国驻波兰大使斯托塞尔，要求他秘密接触中国驻波兰大使馆官员，建立联系，以便尽快恢复华沙中美大使级会谈。对于斯托塞尔大使屡次表明的接触意图，中国驻波兰临时代办雷阳迅速向国内作出报告。根据周恩来指示，雷阳邀斯托塞尔到中国驻波兰大使馆做客。斯托塞尔代表美方提出了正式恢复两国间大使级会谈的建议。1970 年 1 月 8 日，雷阳会见斯托塞尔，表示奉命原则上同意恢复中美华沙大使级会谈。

② 1973 年 2 月，毛泽东提出要搞一条横线，就是大约处于同一纬度的国家如美国、日本、中国、巴基斯坦、伊朗、土耳其、欧洲各国等共同对付苏联。1974 年 1 月，毛泽东又提出一大片的第三世界国家要团结。"一条线，一大片"实际上是反对苏联霸权主义的统一战线政策。

③ 20 世纪 60 年代中期，中苏两国关系恶化，双方进行了大规模论战。1965 年 2 月，苏联部长会议主席柯西金访问越南途经北京。2 月 11 日，毛泽东在会见柯西金时谈到有关停止中苏公开论战的问题。毛泽东认为，中苏论战还不能停，公开论战要一万年，看来少了不行。

途经莫斯科时，向柯西金转达了毛主席的问候，柯西金听后笑了，表示非常感谢，并说准备用适当形式来回应毛泽东的问候。一般认为，柯西金在苏联高层中属于对华温和派，遭到勃列日涅夫的压制。

赫鲁晓夫倒台后，苏联内部一直存在着改善对华关系的声音。在中苏交恶过程中，苏联对华心态十分复杂。一方面，苏联在政治、军事、经济等方面对华施加高压，寄望中方屈服；另一方面，苏联又担心把中国推到美国和西方阵营去。苏联对中方同西方接触十分敏感，特别是中美关系酝酿解冻，对苏联触动很大。记得我还在驻苏联使馆工作时，有一次，苏联外交部突然要求约见我们使馆领导，也不说谈什么事，只感觉到他们非常着急。使馆回答："代办不在。"对方表示，找任何级别的外交官都可以，只要能见面就行。那时，苏联人已察觉到中美关系正在酝酿突破。其实，苏联对中方同西方发展关系从来就没放心过，早在延安时期，他们就对美军在延安设立观察组有疑心，担心我们跟西方有什么瓜葛。

中苏关系在 1970 年下半年有所缓和。1970 年 10 月，苏联新任驻华大使托尔斯季科夫到任。11 月，老红军、外交部副部长刘新权大使赴莫斯科履新。中苏关系由事实上的代办级恢复成大使级。

1972 年 2 月 21 日，美国总统尼克松访华，中美关系开始走向正常化，苏联深感被动和震惊。美国成为影响中苏关系的重要因素。1972 年 3 月 20 日，勃列日涅夫在苏联工会第十五次代表大会上讲话，首次同意在和平共处五项原则的基础上发展苏中关系，而以前苏方根本不接受这个原则。

毛主席在处理中苏关系时总是从战略全局着眼，张弛有度，收放自如。回首中苏对抗的历史，最需要认真体会毛泽东、邓小平等老一辈无产阶级革命家当年如何运筹中苏、中美关系，如何拿捏分寸，掌握好收放的尺度。

1973 年 6 月 14 日，勃列日涅夫访美前夕，向我方提出缔结互不侵犯条约，并就此举行高级别会晤。毛主席不置可否。到年底，中方提出两项条件：一是苏方要从蒙古撤军，撤到赫鲁晓夫时候的水平；二是苏方要承认错误，从布加勒斯特会议①开始。

1974年3月，苏方有一架直升飞机迷航误入我新疆境内，被我们当作间谍飞机抓获。1974年12月，苏联外交部主管中国事务的司长在与中方私下谈话时，要我们看在苏联人民的情面上释放苏联机组人员。毛主席看了使馆报回的电报后，批示外交部研究是否可以放人。外交部同有关部门研究后，仍建议按间谍飞机处理，将机组人员驱逐出境，飞机没收。毛主席仔细了解情况后作出批示："三人无罪，罪在上级。缺油、误途、迷路。临走前请他们吃顿饭，欢送回国。"

1975年元旦前夕，中方通知苏方，经过调查，关于机组误入中国的说法是可信的，现予释放，飞机交还。我们当时这样做，主要着眼于争取苏联人民。同时，即使在中苏关系紧张时期，出于全局考虑，适当时候也可在策略上体现灵活性，使两国关系不要绷得太紧。

1975年1月，毛主席谈到苏联试探双方举行高级会晤的可能性时说，我们不把话说绝，必要时可以恢复。

到了20世纪70年代后期，苏联继续释放希望改善两国关系的信号，但中苏关系实现转圜的条件还不成熟。1976年1月18日，苏联国防部长格列奇科向中国国防部长叶剑英传口信，希望改善苏中关系，争取恢复到1959年以前的水平。9月，毛主席逝世，苏联方面认为这是改善苏中关系

---

① 1960年6月，在布加勒斯特召开的第51届国际共产党和工人党会议上，赫鲁晓夫对中共发动"突然袭击"，向兄弟党与会代表散发了苏共中央致中共中央通知书，污蔑中共是"疯子"、"要发动世界战争"，并对中共代表团发动围攻。中共代表团进行了针锋相对的斗争，并根据中央指示发表声明，强调"我们党只信服马克思列宁主义真理，而决不会向违反马克思列宁主义的错误观点屈服"。

的重要时机，主动停止反华宣传，勃列日涅夫也向中方发来唁电。

1977 年 4 月，华国锋同志视察东北三省，指出"苏修亡我之心不死"，一定要做好战备工作。同年 8 月，中共召开十一大，华国锋同志在报告中指出，"苏美两家是新的世界大战的策源地，特别是苏联社会帝国主义具有更大的危险性"。这是我们在反对霸权主义提法中首次公开把苏联放在美国前面。当时的判断是，苏联仍是我们的主要威胁。

毛主席逝世后，苏联对华总体上仍采取军事压力与政治争取相结合的方略。1978 年 2 月 24 日，苏联最高苏维埃主席团曾致信中国全国人大常委会，建议发表一项两国相互关系原则的联合声明，并为此举行较高级别的代表会晤，中方没有同意。1978 年 5 月 9 日，苏联直升飞机侵入中国东北边境领空，军舰侵入中国水域，苏军登上中国江岸，打死中国居民。中苏两国再次面临爆发军事冲突的危险。但与此同时，中国同美国、日本等西方国家的关系却实现了突飞猛进式的发展。1978 年 8 月，中日两国签订包括反霸条款在内的《中日和平友好条约》。同年 12 月，中美两国达成于 1979 年 1 月 1 日建交的协议。远东军事政治秩序形成新格局。苏方后来对我们说："你们不只在口头上讲反霸，而且付诸实施了，使我们产生了被包围的感觉。对此，苏方不得不得出相应结论，并且必须认真对待了"。

1979 年 1 月，邓小平同志访问美国，这是新中国领导人第一次访美。同年 4 月 3 日，中方通知苏联方面，中方决定不再延长《中苏友好同盟互助条约》，并建议就改善中苏关系举行谈判，此后双方互换备忘录。至此，在法律上正式终结了中苏同盟关系。

对中方而言，在美苏两极对抗的国际政治大环境中，中苏持续对抗和中美关系正常化，客观上为中国打开同西方国家关系的大门提供了良机。

苏联对我们改善与西方国家关系很着急，反复提出希望进行苏中高级会晤，但是我们都不急于做正面回应，也没把门关死。毛主席生前是怎么考虑的，我们现在无法推测。不过，显而易见的是，如果中方想打开同美国和西方关系的大门，就需要在地缘政治的博弈中给他们一点想头，把美国及西方国家改善对华关系的积极性调动起来。这是一门外交艺术，需要统筹兼顾，尤其是要掌握好火候，恰到好处，不然的话，中国与美国等西方国家的关系就可能煮成一锅"夹生饭"。

当然，在改善同西方关系的同时，也必须从战略高度处理好中苏关系。如果在我们的北方一直是重兵压境，黑云压城，那我们的战略安全也就无从谈起了。实际上，从20世纪70年代开始，在同美国和其他西方主要国家实现关系正常化的同时，我们就开始琢磨如何改善同苏联的关系。但是，由于各种原因，中苏双方直到1979年才开始启动国家关系正常化的谈判。到20世纪80年代，我们改变了"一条线"的战略思路，提出"不结盟"，力求同苏美两国都发展关系，但均不搞战略关系，中苏关系才重新真正趋向缓和。

1979年9月，老红军、老将军王幼平副外长作为中方团长，率领我们一批人去莫斯科进行中苏关于国家关系正常化的首轮谈判，主要谈苏联从蒙古撤军等问题。谈判进行了两个半月，未取得任何成果。当时我们只有两个条件：一是苏联从蒙古撤军，二是越南从柬埔寨撤军。紧接着，1979年12月，苏军入侵阿富汗，原定1980年年初在北京举行的第二轮谈判因此搁浅。这也使中苏国家关系正常化谈判新增了一个条件，就是众所周知的消除"第三大障碍"——苏军撤出阿富汗。

记得当时我们去莫斯科谈判乘坐的是苏联伊尔-62型飞机。飞机飞出几十分钟后，一个发动机出现故障，被迫返回北京机场，另换了一架飞机。

回顾中苏关系的这段历史，中苏两党、两国矛盾不断升级，关系一步步恶化，最终进入极不正常的状态。其中的历史恩怨情况十分复杂，有对方的原因，也与我们当时对苏联国内情况的估计出现偏差有关，比如说苏联变修、已复辟资本主义等。另外，中国外交在"文革"期间受"左"的干扰很大。但不管怎么讲，我们为捍卫国家独立与主权、反对苏联控制与威胁而进行斗争也是很有必要的。没有这个斗争和博弈的历史过程，中国独立自主的外交路线难以形成，中国的国际地位可能也会是另外一个样子。后来，中苏领导人都承认，双方对于这段历史都有责任，在总结历史经验教训的基础上，双方都变得更聪明了。从中国特色外交理论的探索来讲，把这一段历史研究清楚，对于准确地把握当代中国外交战略思想的形成与演变是很有意义的。

坚冰解冻

1979 年中苏国家关系正常化谈判前后，我们对苏联的人员往来极少，维系两国关系的就是一架飞机、一趟火车，还有一个使馆。飞机、火车每星期一次，不管上面坐多少人，最少的时候只有三四个人，开的是政治飞机、政治火车吧。使馆也就三十来人，一直是代办主持工作。中国在苏联也没有一个留学生。到 1982 年秋天，我们提出交换 10 个留学生的建议。当时，有一个体育裁判领域的国际培训会议在莫斯科举行，邓小平亲自过问我们是不是派人去培训，记得最后的决策是不去。

分析当时的国际形势，从外部因素看，随着中国同以美国为首的西方国家关系正常化，苏联在国际上的被动地位更加突出，特别是它入侵阿富汗之后，在国际上十分孤立，改善对华关系的需求也更加迫切。1982 年 3 月 24 日，勃列日涅夫发表塔什干讲话，希望改善苏中关系。他的讲话主要有两层意思：一是明确承认中国"存在着社会主义社会制度"，二是重申支持中国"对台湾岛的主权"。从全局考虑，中方对这一讲话给予应有的评价，作出恰当的反应。1982 年 3 月 26 日，也就是勃列日涅夫塔什干讲话两天后，中国外交部举行了新中国成立以来第一次新闻发布会，时任新闻司司长钱其琛同志作为发言人说："我们注意到了 3 月 24 日勃列日涅夫主席在塔什干发表的关于中苏关系的讲话。我们坚决拒绝讲话中对中国的攻击。在中苏两国关系和国际事务中，我们重视的是苏联的实际行动。"这一回应表明中方态度有微调。而另一方面，当时中美虽已建交，但围绕台湾问题的斗争依然十分激烈。在谈判起草第三个中美联合公报过程中，美方在台湾问题上立场后退。中美关系一度变得很紧张。这也为改善中苏关系提供了契机。

从内部因素看，党的十一届三中全会后，国家工作重心向经济建设转移，对外政策也开始调整，对于"一条线"外交战略，也开始进行认真的思考和研究。1979 年在北京召开第五次驻外使节会议，胡耀邦同志发言，认为"苏修是世界战争重要策源地，苏修亡我之心不死"这种观点值得研究，苏联究竟是不是修正主义的问题值得考虑。对此，宦乡和李一氓等同志也提出了自己的看法。大家认识到，如果中苏两大邻国长期紧张对峙的局面不改变的话，对我国国家安全和"四化"建设实际上是不利的。适当拉开同美国的距离，逐步缓和中苏紧张关系，逐步在党内取得了共识。因此，如果说中苏关系在毛泽东时期是一个由极热到极冷的过程，那么，在邓小平时期则是一个逐渐缓和与解冻的过程。同时，苏联方面在中国拓展与西方国家关系的过程中也一直没有放弃试探改善对华关系。面对苏联的主动示好，以邓小平同志为核心的党的第二代中央领导集体审时度势，在节奏上把握得十分准确到位。

1982 年 7 月 13 日，中美双方发表《八一七公报》前夕，美国驻华大使会见邓小平，提出解决售台武器问题的方案，美方做了一些让步，核心内容是将逐步减少售台武器数量，但不能承诺在明确的限期内停止售台武器。7 月 14 日，邓小平在家里召集我党老一辈领导人及外交部领导研议对美关系时，认为与美国进行的关于售台武器问题的谈判可以到此为止。同时，中央领导同志主动提及改善中苏关系问题。邓小平说，中国既要跟美国改善关系，也要跟苏联改善关系。中方可向苏方传递一个信息，做一个比较大的姿态，争取中苏关系有一个大的改善，但改善中苏关系不是无原则的，苏联得做点事情才行。邓小平提出，只要消除中苏关系正常化的三大障碍（苏联从阿富汗撤军、从中苏边界及蒙古撤军、促使越南从柬埔寨撤军）中哪怕一件也是可以的，特别是如果能够解决越南军队撤出柬埔寨问题，就可以以此作为起点逐步恢复睦邻友好关系。当然，解决北边的问题最重要，北边对我们威胁最大。会议还决定派人去苏联传递信息，最后确定由外交部苏欧司司长于洪亮前往。

于洪亮去莫斯科传递的关于改善中苏关系的信息，主要内容是：首先肯定勃列日涅夫在塔什干关于中苏关系的讲话有积极因素，表示双方应坐下来平心静气地讨论和磋商，设法排除妨碍发展两国关系的严重障碍，从一两个实质问题着手，推动其他方面关系的改善和发展，可先从苏联劝说越南从柬埔寨撤军的问题开始。中方当时给于洪亮此行定的名义是视察驻莫斯科和华沙两个使馆的工作。去华沙其实是个幌子，这样做的目的是不给外界造成我们主动去求苏联改善关系或中苏之间又要搞什么名堂的印象。

1982 年 8 月 10 日，于洪亮率团秘密前往莫斯科。抵达莫斯科后，中方以宴请的方式向苏联副外长伊利切夫转达中方立场说帖。伊利切夫听后只以惯常的外交辞令回应，似乎并未吃透中方立场。但陪同会见的苏联外交部的中国通，也就是第一远东司司长贾丕才悟出来了，他说"有意思，我们要研究后再答复"，并一再追问，说帖中提到的"磋商"是什么意思？是苏方先做了某件事以后再磋商，还是在磋商中讨论这些问题？苏方说，如此重大的事情不是我们这些人所能决定，须报告苏共中央政治局和最高领导。

8月18日，于洪亮从华沙回到莫斯科再见伊利切夫时，情况就不一样了。伊利切夫做东宴请中方一行并称，苏方有兴趣了解中方的设想，将在研究后答复，希望中方也要重视苏方的设想。伊利切夫重申了苏方过去的建议，强调不能背着第三国讨论涉及其主权的问题。当然，看来双方都有改善关系的愿望，相信磋商能够取得积极成果。伊利切夫提出了磋商的时间、形式等问题，以及是否会讨论其他问题。伊利切夫还提出，可考虑先由两国特使磋商，再升级到国家关系谈判。

8月20日，也就是中美发表有关售台武器问题的《八一七公报》后的第三天，苏联第一副外长马尔采夫紧急约见中国驻苏联使馆临时代办马叙生，对我们之前转达的口信作出正式答复，表示愿在"任何时间、任何地点、在任何级别上同中国方面讨论苏中双边关系问题，以便消除关系正常化的障碍"。关于第三国问题，苏方表示可以协商，但不能在损害第三国的情况下进行。这是中美《八一七公报》发表后，苏方就改善中苏关系作出的比较积极的回应。这就是说，中苏双方一致同意把消除障碍、实现中苏关系正常化作为磋商的宗旨。

8月31日，我们答复苏方，建议于10月上旬在北京开始副外长级特使内部磋商。9月4日，苏联答复同意于10月5日开始进行磋商。9月8

日，邓小平会见美国前总统尼克松时说，我们对苏政策不变，仍然称他们为"社会帝国主义"。当然，同美国一样，我们同苏联也要有些来往。

1982 年 10 月，中苏双方在北京开始进行两国政府特使（副外长级）政治磋商。苏方特使是伊利切夫副外长，中方特使是钱其琛副外长。其间一共举行了六次会议。这一轮政治磋商是一场相互试探的前哨战，双方的立场差距较大，没有取得实质性的进展。但这次磋商标志着中苏国家关系正常化谈判正式恢复，为彼此交换意见提供了重要渠道，对缓和与改善两国关系起了重要推动作用。中苏之间相当一个时期以来只对抗、不对话、不往来的全面僵持状况开始改变。我那时候是中苏谈判办公室的副组长，相当于副处长，主要负责起草谈话参考，有时也参与一些翻译工作，有幸见证了这一重要的历史进程。

中苏复谈不久，即 1982 年 11 月，勃列日涅夫逝世，中方派黄华外长去苏联参加葬礼，苏联外长葛罗米柯会见了黄华外长。这是中苏两国外长近 20 年来第一次正式接触。

勃列日涅夫逝世后，苏联改善对华关系的外交政策没有中断。继任的苏联新领导人安德罗波夫对改善中苏关系态度也比较积极，他主要做了两件事。一是两国外长在参加联大会议期间举行了会晤；二是苏方主动提出派部长会议第一副主席阿尔希波夫访华。阿尔希波夫于 1984 年年底来华，他是中国人民的老朋友，我们给予了较高礼遇。安德罗波夫执政没多久就去世了。继任苏共中央总书记的契尔年科也支持改善中苏关系，可惜也很快去世。两人执政期间，中苏改善国家关系的谈判继续进行，经济合作开始恢复，但在政治和安全领域未能取得重大进展。

1983 年的一天，当时我已是苏联处处长，马叙生司长把我叫到走廊上对我说，组织决定让我参加中央驻安徽整党联络组。我觉得很突然，就问这是命令还是征求意见。他说组织已经决定了。于是我就去安徽了。我当时提出把处长职务免掉，因为不知道将来会怎么样，也许要改行。但外交部干部司说保留原职不动。我到地方工作只有两次，一次是 1965 年去湖南浏阳搞"四清"，一次就是在安徽参加整党。20 世纪 80 年代中期，党内已出现腐败苗头。在安徽期间，我经常接待基层干部和老百姓来信来访，感觉到党内不正之风确在滋长。这段经历帮助我加深了对党建极端重要性的认识，是一次非常难得的社会实践和党性锻炼，让我终身受益。

中苏关系走向正常化

1985 年年初，我从安徽回到外交部任苏欧司副司长，走上司局级领导岗位。当时，中国和苏联的形势都有新变化。1985 年 3 月，戈尔巴乔夫出任苏共中央总书记，在国内搞所谓"公开性"和"民主化"，提出建立"人道的、民主的社会主义"，在外交上主张缓和苏美关系和苏中关系，并酝酿从阿富汗撤军。戈尔巴乔夫在当选总书记的苏共中央全会上表示，苏联希望"同中华人民共和国的关系能有重大的改善"，并且认为，"只要双方都愿意，这是完全可能的"。

小平同志敏锐地捕捉到这个新动向。同年 3 月，中方派李鹏副总理赴莫斯科参加契尔年科的葬礼，钱其琛副外长、李则望大使和我作为代表团成员陪同前往。吊唁期间，中方不再称苏联为社会帝国主义。李鹏副总理对戈尔巴乔夫说，中苏两个伟大邻邦、两个社会主义国家改善关系十分重要，祝愿苏联在社会主义建设事业中取得巨大成就。戈尔巴乔夫则表示，苏中关系改善不能局限在经济领域，要谈政治，要提高对话级别。通过面对面接触，中苏双方都感觉到对方改善关系的愿望。

记得李鹏副总理是从外地赶回北京乘坐专机去莫斯科的。中方很重视这次同苏方新领导人的接触。回程的专机上，李鹏副总理指示，下飞机前要把总结报告送给他，他要直接向中央汇报。我自己喝了杯浓咖啡，按时完成了任务。但当我下飞机坐上汽车时，肚子里的东西全都吐出来了，因为几夜没睡好觉，太累了。

1985年10月9日，罗马尼亚总统齐奥塞斯库访华。邓小平通过他向戈尔巴乔夫传话："如果苏联同我们达成谅解，让越南从柬埔寨撤军，而且能够办到的话，我愿意同戈尔巴乔夫会见。我出国访问的历史使命虽已完成，但为这个问题，我可以破例。"同齐奥塞斯库谈话后，小平同志对陪见同志说："今天，我打出了一副大牌。"

邓小平为改善中苏关系释放的试探信号很快获得苏联方面的积极回应。1985年12月13日，戈尔巴乔夫主动提出会见路过莫斯科的李鹏副总理。戈尔巴乔夫对李鹏同志说，他收到了齐奥塞斯库转达的信息，苏方提议举行双边高级会晤和恢复两党关系。

恰在此时，发生了苏联客机遭劫持被迫降落我国的事件。1985年12月19日，苏联雅库茨克航空公司一架安-24民航客机被副机长阿里穆拉多夫劫持，迫降在我国黑龙江省齐齐哈尔的一片庄稼地里。这件事一开始由公安部牵头处理。19日子夜时分，我接到部里电话，要我立即牵头去处理这件事。我马上起床，径直赶往机场，坐上专机出发。那是我第一次坐专机，是一架军用飞机，机舱内连个凳子都没有。跟我一起去的有公安部和民航局的同志。据说，当时中央是一位老同志负责处理这件事。

我们先飞到哈尔滨，又马上坐直升飞机飞到齐齐哈尔，再坐汽车到甘南县的一个农场。劫持飞机的阿里穆拉多夫好像是中亚的一个少数民族，飞到甘南上空没油了，迫降到田地里。时值严冬，奇冷无比。不过，如果是夏天的话，飞机栽进松软的土里，可能就爆炸了。冬天地面封冻，冻得很硬，飞机落下来基本没事。

苏联驻华使馆的领事部主任也去了，我们经常打交道，彼此很熟悉。飞机上的人一开始不愿下来，说没有接到莫斯科的命令不能下飞机。我的首要任务是把这些人请出机舱，否则天黑后他们可能被冻坏。但怎么劝也劝不动。后来，我们告诉那位领事部主任，说莫斯科有指令，要机上乘客立即下机。他不信，说没接到莫斯科的指令。我把他单独叫到一边，十分严肃地对他讲，天快黑了，你这么多同胞，如果有人冻死，你要负责的。他犹豫半天说："老戴啊，凭着我们多年的了解和友谊，这次我听你的。"

有苏联领事出面说服，机上的人员很快下来了。我们赶紧用汽车把他们拉到齐齐哈尔，安置到宾馆，吃住安排好。当晚，我们一夜没睡。那时通信手段相当落后，跟北京联络非常困难。我们到齐齐哈尔后，要求黑龙江省政府立即调直升飞机把苏联人运到哈尔滨，让苏方第二天就把他们接走。黑龙江省一位负责同志说做不到。虽然我只是副司长，级别比他低很多，但我是中央派来的，就很不客气地对他说："对不起，这是中央的命令，能做到要做，做不到也得想法做。"最后，他们还是做到了，用直升飞机把苏联人全部按时运到了哈尔滨。

这几十人一到哈尔滨，我们马上给他们开招待会，还给每人发了一套羽绒服和一个中国制造的液压暖水瓶。这些东西现在不起眼了，但在当时还都是很值钱的宝贝，所以苏联人非常高兴。随后，苏方派专机把他们接走。中国司法部门也对劫机犯判了刑，体现了中国的司法主权。

中方在中苏关系相当困难的情况下，以一种热情友好的方式来妥善处理劫机事件，全体乘客和机组人员平安返回苏联，而且被劫持的飞机也归还了，这对苏方产生了触动。这个事件为缓和中苏关系的紧张气氛提供了契机。

这是我第一次在一线牵头处理重大敏感外交难题，受益不少。这期间48 小时没睡觉，同北京的联络也不畅通，这对自身体力和能力都是考验。

1986 年 7 月 28 日，戈尔巴乔夫在符拉迪沃斯托克（海参崴）发表讲话，着重谈苏中关系，主要有三条：一是表示苏联将从阿富汗、蒙古部分撤军；二是公开宣布同意按照主航道中心线划分阿穆尔河（黑龙江）边界线的走向；三是对中国国内政策表示尊重和理解。他还谈到，"首先我们（苏中）是邻国，我们之间有世界上最长的陆地边界，因此就决定我们和我们的子孙后代要世世代代生活在一起"，他还表示，"苏联要在各个领域发展同中国的合作"。

戈尔巴乔夫的海参崴讲话在中苏关系史上具有重要意义。这是苏方第一次在中苏关系三大障碍问题上作出松动，同 20 世纪 60 年代以来苏联领导人发表的历次讲话比较，是调子最为和缓的一次。分析原因大致有四条：一是苏联新领导人调整了外交政策，重视改善中苏关系；二是中方在消除中苏关系障碍问题上始终坚持原则，使苏方感到，如果不在消除中苏关系障碍问题上做点事，要想推动改善政治关系行不通；三是我党在十一届三中全会后实行的改革开放和"以经济建设为中心"的大政方针受到苏方关注；四是中方在外交上坚持独立自主的立场，恰当处理中美苏大三角关系，对苏方调整对华态度发挥了积极影响。

戈尔巴乔夫海参崴讲话后，中国将采取何种对策，引起国际社会广泛关注。外电评论，现在人们与其说重视戈尔巴乔夫的讲话，不如说更重视中国的反应。1986 年 8 月 13 日，吴学谦外长约见苏联驻华使馆临时代办，表达了中方意见，主要内容是：首先，表示谨慎的欢迎；其次，强调苏方迈出的步子还不够大，离消除中苏关系障碍的距离还比较远，特别是回避

1987 年 2 月 22 日，在中苏边界谈判期间，陪同钱其琛副外长访问苏联，参观列宁故居

了越南从柬埔寨撤军问题，中方不满意；第三，提出了两国恢复边界谈判的建议。中方表态恰如其分，把戈尔巴乔夫踢过来的球又踢了回去，各方反应比较好，在国际上和苏联内部也比较得人心。

到了1986年夏季，中苏双方在除柬埔寨问题之外的几乎所有问题上都取得共识。为拔掉最后一个钉子，小平同志继续打外交牌。1986年9月8日，苏联部长会议第一副主席塔雷津访华。中方选在此访前一天公布了邓小平关于中苏关系的谈话，突出越南从柬埔寨撤军问题是改善中苏关系的主要障碍，提出如果苏联促使越南从柬埔寨撤军，邓小平本人愿意去苏联任何地方同戈尔巴乔夫见面。这实际上是向外界公布了1985年10月邓小平请齐奥塞斯库向戈尔巴乔夫传话的内容。苏方对此未做正式答复，只是说，关于这个问题，苏方的立场是众所周知的。

1986年9月24日，中苏两国外长在联大会议期间举行会晤，双方就恢复副外长级的中苏边界谈判达成协议。我参加了这次会晤，也是我第一次去美国。那时中苏两国外长还不能互访，只能在联合国这种多边场合会晤。关于外长互访问题，双方曾在1985年9月达成原则协议，商定可待双方认为条件成熟时，再确定互访时间。但在越南从柬埔寨撤军问题上，苏方仍坚持所谓不损害第三国的立场，称"至少在现阶段，苏中在这个问题上没有共同语言"。

中苏在促使越南从柬埔寨撤军问题上虽然一时没能谈拢，但其他两个障碍的清除工作已经开始着手进行。1986年11月7日，在十月革命节招待会上，戈尔巴乔夫对中国驻苏联大使李则望说："我认为，不管怎样，我们也要向前进。我们要考虑，你们要考虑，我自己也要考虑那些问题。"1987年1月15日，苏联宣布将在4月至6月从蒙古撤回一个摩托化步兵师和部分其他驻军，估计撤走1万多人，占当时苏联驻蒙古总兵力的五分之一左右。

1987年2月9日至23日，中苏两国副外长钱其琛和罗高寿在莫斯科举行了新一轮边界谈判。这是新中国成立以来中苏之间举行的第三次边界谈判。随后的第二轮边界谈判于当年8月7日至21日在北京举行，谈判气氛总体上还不错，也达成了一些协议。

与此同时，苏方在促使越南从柬埔寨撤军问题上的态度逐渐开始松动。1987年5月13日，苏联副外长罗高寿在中苏第十轮政治磋商结束后发表谈话，表示苏联"准备尽可能地协助解决柬埔寨局势问题"。5月23日，戈尔巴乔夫在回答意大利共产党《团结报》记者提问时，集中阐述了他的外交新思维。其中，他首次将柬埔寨问题放在中苏关系正常化的范围内加以论述，认为双方都应关心解决该问题，而且只能通过政治途径解决。

1987年11月16日，小平同志在会见土井多贺子率领的日本社会党代表团时再次表示，只要苏联在柬埔寨问题上采取行动，他愿前往苏联任何地方会见戈尔巴乔夫。27日，戈尔巴乔夫在会见赞比亚领导人卡翁达时说，他注意到邓小平同土井多贺子的谈话，他本人期待在北京、莫斯科或任何地方同邓小平会见，但中方不应预设"先决条件"。这是戈尔巴乔夫首次对中方举行中苏峰会作出公开回应。

1988年3月25日，第七届全国人大一次会议开幕。李鹏同志代表国务院作政府工作报告，在谈到外交工作时指出："在过去的五年里，我们坚决执行独立自主的和平外交政策，同时根据国际形势的发展变化和我国社会主义现代化建设的需要，对某些具体政策进行了正确的调整，从而在外交工作中取得了重大成就，开创了新的局面。"其中就包含了对中苏关系趋于正常化的肯定。

1988年6月13日至20日，第十二轮中苏副外长级政治磋商在莫斯科举行。会议结束时宣布不再有新一轮政治磋商。经过 12 轮谈判，副外长级政治磋商已经解决了两国关系正常化中的大部分问题，这一机制已完成其使命，双方同意由专门解决柬埔寨问题的副外长级磋商代替它，以利于清除两国关系中的最后障碍。1988 年 8 月 27 日至 9 月 1 日，田曾佩副外长与苏联副外长罗高寿在北京举行了解决柬埔寨问题的第一轮副外长级磋商，取得了一些进展。

1988 年 9 月 1 日，苏方团长、副外长罗高寿发表谈话时说，苏方希望越南"明年撤出其全部军队，这样做肯定会给中国和苏联之间的关系带来积极影响"。9 月 16 日，戈尔巴乔夫在克拉斯诺亚尔斯克发表谈话称，苏联愿意立即着手准备苏中最高级会晤，不久前的苏中副外长级磋商扩大了双方对柬埔寨问题的相互了解。此后不久，中方即同意两国外长互访。

戈尔巴乔夫访华

中苏经过几轮试探摸底之后，双方就改善关系的目标和切入点基本达成共识。中苏关系正常化随后进入实际操作阶段。

1988 年 12 月 1 日至 3 日，钱其琛外长访问莫斯科，为中苏首脑会晤做准备。这是时隔 30 多年后，中国外长首次访问苏联，是中苏关系的破冰之旅。我和李肇星同志作为陪同人员参与了这次访问。两国外长会谈时，双方就越南从柬埔寨撤军的时间表达成一致。戈尔巴乔夫在会见钱其琛时主动表示希望到北京访问。钱外长则当面转达了中方希望邀请戈尔巴乔夫于 1989 年访华的意愿。双方同意将峰会时间定在 1989 年的上半年。

1989 年 2 月 2 日，苏联外长谢瓦尔德纳泽访华。这是对钱其琛外长访苏的回访，目的是为戈尔巴乔夫访华做准备。这是中苏关系正式正常化前的一次重要访问，访问很有戏剧性。

越南入侵柬埔寨是中苏关系正常化的主要障碍之一。中方与苏方在北京已经谈妥，要把越南应从柬埔寨撤军这一立场写入联合声明。谢瓦尔德纳泽来华当天即转飞上海，准备次日会见邓小平。但当天夜里，苏联人突然变卦，原先谈好的越南撤军问题不承认了。那时已经是夜里两三点钟了，我跟田曾佩副外长都没睡觉，哪睡得着啊?! 我们商定等快天亮时报告钱其琛外长，争取把苏联人的立场扭回来。

早上五六点钟，天才蒙蒙亮，我们就把钱外长叫起来。钱外长一听汇报，惊得嗓音都变了。越南撤军是中苏高级会晤要讨论的核心问题之一，现在戈尔巴乔夫访华的事基本要定下来了，如果苏方突然在这个问题上反水，局面将难以收拾。

钱外长要我们赶紧找苏联代表团的人。大概早上 7 点钟左右，田曾佩副外长带着我们几个人找到了苏联副外长罗高寿，把他狠狠地批了一通，然后气呼呼地走了，双方手都没握，可以说是不欢而散。我们也撂下了狠话，如果苏方在越南撤军问题上反悔，那戈尔巴乔夫访华的事也就没法定下来了。

谢瓦尔德纳泽是超级大国的外长，自然不是一般角色，后来有人还给他起了个外号叫"银狐"。他那次确实想要滑头，走边缘，以突然袭击的方式逼迫中方接受他的立场。后来，他见中方态度很强硬，策略难以奏效，开始转换立场。

早上 8 点钟，中苏代表团同桌吃饭的时候，谢瓦尔德纳泽当着钱外长和中苏双方代表团的面要起两面派。他貌似很严肃地批评罗高寿，质问这个事是怎么搞的，为什么没处理好。其实，大家心知肚明，就是他自己在幕后捣鬼，批罗高寿无非是想给自己找个台阶下。

　　第一轮交手，苏方的策略没能得逞。我们担心谢瓦尔德纳泽接下来会到邓小平那里胡搅蛮缠，就由田曾佩副外长和我先去找小平同志汇报情况，请他在谈到戈尔巴乔夫访华问题时，就说双方还在商量，还没谈好。

　　谢瓦尔德纳泽见邓小平的时候，还真的想在这件事上蒙混过关，寄望小平同志不问青红皂白就拍板定案。按照他的逻辑，只要邓小平同意戈尔巴乔夫访华，接下来的联合声明苏方想怎么写就怎么写了。但小平同志回答得比我们预计的还要精准到位。他不紧不慢地说，我听说戈尔巴乔夫访华的事你们还在谈呐，那就继续谈吧。

　　这样，谢瓦尔德纳泽虽然见到了邓小平，但戈尔巴乔夫访华的事情还是没最终定下来。下午回到北京，中苏代表团同乘一架飞机，双方继续谈，但仍然没谈拢。

　　当天晚上，谢瓦尔德纳泽要去巴基斯坦访问。离开北京时，钱外长到机场送他。在机场贵宾室告别时，钱外长说了几句很厉害的话："中苏关系现在还没有实现正常化，你们就这么干，出尔反尔，那以后我们还怎么打交道？"

　　谢瓦尔德纳泽说："那好吧，把两个司长留下来，继续谈。"这样，他们的司长就留下来，继续跟我谈。当天晚上对方就要和我谈，我说不谈了。我其实是有意要拖他一下，另外，经过这么一番折腾也确实挺累的。第二天双方继续谈，下午基本达成协议。苏方司长说，他需要报告已在巴基斯坦的谢瓦尔德纳泽。我这边就报告钱外长。到晚上 11 点半，我们再次见面，苏方说谢瓦尔德纳泽同意了。联合声明终于谈定了，我心中的一块石头终于落了地。

　　记得当时我们是在外交部东四旧址的会客室见面谈的。会见一结束，我就赶紧把消息传给新华社，等亲眼看到电讯条出来，我才回家。这个时

СОВМЕСТНОЕ СОВЕТСКО-КИТАЙСКОЕ КОММЮНИКЕ

1. По приглашению Председателя Китайской Народной Республики Ян Шанкуня Генеральный секретарь ЦК КПСС, Председатель Президиума Верховного Совета СССР М.С.Горбачев с 15 по 18 мая 1989 года находился с официальным визитом в Китайской Народной Республике.

16 мая в Пекине состоялась встреча М.С.Горбачева с Дэн Сяопином. Оба руководителя обменялись мнениями по вопросам советско-китайских отношений и международным проблемам, представляющим взаимный интерес.

М.С.Горбачев имел встречи и переговоры с Ян Шанкунем, Генеральным секретарем ЦК КПК Чжао Цзыяном, премьером Государственного Совета КНР Ли Пэном.

2. Руководители СССР и КНР считают, что обмен мнениями по вопросам советско-китайских отношений был полезным. Обе стороны высказали единое мнение, что советско-китайская встреча на высшем уровне знаменует собой нормализацию межгосударственных отношений между Советским Союзом и Китаем. Это отвечает коренным интересам и чаяниям народов двух стран, способствует сохранению мира и стабильности во всем мире. Нормализация советско-китайских отношений не направлена против третьих стран и не ущемляет интересов третьих стран.

3. Обе стороны заявляют, что Союз Советских Социалистических Республик и Китайская Народная Республика будут развивать взаимоотношения на основе универсальных принципов межгосударственного общения: взаимное уважение суверенитета и

1989 年 5 月 18 日，苏共中央总书记戈尔巴乔夫访华结束当日，中苏两国发表了联合公报。作者作为中国外交部苏联东欧司司长与苏联外交部第一亚洲司司长吉里耶夫互相签字交换了公报的中、俄文文本留作纪念。图中左上角是吉里耶夫的手笔，意思是：戴秉国同志，留作纪念我们卓有成效的共同工作

候，正好是 1989 年农历新年除夕。刚一走出外交部大楼，就听到辞旧迎新的鞭炮声此起彼伏，天空中闪耀着异彩纷呈的贺岁烟火。

1989 年 5 月，苏联最高苏维埃主席团主席、苏共中央总书记戈尔巴乔夫对华进行历史性访问，揭开了中苏关系史上新的一页，中苏国家关系实现正常化。邓小平确定这次访问为中苏高级会晤。小平同志考虑得很细，包括见面"只握手、不拥抱"等，都是由他本人亲自敲定的。5 月 16日，小平同志会见了戈尔巴乔夫，他说："历史账讲了，这些问题一风吹，这也是这次会晤取得的一个成果。双方讲了，就完了，过去就结束了。现在两国交往多起来了，关系正常化以后的交往，无论深度和广度都会有大的发展。在发展交往方面，我有一个重要建议：多做实事，少说空话。"小平同志还在人民大会堂小范围宴请了戈尔巴乔夫，宴会上上了茅台酒。

各方对戈尔巴乔夫访华都非常关注，认为这是一个重大的政治动作。当时谈联合声明时，苏方要把戈尔巴乔夫的"新思维"写进去。对此，我们是不赞成的，觉得"新思维"不能写进去，你要写"新思维"，我们就需要写上我们的东西。

中苏高级会晤的举行标志着中苏关系实现了正常化。正如邓小平总结的那八个字："结束过去，开辟未来。"

漫漫长路再回首

回顾中苏关系 40 年的演变历程，我有一些体会和感受。

首先，苏联对中国的革命和建设都产生了深远的影响。"十月革命一声炮响，为中国送来了马克思列宁主义"，这是我们讨论中共党史、中国现代史经常提及的一句话，也寓意着苏联的确是近现代对华影响最深刻的一个大国。中共本身的成长壮大，中国新民主主义革命到社会主义革命的过渡，以及中国特色社会主义道路的探索，都与中苏两党两国关系的变迁有着千丝万缕的联系。

中国革命胜利后，中苏关系从蜜月期走到相互对立甚至兵戎相见。从苏方来说，赫鲁晓夫一上台就全面否定斯大林，大幅调整对内对外政策，中苏两党在各自国内政策和事关革命、战争与和平等重大判断上出现重大分歧；从中方来说，显然，毛主席认为苏联开始搞修正主义了，是背叛革命，并且担心中国也会像苏联一样出现修正主义，担心出现赫鲁晓夫式的人物。随着波匈事件的爆发和中苏关系的进一步恶化，毛主席的焦虑感变得更加强烈，这就为中国后来的政治运动埋下了伏笔。可以说，中国国内形势的变化与苏联国内形势、国际共运和社会主义阵营的形势以及中苏关系的演变是紧密相关的。

第二，朝鲜战争对二战后国际关系产生了深远的影响。中苏蜜月期间，两国最重大的外交和军事合作莫过于在朝鲜战争中的密切配合。中苏联手和朝鲜一起努力，扭转了朝鲜半岛的战场形势，以美国为首的"联合国军"被打回三八线以南，并最终签署《朝鲜停战协定》。朝鲜战争极大地巩固了中苏同盟关系，提高了社会主义阵营的国际声望，也决定了战后半岛及远东地区几十年的秩序。甚至直到冷战结束后的今天，这种格局依然没有发生大的变化。这场战争把中国和苏联更紧密地捏到一起，社会主义阵营和资本主义阵营的界线更加清晰。

朝鲜战争发生后，西方误判，中苏两个共产党大国支持金日成打仗，这是社会主义阵营要在东方推进的前兆。为防止多米诺骨牌效应，西方必须坚决遏制。也正是由于这个缘故，美国战后对日本的改造变成了一锅"夹生饭"。出于反共的需要，美国和西方没有充分地惩罚日本，而是拉上日本共同对付中、苏、朝。日本军国主义阴魂不散，也找到了隐藏的空间。显然，战后国际格局也与中苏关系以及世界政治力量对比的变化是密切相关的。

第三，苏共和中共的关系从一开始就不是一帆风顺的。毛主席早在20世纪20年代就主张中国革命一定要从中国的实际出发，走中国人自己的革命道路，但这条路走得很不顺，受到苏联的干扰。在第一次、第二次国内革命战争时期，苏共要我党在若干涉及中国前途命运的事情上都听他们的指挥，违背了中国的民族利益，也背离了中国社会的实际，造成了中国革命的重大损失。从一定程度上讲，毛泽东思想也是中共在与苏共的团结与斗争中发展起来的。

第二次世界大战时期，中国人民为抗击法西斯侵略付出了巨大而沉重的代价，作出了令人难以置信的伟大牺牲，但是，苏、美、英三国却背着中国搞《雅尔塔协定》，严重损害了中国的利益。二战后期，蒋介石派宋子文、蒋经国去莫斯科和斯大林签订旧的《中苏友好同盟条约》，苏联在中国东北攫取了大量利益。

苏联担心毛泽东成为中国的铁托，对中共疑虑重重。我们要解放全中国，将革命进行到底，而苏联却从自己的地缘政治利益出发，希望我党与国民党划江而治，确保苏、美两国在中国各自占据势力范围，从而对中国分而治之。对于这些东西，毛主席是很恼火的。

苏联没有想到的是，中国共产党那么快就夺取了全国政权。1949年7月，中共中央派刘少奇秘密访苏，向斯大林通报中国国内形势、中共有关建国和对外政策等大政方针的考虑，并请求苏联援助。苏联对建立新中国是大力支持的，而且态度变得比较谦虚了。会谈时，斯大林曾问刘少奇："苏共是不是干扰了中共的工作，是不是曾经妨碍过中国革命进程？"斯大林还明确表示："我看，由于我们不了解实际情况，有时对你们造成了干扰。"这些话报回北京后，毛主席很重视，认为斯大林实际上是承认了错误，算是给中方道了歉。

那时候，尽管毛主席内心深处对苏联还有气，但对苏联还是尊重的。后来，中苏两国发生分歧，苏联向中国施加压力。苏联方面以为这样做，中国就会听他的，两国关系就能够缓和。但毛主席有一副硬骨头，有民族气节，独立自主的精神很强，根本不可能任人摆布。

新中国成立以后，在一些问题上，比如如何处理爱国主义与国际主义的矛盾，如何处理社会主义阵营内部国家之间的关系，中苏两党都没有经验，都陷入了"意识形态至上"的陷阱。如果在意识形态上出现冲突，就会很快扩展到国家关系层面，造成国家与国家之间的对抗。我们正是吸取了前面的教训，改革开放以后提出了"不以意识形态划线"的方略，开辟了中国外交工作的新局面。

第四，凡事都要讲辩证法，中苏对立也为中国外交实现战略调整创造了契机。中苏关系恶化客观上为我们打开同西方国家的关系带来了机会。在打开同西方国家的关系之后，我们又适时地把改善同苏联的关系提上了日程。回顾1982年后的中苏关系，由于双方都进行了政策调整，中方改变了原来以苏划线的做法，从20世纪70年代的"一条线"转到维持"大三角"平衡，坚持独立自主的和平外交政策，在和平共处五项原则的基础上既同美国发展关系，又同苏联改善关系，但同美苏两家都不结盟或搞战略关系，使得中国在国际上占据了比较主动和有利的地位，在战略上赢得了主动，中国外交的大格局更符合实际、更成熟、更完整。

中方采取这样的立场也是客观条件决定的。由于中国当时的实力比较弱，同美国和苏联两极没法比。无论是美国还是苏联，都互以对方为主要对手，并不真正把中国放在平等的地位上看待。他们争取中国，不过是希望在相互争夺中借助中方力量，增加各自同对方打交道的筹码。

中、美、苏"大三角"关系十分复杂，既互相关联，又相互制约，中苏之间稍有一点风吹草动，美国就神经紧张，并设法进行牵制。所以，中苏关系十分敏感，如果处理不好，可能会影响中国外交的全局。小平同志当年一再告诫我们要谨慎从事，并曾就此多次作出重要批示，体现出他在运筹大国关系时对节奏、火候拿捏的高超技巧。

第五，改革开放以后，我们实现了中苏关系正常化，开创了中国外交的新局面。客观地讲，戈尔巴乔夫等当时的苏联领导人在推动实现中苏关系正常化方面是发挥过积极作用的。如果中苏关系在那个时候不及时实现正常化，以后中俄关系能不能适时平稳过渡，也就不好说了。所以，及时实现中苏关系正常化，是中国外交的重大胜利，是中苏双方共同的外交胜利，为后来中俄关系的发展奠定了基础，也使我们对外关系的格局变得更完整了。

中苏关系正常化还带来了一种新型的国家间关系，也就是后来常说的"不结盟、不对抗、不针对第三国的新型关系"，这是基于和平共处五项原则基础上发展起来的国家间关系。中苏两国经过对抗，实际上后来都总结了过去的经验教训，变得比过去聪明了，深知不能像过去那样以意识形态划线来处理相互关系。

"吃水不忘挖井人"，如果没有毛泽东、周恩来、邓小平等老一辈革命家和外交大师在前面的运筹帷幄，我们后人也不可能一下子全面走活中国外交这盘棋。回首往事，我们不能不赞叹他们的深谋远虑和驾驭复杂外交局面的卓越能力。正是因为他们打开了中美交往的大门，我们后面的改革开放事业才进行得比较顺利；也正是因为他们及时妥当地处理好了中苏关

1989 年 11 月，作为中国驻匈牙利大使，在匈牙利首都布达佩斯向代行国家元首职责的国民议会主席絮勒什·马加什递交国书

系，我们今天才可能与俄罗斯形成目前这种相互信任、相互支持的局面；我们与西方国家的关系，与广大发展中国家的关系，也才有比较坚实的基础。

我们是站在巨人的肩膀上办外交，先辈为我们在国际上发挥更大影响力、为赢得中国外交今天来之不易的大好局面、为中国的改革开放事业，奠定了基本的对外关系格局。从这个意义上说，我对习近平总书记所作的关于改革开放前和改革开放后两个历史时期关系的讲话精神十分赞同。习近平总书记指出："虽然这两个历史时期在进行社会主义建设的思想指导、方针政策、实际工作上有很大差别，但两者决不是彼此割裂的，更不是根本对立的。不能用改革开放后的历史时期否定改革开放前的历史时期，也不能用改革开放前的历史时期否定改革开放后的历史时期。"新中国外交60多年的风风雨雨，正是习近平总书记重要讲话精神真实而具体的体现。

苏联解体的教训

我自从 1973 年从驻苏联使馆离任回国后就没有再出国常驻，中间组织上曾经想安排我出去，但都被留下来了。一直到 1989 年前后，因长期紧张工作，我感觉挺累，身体也不太好。好多老同志都去跟钱其琛外长讲，说让戴秉国走吧。钱外长说，等戈尔巴乔夫访华结束，他就可以出去工作。

1989 年 6 月，我出任中国驻匈牙利大使。我是 10 月份走的，从此结束了我在苏欧司 23 年的工作。我 1989 年至 1991 年任驻匈牙利大使，期间没参与对苏联工作。

我在匈牙利的时候，获悉苏联可能变得更加松散，但不至于垮台。没想到后来真垮了，而且是完全垮了。

苏共垮台、苏联解体已经 20 多年了。苏共这么一个大党，苏联这么一个大国，为什么会垮掉、解体？我们党也是个大党，我们国家也是个大国，应当从中吸取些什么教训？对于这些问题恐怕不能说我们已经研究够了，我自己也只能说点很粗浅的看法。

我以为，苏联垮掉是政治与经济、内部与外部、历史与现实等多重因素交织作用的结果，是苏共执政几十年间各种矛盾、问题积累的总爆发。诚然，苏共领导世界上第一个社会主义国家，在十分困难的内外环境下对如何搞社会主义做了许多探索和实践，成绩斐然。但苏联垮台最根本的问题也出在苏联共产党内部，特别是苏共的高层、领导层，它的总书记。他们作为领导苏联社会主义建设的政治集团，既没有战略的坚定，也没有战略的清醒，还缺乏战略的耐心。他们没有在理论和实践上认真探索和解决如何正确、全面治理苏联这个社会主义国家的问题。

到了戈尔巴乔夫的时候，他提出很荒谬的理论，认为社会主义不行了，走不通了，要搞所谓"人道的、民主的社会主义"，以"公开性"和"民主化"作为开始，主动放弃苏共的领导地位，使得偌大一个苏联在短短几年时间里就变成了一盘散沙，轰然垮掉了。一个共产党领袖可能会犯这样那样的错误，但是，不至于在短短几年之内就把这么一个大国带到这个地步。这其中到底有什么特殊原因，是一个尚待历史去解开的谜团。

党是领导核心。苏联解体留给我们最大的教训，就是党一定要管党，而且务必要管好。我 2012 年在一次会上讲过，一定要下大功夫管好党，特别是管好几百个中央委员，管好政治局、常委会，这些人必须一心为人民。要防止变质分子、变节分子、腐败分子进入最高领导层，防止出现类似苏共最高领导人搞垮苏联那样的颠覆性风险。这是确保政治安全、政权安全的关键，是需要从制度创新等多方面下大功夫继续探索解决的重大课题。

苏联解体的第二个教训就是既要坚持改革开放，不断解放和发展生产力，又要坚持共产党的领导和社会主义道路。既不能僵化，也不能全盘西化。长期来看，苏联领导人的思想一直是比较保守和僵化的，后来又从一个极端走到另一个极端，从僵化走向西化，民族心理形成断崖，政权治理出现危机，问题就变得十分严重了。方向选错了，道路走错了，那就全完了。中国如果不改革开放肯定是死路一条。同时，我们必须坚持党的基本路线一百年不动摇。邓小平同志当年非常清醒地看到了这个问题，他反复强调，在改革开放的同时，一定要坚持四项基本原则，特别是坚持党的领导和社会主义道路。如果不坚持四项基本原则，特别是不坚持共产党的领导，我们的党和国家就会出大问题，中华民族的复兴梦就会化为泡影。

那么，究竟应该怎么搞改革开放呢？我觉得对于哪些是我们必须始终坚持的、哪些是我们可以学习借鉴他人的，坚持什么、反对什么，改进什么、完善什么、创新什么，对这些问题不能是一笔糊涂账，要心如明镜，胸有成竹。思想僵化不行，任意胡来把共产党、社会主义改掉不行。邓小平同志说过，巩固和发展社会主义需要几十年、几百年、几十代人的努力。他讲这句话意味深长，需要我们仔细琢磨。

人贵有自知之明，国家也是这样。对于我国的综合国力，我们自己要有客观清醒的认识。综合国力并不等于 GDP，而且中国的 GDP 虽已跃居全球第二，但我们的经济形态还比较"虚胖"，"肌肉"不很结实。我们不能小看自己，也不能过高估计自己。中国改革开放成就卓著，战果辉煌，但中国仅靠 GDP 并不能引领世界发展的潮流，要着力提高经济的质量，还要不断完善我们的社会主义制度。

苏联解体的第三个教训是不能搞扩张、不能称霸，一定要踏踏实实地坚持走和平发展道路。中国是五千年的文明古国，之所以到今天还保持着如此广袤的国土，很重要一个原因是我们的祖先有不扩张、不称霸的传统。如果我们的祖先野心勃勃，也想建立一个横跨欧亚非三大洲的大帝国，那么中国可能早就分崩离析了。历史上，世界上所有大帝国都崩溃了，而且一旦崩溃，连本土都可能保不住。毛泽东和邓小平等几代领导人都反复强调，中国永远不称霸，这必须成为我们恪守的基本国策。

苏联为争夺世界霸权，输出革命，大举扩张，跟美国拼国力、拼军力，同时还挑起中苏边界争端，入侵阿富汗，支持越南侵略柬埔寨，驻军蒙古，想南北夹击中国，结果多方树敌，四面楚歌。苏联把过多的精力、物力、财力花在不该花的地方。比如入侵阿富汗，前后出动150万兵力，伤亡5万多人，耗资超过450亿卢布，元气大伤，而且不得人心。

中国不称霸，也反对别国称霸。在国际关系中，我们一直倡导和坚持和平共处五项原则，相互尊重，平等相待，特别是当我们的国家逐渐变得强大的时候，更要倍加谦虚谨慎，平等待人，尊重别人。

2010年，我去非洲访问的时候，阿尔及利亚总统布特弗利卡跟我谈话，有句话令我印象深刻。他说，世界上再小的国家都有它存在的价值，都有它的尊严。所以，世界上越是弱小的国家，我们越要尊重，越要让它感觉到自己的尊严，否则就会失去人心。我们在日子过得比较好的时候，要接济穷哥们儿，不能只顾自己过好日子。记得邓小平同志就曾经说过，等到我们将来发展到一定程度，要帮助一些穷国改变贫穷的面貌。总之，我们的好传统、好作风一定要坚持，不能因为国家逐渐强大起来就趾高气扬，就看不起人，就开始炫富摆阔。

苏联解体的第四个教训是执政当局一定要非常重视赢取民心，赢得民众的认可和爱戴，努力培育和形成良性互动而不是对立的党群、干群关系，形成真正的鱼水关系，一种命运共同体，就是要真正做到人民政权为人民、爱人民，人民珍惜、爱护为自己服务的政权。这也是苏联解体以后，苏共领导成员的切身体会。我们不仅要教育我们的党员、我们的干部，要全心全意为人民服务，还要教育广大人民群众，要与自己的祖国同甘共苦，跟人民的政府一条心，同舟共济，共同创造美好的未来。

我们新中国建立的政权是人民的政权。中国人民从改革开放和中国特色社会主义建设的伟大事业中获得了最大的利益。我们要努力与人民群众进行真诚的沟通和交流，让他们在获得发展利益的同时，真实地感知到他们所拥有的这一切都离不开人民的政权。这个政权是为他们服务的，是保护他们的利益的。爱护好、保护好人民的政权，就是爱护和保护好人民群众自己。无疑，我们一些领导干部确实存在这样那样的问题，极少数甚至很腐败，但是，我们党坚定反对腐败，不断清除腐败分子，确保人民政权为人民的基本属性不变，确保中国共产党始终坚持全心全意为人民服务的根本宗旨。

苏联解体、苏共下台留给我们的再一个十分重要的教训是，执政的共产党必须始终保持理论上的清醒和足够的忧患意识。十月革命后，苏联的社会主义建设事业取得了巨大成就，但苏共始终没有与时俱进地从理论和实践上解决好什么是社会主义、如何建设社会主义，建设一个什么样的党、如何建设党，以及如何处理同外部世界的关系等问题，他们把搞社会主义、共产主义看得太简单、太容易了。1936年斯大林就宣布已在苏联建成社会主义，1939年又宣布已开始逐渐向共产主义过渡。1958年赫鲁晓夫进而提出共产主义"已不是遥远的理想，而是我们最近的明天"。1961年又说，到1980年要"基本建成共产主义"。一代又一代的苏共领导人显然完全没想过社会主义的政权仍然有丢失的危险，苏共仍有下台的危险，苏联仍然存在解体的危险，因而也根本谈不上如何防止这些危险。这个教训太惨痛了。今天，已经搞了近 70 年社会主义的中国共产党人恐怕要十分清醒的是，万里长征可能才走出了几步，中国仍是一个发展中国家，仍将长期处于社会主义的初级阶段，必须长期保持一种强烈的政治忧患意识，切不可急躁冒进，也切不可取得一点成绩就头脑发热，忘乎所以，丧失警惕性，成为下一个苏联。

这里讲忧患意识，讲警惕性，并不是对未来没有信心，我们完全有理由坚持"三个自信"，但信心必须以同心协力、扎实地坚持办好中国自己的事情为可靠支撑。不错，新中国成立以来，特别是改革开放以来，我们取得了全世界瞩目的巨大发展和进步，探索出一条中国特色社会主义道路，这可以说是中国最大的创新。但我们决不能因此高枕无忧或躺在已有的探索和实践之上睡大觉，而要锲而不舍地去继续探索、实践，不断改革自己、完善自己、发展自己。只有我们自己各方面都走到了世界前列，政治上、物质上、精神上、制度上都强大无比了，我们党把自己管得很好了，也就是说，党强、国强、民强、兵强了，国际贡献也是够大了，别人不敢或没能力、没办法演变掉你了，那时候，长治久安就到来了，"颜色革命"的可能就被排除掉了，苏联那样的历史悲剧就可以避免了。我想，中国共产党人理应也必定能够领导中国人民按照现代化治理的要求全面治理好自己的党、自己的国家，走出一片长治久安的艳阳天来。

第三章

特别使命

关于台湾问题，我们的那些话翻来覆去地不知说过多少
回了，人家可能都听腻了……中央封一个"特使"头衔给我，
我拿什么"特别"的话去跟人家谈呢？

1995 年 8 月，我奉调从外交部去中联部做党的对外联络工作。2003 年
3 月，我从中联部调回外交部担任党委书记兼副部长，主持常务工作。这
让我颇感意外，但我仍高兴地赴任了，感到责任重大，一定要不辱使命。
上任伊始，面临的紧要任务之一是处理好外交工作中的涉台问题，为此，
我奉命出任中国政府特使，肩负特别使命，穿梭于美、德、法、俄、日等
国之间，坚决遏制了"台独"势力，打击了他们的嚣张气焰，也为我的外
交生涯谱写了颇具特色的篇章。

开往华盛顿的快车

◎ 行前细思量

2004 年 3 月 20 日，台湾地区即将举行领导人选举。以陈水扁和吕秀莲为搭档的泛绿阵营寻求连任，对垒以连战、宋楚瑜为搭档的泛蓝阵营，双方力量旗鼓相当，选战激烈。从民调情况看，泛蓝阵营的胜算稍大一些。陈水扁为拉抬选情开始走极端，泛绿势力在台湾"二二八"事件①纪念日举办规模空前的群众集会，提出要在选举的同时举行"公投"②，"台独"气焰嚣张，台湾岛内乱象横生。

为揭露台湾当局假手"公投"推进"台独"的实质，说明台海紧张形势可能引发的严重后果，我作为中国政府特使出访，向美、德、法、日、俄五国政府，特别向美国政府阐释中国政府对台政策。

2004 年 3 月 5 日我启程赴美，至 18 日访俄归来，全程跑了 26,000 公里，历时 13 天。出访期间，一共安排了 29 场会谈会见，广泛地接触政府官员、国会议员、前政要和知名学者。五国政府都表示不支持台湾举行所谓的"公民投票"，并以各种方式发出了反对"台独"的声音。受五大

---

① 指发生于 1947 年 2 月 28 日的台湾人民反专制、反独裁、争民主的群众运动。是当时全国范围内兴起的反专制、反独裁、争民主运动的重要组成部分。1947 年 2 月 27 日，国民党军警在台北打死请愿减税的商贩，28 日，台北市民罢市、游行请愿，又遭国民党当局的镇压，激起了民众的愤怒，爆发了大规模武装暴动。几天之内，暴动民众控制了台湾省大部分地区。台湾省行政长官陈仪急电南京求援，国民政府调驻守上海的二十一军在基隆登陆，进驻台北，对群众进行大规模镇压，运动最终失败。1995 年 2 月，台湾当局给予"二二八"起义平反，并正式向起义中死难者家属道歉。

② 指陈水扁妄图通过所谓"公投"制定"新宪法"，并在其中加入"台独"内容。

国影响，世界上其他国家也以不同形式表明了它们反"公投"、反"台独"的立场，在国际上形成了对我们有利的舆论氛围，有力抵制了陈水扁推行"台独"分裂活动的图谋。

在 2004 年台湾地区选举前向几个大国派特使做工作，这件事是 2 月下旬提出来的，来得比较突然，而我是 3 月 5 日出发的，时间很紧迫。应该到哪几个国家去呢？讨论的结果，决定去美国、德国、法国、日本、俄罗斯五国。我们的想法是，如果把这五国的事情搞好，就可以营造出一种气候，在国际上对"台独"形成压力。

出发前夕，我独自坐在外交部的办公室里琢磨，去后该怎么谈呢？关于台湾问题，我们的那些话翻来覆去地不知说过多少回了，人家可能都听腻了。况且，我平时对台湾问题也就是一般性关注，不能说对这个问题的研究有多深。封一个"特使"头衔给我，我拿什么"特别"的话去跟人家谈呢？所以呢，从哪儿谈起？谈什么？我在空荡荡的房间里走来走去，不断地追问自己："怎么表明你是特使呢？你承担着什么特殊使命呢？如果没有，你跑来干什么呢？"

同事为我准备了一些谈话要点，有启发，但似乎仍然不解决问题。我们需要针对不同的国家特点设计不同的谈话内容，重点是美国。我想，事物是发展着的，必须根据形势发展不断提出新的问题。我们现有的几句老套话只是些原则性的东西，如果落实到具体会谈上，哪怕提出两三句紧跟形势发展的新词儿，有点儿新思想，那么对话效果就会大不一样。每场谈话前，我都自己动手写一个简要的谈话提纲，写清楚谈话要点。比如跟鲍威尔国务卿谈台湾问题，开始我拟了四五条，后来归纳为三条，脉络就比较清晰了。

◎ 不为陈水扁背黑锅

3月7日是星期天，我们乘飞机抵达纽约后，稍事休息，然后换火车到华盛顿。从纽约开往华盛顿的列车抵达终点时，已经是入夜时分，美国首都华灯初上。我们没有休息，马上投入准备工作。使馆按照我的意思，8日上午先安排见前政要和国会人士。这些人熟悉美国对华政策，也代表美国社会一些主流观点，我们可以一边做工作，一边摸摸对方的想法，起一个预热的作用。

8日早上，我与美国前总统国家安全事务助理伯杰和前助理贸易代表贝德共进早餐，谈台湾问题，主要听他们说。伯杰建议我们对陈水扁继续保持威慑，阻止陈水扁在当选后的这四年铤而走险。同时，中方也应敦促美国领导人对陈水扁发出明确信号，即如果他一意孤行，将独自承担后果，美国不会替他背黑锅。

我问："现在，陈水扁已经提出'台独'时间表，执意要搞'台独'，中方认为美方此时此刻就应该发出明确信号，阻断'台独'之路。你看美方对此能够做些什么呢？"

伯杰说，美方还能做些事。不幸的是布什政府内部有杂音。温家宝总理2003年12月访问美国时，布什总统曾对台湾方面发表了比历届美国总统的措辞都更为严厉的声明。[①] 当时听到他说出那样的重话来，我们都感到有些意外。

---

① 2003年12月9日，布什总统在会见来访的中国国务院总理温家宝时表示：美国方面理解中方的关切，坚持一个中国政策，恪守美中三个联合公报，反对台湾独立，这一政策不会改变。最近从台湾传出一些试图改变现状的信息，令人不安，美方不赞成，我们反对单方面试图改变台湾现状的做法。

我追问道："为什么陈水扁没有被吓住呢？"

伯杰说，其中一个原因就是一些美国官员对台方发出了不同声音。布什总统去年 12 月的表态应该不是权宜之计，而是经过美国高层研究后作出的，说明他已经认识到台海局势相当危险。布什总统不喜欢用外交辞令。他之所以作出如此明确的表态，确实是想迟滞陈水扁搞"台独"的步伐。然而，美国政府内部有些亲台官员在打自己的小算盘，他们经常向台方讲一些对方爱听的话，从而弱化了布什总统对台正式表态的作用。

伯杰说，台湾方面过高估计了美方愿意为台做什么。台海战争一旦爆发将没有胜利者，对中美关系和两岸关系都将产生严重后果。台方在美国国会内部不乏支持者。但是，如果爆发战争，将很难预测在任美国总统会采取什么举措。然而，有一条是确定的，就是布什总统本人将尽力避免台海爆发冲突。

伯杰随后还建议我会见赖斯时，要对布什总统的正式表态给予充分肯定的评价，并用总统的表态制约美国各级官员。贝德补充说："应该告诉赖斯，台方有可能严重误判形势，因此有必要警告台方不能跨越红线。"

早餐后，见布热津斯基。我们的话题比较广泛，包括中美关系、台湾问题、朝核问题、欧美关系以及对 21 世纪世界格局的看法等。布热津斯基曾经是美国政府决策层内的关键人物之一，他本人又是著名学者，所以我在阐明中方立场后，尽量听他讲。

谈到台湾问题时，我说："这始终是中美关系中最重要、最敏感的核心问题。如果我们听任陈水扁继续胡闹，沿着'台独'路线顽固地走下去，这必然会成为中美关系的一颗'定时炸弹'。"

布热津斯基说："世界上能够改变台湾现状的只有中国和美国。台湾当局很清楚，美国不支持'台独'，反对单方面改变台海现状。"

2004 年 3 月 8 日，在华盛顿会见美国前总统国家安全事务助理伯杰

2003 年 7 月 18 日，在杨洁篪大使在官邸举行的音乐会上，同布热津斯基握手

我说："希望中美双方共同努力，拔掉这颗'定时炸弹'的'引信'，堵死'台独'之路。"

他说："因应当前的台海局势，最明智的办法是保持克制和耐心。陈水扁那些人巴不得挑起中美对抗，好从中渔利。因此，中美双方都要防止被利用而引发不必要的冲突。美国国内本来就有人把中国视为美国的威胁，如果处理不好，这些人会大肆散布诸如'共产党中国'对付'民主台湾'之类的论调。需要指出，这一类言论在美国国内还是很有煽动性的，中方要警觉。"

我问："你对未来的世界格局怎么看？"他认为，到 2025 年的时候，美国、中国、欧盟、日本和印度将在国际舞台上扮演重要角色。后来谈到欧美关系。他说："美国离不开欧洲的支持，现在美国已经开始学习如何与欧洲打交道。"

跟布热津斯基谈得比较尽兴，他也感觉不错。他送我出门时说："与你交谈感到很有收获。这次我们谈话的时间不够，下次我请你吃饭。"

◎ 阻断通向"台独"之路

8 日安排的第一场与政府官员的活动，是会见美国国务院助理国务卿凯利。我首先说明："此行是就当前两国关系中的重大问题，特别是台湾问题来与美方进行坦诚、深入的内部沟通。首先想说明一下，我不是来办交涉，也不是来吵架的。"

我和美国人谈话，把握住一条，就是坦率。我把我们的看法很坦率地告诉他们，也很坦率地向他们提出一些问题。美国人对我这种谈法并不反感，愿意与我展开坦诚的交流。这与我们平常与美国人谈台湾问题的方式有区别。我以这种坦诚的方式对他们讲，我们对陈水扁这个人怎么看，对陈水扁这股"台独"势力怎么看。当然，如果只跟他们讲这个也不行，他们不见得听得进去。而且，陈水扁是什么货色，其实他们也心知肚明，但我要争取美国人对这一点有新的认识。

我向他们强调的第二点是，既然陈水扁要搞"台独"，连时间表都有了，那么现在中美双方就应该认真思考如何想出办法来阻断"台独"这条路，避免台湾问题干扰中美关系的大局。美方应该给台湾当局发出明确的信息，就是"台独"是死路一条，走不通。我强调，布什总统"12·9"讲话讲得很好，但其他美国官员不能有杂音。否则，"台独"势力就不把美国总统的讲话当回事。

我说："陈水扁的分裂活动在不断升级，'台独'已成为我们面临的现实威胁。希望你们能够在布什总统讲话的基础上再往前走一步，在反'公投'、反'台独'问题上发出更明确的声音。总之，美方不能再向'台独'势力发出模糊甚至错误的信号了，必须坚决阻断通向'台独'的道路。"

"阻断通向'台独'的道路"是一个新话，这句话中方过去没讲过。在改革开放以前，中国人对外交往不那么多，重要的话怎么对外国人讲，周恩来总理都会一五一十地教授给我们。现在情况不同了，不可能有什么人把讲什么话全都预先教给我们，该讲的话要敢于讲。

我对凯利说："中方要求美方明确发出反'台独'的信号，是因为如果美方不这样做，'台独'势力会以为无论他们干什么你们都会支持，都会兜底，因此可以为所欲为。两岸都是中国人，我们是最愿意以和平手段解决台湾问题的。但是，如果要搞'台独'，我们就没有什么讨论的余地了。"我讲这个话是要强调我们是有底线的，如果越过这个底线，就没有任何回旋的余地。

我还对他说:"台湾问题不是什么民主问题,也不是社会主义与资本主义的制度问题,而是中国的国家利益、民族利益问题。即使是对政府有意见的中国人,他们中间的很多人也赞成台湾与大陆统一,希望美方不要把这个问题当作意识形态的问题来对待。"

我对凯利说的比较多,就是敞开谈。他基本上是原则性表态。我知道他还要向他的上级汇报。

8日下午我会见美国参议院少数党领袖、民主党的达施勒。他在参议院内是个重量级人物。我首先向达施勒参议员挑明问题,谈到当前台海局势十分敏感,如果陈水扁假借"公投"推行"台独"而不加以制止,将后患无穷。然后,我说:"长期以来,一个中国政策就是美国两党一致的政策。在今天这个特殊的时刻,希望你发挥自己的影响力,阻止参议院提出或通过任何所谓支持台湾'公投'的方案,劝阻有关参议员写联名信支持台湾'公投'。"

达施勒说:"目前,两党都已认识到这件事的敏感性和严重性。因此,即使有人提出此类方案,相信参议院也不会审议。"我觉得他的表态比较积极。

8日晚上,杨洁篪大使出面宴请美国前副国务卿坎特和前驻华大使芮效俭,我也参加了。他们两人对台湾问题,特别是美国对台政策比较了解。与他们交谈可以从另外一个角度来观察美方的态度。我首先对他们说:"台湾问题经常干扰中美关系,牵扯了双方很大的精力。现在,陈水扁搞'台独'越来越露骨,对中美双方都可能产生不堪设想的后果。中方认为,美方也应想些办法,阻断'台独'之路。"

芮效俭说:"美国国内确实有一股亲台势力。但是,布什总统的表态很明确,陈水扁能力有限,没有什么文章可做。"

我问他："能不能在总统表态的基础上再在行动上也给予一些配合呢?"

芮效俭说："美国多次向台湾当局发出警告。个人印象是,尽管陈水扁对美方表态佯装不在意,但泛绿阵营的人士都清楚,布什总统此举是针对陈水扁的。因此,虽然陈水扁在'公投'问题上继续我行我素,但已被迫改变了'公投'的议题。在'台独'这个大问题上,相信美国有能力约束台湾。不过,如果陈水扁用'民主'来伪装自己,美国对他的控制也会有一些难度。"

芮效俭补充道："陈水扁声称'修宪'不会触及敏感问题,但不排除他这个人在最后一刻变卦,这是我们面临的现实危险。"

我说："陈水扁搞'台独'就踩了底线。如果台方宣布'独立',美方会怎么办呢?"

芮效俭说："美方主管部门很清楚中方的底线,会设法把陈水扁挡在底线之外。美国的政策是避免并强烈反对在台湾引发新的军事冲突。相信如果中美经营好双边关系,台湾就难以挑起危机。只要美国政府强烈反对,中美之间又加强协调,台海局势就不会失控。"

这时,坎特补充道："美国在控制陈水扁方面也不是万能的。陈水扁的策略是不断挑衅大陆,同时拖住美国,企图刺激大陆采取过激行动,迫使美国作出连环反应,给外界造成美国站在台湾一方的印象。对此,美方应继续明确反对'台独',促使陈水扁明白美国不会被他拖下水,而中方也不会上他的当。"

我说："重要的是美方应向台湾当局发出反对'台独'的明确信号,表明自己不会被拖下水,相信美方有这个能力。"

◎ 与鲍威尔的谈话

9日上午与鲍威尔国务卿会谈。怎么与他谈才能取得较好的效果，我当时很费了一番心思，觉得还是要先跟对方讲清楚，不吵架，不交涉，而是坦率地沟通，尽量把谈话的空间搞得宽松一点。

我对鲍威尔国务卿说："这次来华盛顿，主要是就中美共同关心的重大问题，特别是台湾问题与美方推心置腹地交换意见，目的是为了推动中美关系的长期稳定和健康发展。国务卿先生不久前说，中美关系目前正处于30多年来最好的时期。这一局面来之不易，包括国务卿本人都为此作出了积极的贡献，中美双方都应该共同珍惜。"

我接着说："有些人提出，随着苏联解体，中美之间的共同利益也随之减少甚至消失。然而，事实上，我们两国的共同利益不仅没有减少，反而还在不断增加。我们双方都应珍惜并抓住这个历史机遇，努力扩大双方的共同利益。那种所谓中国将会取代苏联与美国作对的说法，是绝对错误的。"

然后，我以明确的语气阐述道："中国共产党不是苏联共产党，中国也不是苏联。中国搞的社会主义与苏联搞的社会主义是不同的。"

为了帮助他划清中国与苏联的界限，我还从大的方面向他解释了"三个代表"重要思想，力图减少美方的疑虑。我以此表明：第一，中国绝对没有与人争霸的政策；第二，中国没有这样的欲望；第三，中国历史上也没有与人争霸的传统。

我说，中国共产党是要按照邓小平理论和"三个代表"重要思想，千方百计地想办法办好13亿中国人自己的事，让我们的人民过上好日子。因此，我们真心实意地愿在互相尊重和平等相待的基础上，与美方发展长期稳定的友好合作关系。

鲍威尔回应道："美国不认为中国是要争世界霸权，也不认为中国要在东亚搞霸权。"

我点点头，接着说："中美关系的发展要尽可能排除各种干扰，减少麻烦。对于台湾问题，我们应该而且也能够做些事情。中美双方都坚持一个中国的立场，在这个基础上妥善处理好台湾问题，是符合两国共同利益的。"

他对此表示同意。谈话中间，鲍威尔还离席与伊万诺夫通了一个电话。伊万诺夫刚刚由俄罗斯外长转任国家安全委员会秘书。通话以后，他再接着跟我谈。接着我讲了四点：

第一，台湾局势当前处于复杂、关键、敏感时期。要充分认识"台独"的危害和危险，防止事态恶化，出现失控。

第二，陈水扁这个人不可预测，有欺骗性，他是骨子里要搞"台独"的人物，我行我素。最近他在推行"公投"，甚至还制订了"台独"时间表，如果任其胡作非为，后果不堪设想，必将严重危及中国与美国的利益，破坏亚太乃至世界的和平与稳定。有一种说法，认为陈水扁搞不成"台独"，或台湾即便宣布"独立"，也得不到国际社会承认。这种说法和想法很危险，是有害的，只会鼓励陈水扁等"台独"势力更加肆意妄为。

第三，中国政府坚持按"和平统一，一国两制"的方针解决台湾问题，愿以最大诚意、尽最大努力争取实现祖国和平统一，和平解决对大家都有利。我们一贯主张"中国人不打中国人"，如果在台湾问题上出现极端事态，任何人妄图以任何方式将台湾分裂出去，13亿中国人民决不答应。在祖国统一问题上，中国政府和全体人民态度鲜明，立场坚定，决不允许台湾从祖国分裂出去。

最后，我说："布什总统 2003 年 12 月 9 日在台湾问题上明确表明了立场，反对台湾当局领导人任何旨在单方面改变台湾现状的言行。国务卿本人和阿米蒂奇副国务卿也先后就台湾'公投'等问题做了明确表态。但是，近来有些美国官员背离总统讲话的原意，在对外表态时私自塞进自己的意见，向台湾发出错误信号，你们要认真维护总统说的话，不要有杂音，不要这个人这么说，那个人那么说，随意'添油加醋'。"

鲍威尔听到这里，就问，有没有什么实际的例子。我当然不好说实际的例子，就回应道，你们得管管。后来了解到，他们还真做了一些事。

鲍威尔说："美方坚持在三个联合公报①和《与台湾关系法》②基础上的一个中国政策。不支持台湾走向'独立'，不支持'公投'。如果说其他什么人在台湾问题上的表态与总统、我和阿米蒂奇有不一样的地方，这不代表美国政府的立场。"鲍威尔承诺，将向台湾当局重申美国政府的立场，防止任何人产生幻想。

接下来，我还跟他谈了香港和人权以及朝核问题。我与鲍威尔的谈话持续了一个半小时。会谈结束后，我与几个同志聊了聊，他们觉得这次磋商很有意义，但觉得我向鲍威尔提的要求是不是太高了一点。

在我回北京一个多月后，美国国务院新任政策规划司司长雷斯给我写

---

① 指 1972 年 2 月 28 日签订的《中华人民共和国和美利坚合众国联合公报》（《上海公报》）、1978 年 12 月 15 日中美两国发表的《中华人民共和国和美利坚合众国关于建立外交关系的联合公报》（《中美建交公报》）和 1982 年 8 月 17 日签订的《中华人民共和国和美利坚合众国联合公报》（《八一七公报》）。美国在三个联合公报中均强调坚持一个中国原则，这是中美两国关于两国关系以及我国台湾问题的重要历史文件。坚持一个中国政策和中美三个联合公报的原则是中美关系健康发展的政治基础。

② 《与台湾关系法》是 1979 年美国与台湾当局断交后通过并颁布的一部国内法，其实质是干涉中国内政，中国政府坚决反对该法案。

来一封信,第一句话就说我跟鲍威尔国务卿的这次会谈是"一次极有价值的谈话",信中说道,此次谈话涉及台湾问题、朝核问题等,对中美两国在未来的全面合作将产生十分积极的影响。我觉得他的话有实质性,其中有些暗示性的东西。后来我回想起来了,当时我与鲍威尔交谈时,雷斯就坐在后排,很认真地听,记了一个多小时笔记。

◎蜂蜜和苍蝇拍

9日下午,我会见美国国务院常务副国务卿阿米蒂奇。我一上来就说:"上午,我同鲍威尔国务卿谈得很好。你是国务院重要官员,想进一步听听你的看法。"阿米蒂奇说:"不久前访问北京时,我就'公投'问题谈了看法。今天,国务卿也作出了明确表态,美方在公开场合的表态不会超出这个范围。布什总统2003年12月9日表达的立场代表了美国政策。"随后,阿米蒂奇又重复了上午鲍威尔的提问:"哪些美国官员与总统的表态不一致?"

我说:"你们有官员在不同场合表示,美国不支持也不反对台湾当局搞'公投',媒体对此都有报道。这种言论会使陈水扁那些人认为可以不认真地对待美国领导人和高层官员的讲话。"阿米蒂奇说:"台湾当局可以不把国务卿和我说的话当回事,但必须认真对待美国总统说的话。布什总统一再表示,美方反对任何旨在改变台湾现状的言行。对岛内选举,不管谁当选,美方的政策具有连续性。"

我给他讲,陈水扁的作为表明,他是一个危险的、不可测、不可信的人,他已提出"台独"时间表,如果任其胡作非为,到时候也会给美国带来很困难的局面。我想我这样说,阿米蒂奇不能不认真对待。果然,阿米蒂奇对此表示同意。他说:"如果真出现这种情况,会给美中双方都带来很困难的局面。"

我说:"我们一直努力争取实现和平统一,没有人比我们更希望通过和平手段解决统一问题。"阿米蒂奇插话说:"如果台湾宣布'独立',将会产生灾难性后果,可能出现中国人打中国人的灾难。所以美方一直明确表示,不接受任何单方面改变台湾现状的言行。"

我说:"目前台湾局势十分复杂敏感,希望美方严格按照布什总统'12·9'表态办事并约束美国官员,以免总统谈话的权威性和影响力受到削弱。同时,还希望行政当局劝国会不要以议案、联名信或其他方式支持台湾当局搞'公投'。"阿米蒂奇说:"戴,我请你带回去的信息是,美方将会采取克制态度,不会在'3·20'前后搅浑水,不会随意解释总统的表态。"

当天,我还会见了美国参议院对外关系委员会主席拜登、众议院国际关系委员会亚太小组委主席利奇、国防部副部长沃尔福威茨和总统国家安全事务助理赖斯。

做国会工作与和美国政府官员打交道有区别,用不着就事论事。因此,我与拜登谈中美关系时更多还是从大的方面谈。我说:"虽然中美两国的社会制度不同,但是,我们客观上又确实存在着广泛的共同利益。中美都是具有世界影响的大国,发展两国关系有利于维护和促进地区与全球的稳定、繁荣和发展。从我们这方面来说,我们致力于建设具有中国特色的社会主义,坚持走和平发展的道路,因此,中国的发展不会对美国构成威胁。中美两个大国之间可以、也应该互相尊重、平等相待。也就是说,在和平共处五项原则的基础上,你们搞你们有美国特色的资本主义,我们搞我们有中国特色的社会主义。"

我向拜登强调:"我们中国共产党人搞的社会主义,是致力于维护世

79

界和平、促进社会发展的社会主义，我们不'咬人'，也不向外输出自己的意识形态和社会制度，尊重世界的多样性。我们坚持改革开放，愿意虚心地借鉴和学习世界各国包括美国在内的一切优秀文明成果，以不断地完善和发展我国的物质文明、精神文明和政治文明。中国搞的社会主义坚持'以人为本'、坚持尊重和保护人权、坚持一切都为了促进人民的福祉。这样一种社会主义的存在与发展，只会对美国人民有益、对世界人民有益。希望美国朋友对中国的认识和看法也能够'与时俱进'。"我一边说一边观察，这些话他好像也能听进去。

针对台湾问题，我向拜登阐明了陈水扁假借"公投"推行"台独"的实质，告诉他维护台海局势的稳定、实现中国的和平统一不仅是全中国人民的共同愿望，也符合美国的利益。我请他运用个人的声望，发挥积极影响，设法阻止国会提出或通过支持台方所谓"公投"的方案，阻止国会议员签署支持台方"公投"的联名信。拜登的表态很明确，支持一个中国政策和中美三个联合公报，反对台湾宣布或者寻求"独立"。

沃尔福威茨是美国强硬保守派的代表人物之一，我到五角大楼去跟他谈，是当天最轻松的一场谈话。早前我没见过他，怎么谈，有两个问题最让我头疼：一是跟这个著名的强硬保守派能谈些什么？二是能谈出些什么名堂来？一见沃尔福威茨的面，我就说："咱们好像见过面，你看我们俩个头儿都差不多。"这一说，就把两人的距离拉近了。坐下来寒暄几句后，我又说："你笑呵呵的，也不大像个强硬派啊，外边都说你是个强硬派。"他一听就笑了，说："你去给我辟辟谣吧。"玩笑过后，现场气氛一下子就轻松多了。

谈到正题，我首先说："中国不会同美国争当世界霸主，中国不是过去谋求霸权的苏联。"然后，我就问他一个问题："作为一个战略家，你怎么看当前的国际战略形势，特别是台湾海峡形势?"沃尔福威茨说，中国人一直认为美国是拿台湾来牵制中国，其实我们美国人决不是这么认识的，也不是这个政策，台湾不是美国"不沉的航空母舰"，美国也不想牵制中国。美国乐见两岸统一，只要这种统一是以和平方式实现的。他本人的确就是这么想的。

他接着说："台湾问题如果得到解决，将使美国在东亚摆脱一个重大难题和包袱。如果中国放弃通过武力统一的想法，统一也许会来得更快。中国的市场和经济机会将不可抗拒地把台湾拉向统一。英文里有一句俗语，说的是'蜂蜜能比苍蝇拍捕捉到更多的苍蝇'。你们应该给台湾更多的甜头。"

我说："世界上没有谁比中国更希望实现和平统一。我们最不希望以非和平手段来解决台湾问题。你说只要中国不使用武力，事情就好办。而我认为，只要台湾不搞'台独'，国际上不支持'台独'，我们就会始终坚持和平统一的政策。中国老百姓生活水平还很低，中国需要一心一意搞建设。你刚才讲，美国想包围中国是过时的观点，我也认为要包围中国的想法是过时的。中国愿与美国友好相处，互相尊重，平等发展关系。你们包围的应该是本·拉登，应该是恐怖分子。"

我说："确有一些中国学者对你们乐见中国和平统一的话感到惊讶。他们的感觉是美国不希望中国统一，想利用台湾问题来牵制中国发展。我个人认为，美国利用台湾来牵制中国对美国不划算。两岸实现和平统一不仅可以卸掉美国的一个大包袱，也将卸掉中美关系的一个大包袱，会使中美关系插上翅膀，更好、更快地发展。关于你说的苍蝇问题，我想，我们给台湾的蜂蜜已经非常多了。"

他说："但是你们把苍蝇拍拿在手上。"

我说："如果苍蝇不叮人、不吸血、不搞'台独'，那么拍子是不会用的。"

他说："但是，拍子在不断地扩大。"

我说："关键是不搞'台独'，外部力量也不要武装它，支持它搞'台独'。每年我们给台湾很多甜头，如果不搞'台独'，接受一个中国原则，它将会得到更大的好处。台湾的未来在大陆，在于同大陆统一。"

他说："除了武力统一这一点，我们在其他问题上的看法都是一致的。台湾问题和平解决对美国是有益的。"

我说："台湾岛内有些人有一种错觉或者说是幻想，认为无论他们做什么，你们美国人都会支持。即使搞'台独'，你们也会支持，特别是美国军方会支持。你们需要打消他们这种念头。"

他说："我们已经反复表明，美国反对任何一方单方面改变现状。中美之间有许多共识，下次可以谈一谈分歧。"

与沃尔福威茨的谈话只有半小时，但双方你来我往，话中有话，挺有意思的。谈完后走出来，杨洁篪大使说："今天你们两人妙语如珠，谈得挺精彩。"

会见美国总统国家安全事务助理康多莉扎·赖斯时，我先表明："我受胡锦涛主席和中国政府之命，来就中美关系中的重大问题与美方进行坦诚、友好和推心置腹的沟通，目的是为了使中美关系能够在新世纪持续、健康、稳定地发展。发展中美关系为两国人民带来了好处，也有利于维护世界和平、稳定与发展。近年来，胡锦涛主席、温家宝总理和其他中国领导人以及布什总统、鲍威尔国务卿和你本人为推动两国关系的新发展作出了重要贡献。我国领导人欢迎你访问中国。我这次带来了胡主席给布什总统的信，就中美关系、台湾、朝核等问题阐述了看法，相信美方会予以高度重视。"

赖斯说："中美关系目前确实处于历史最好水平。"她重申了美方对台湾问题的立场，表示将继续发出强有力的信息，明确无误地表明一个中国的立场，要求现状得到尊重，中方对此可以放心。

我说，中方高度重视并赞赏布什总统 2003 年"12·9"讲话表明的立场。现在美方应维护这一讲话的权威性，不允许出现其他杂音，防止"台独"势力抱有幻想。

赖斯说："这个复杂问题必须和平解决。任何一方都不应单方面改变现状。我们已经说得很清楚，还将继续清楚地阐明我们的立场。根据《与台湾关系法》，我们对台湾负有义务，如果中国能够减少对台湾有威胁的军事行动，那将是非常有益的。"

我说："我们赞赏布什总统关于坚持一个中国政策、反对'台独'、反对台湾当局企图单方面改变现状的讲话。我们部署的几个导弹是为了防止'台独'，维护国家主权，是为了和平解决台湾问题，这是中国政府对包括台湾同胞在内的 13 亿中国人民必须负有的责任。"

讲完这些话后，我与她还就朝核问题进行了交谈。

◎中美是可以对话的

这次访问美国，一共安排了 11 场会谈、会见，见了国会、白宫、国务院、国防部的政要，还有一些前政要和知名学者，涵盖了各方面的人士。看得出来，美国人这次同我们对话的兴趣比较高，鲍威尔、赖斯、伯杰这些人都出来了。美国人时间观念强，喜欢开门见山，我们需要观点鲜明，在有限的时间里引起对方的兴趣、重视和关注。

总的来讲，我这次出使，中央选择的时机非常好。这轮工作做下来，效果比较明显，对"3·20"前国际舆论和台湾岛内政治气氛都产生了重要影响。关于美国，也摸到了一些我们原来了解得不那么深、不那么透的东西。当然，沟通是双方的互动，通过这次较为广泛深入的接触沟通，美国人对我们在认识上似乎也发生了一些积极变化。

美方和中方切磋之后，进一步认识到了台湾问题的紧迫性和危险性。美方意识到不能让陈水扁为所欲为损害美国的利益。用我们中国人的话来讲，就是陈水扁你不能太离谱了，如果离谱了就很危险。他们也进一步懂得陈水扁是一个很冒险的、不可信的人。对陈水扁这个人的认识，他们比过去更深一些了。

美方觉得对台湾问题不能掉以轻心，主要是因为拿不准陈水扁下一步会干什么，再就是看到我们中国人说话是算数的。我们反复讲，朝鲜战争的时候，我们事先也很明确地讲了一些话，说你美国做得过分了、越线了，美方当时就是充耳不闻，误判形势，结果造成了严重后果。

长期以来，美国和台湾岛内的一些人都认为大陆不过是要耍嘴皮子。美国现在也开始认真地对待这个问题了，知道中国人不只是说说而已。

中方与美国谈台湾问题谈了几十年，现在我们不是简单地向对方提要求，或者让对方一般性地表态，而是触及这个问题的实质，就是双方都不能让"台独"再走下去，再往前走就要头碰头地撞车了。

我们过去的一般说法是：世界上只有一个中国，台湾是中国的一部分，美国不要向"台独"势力发出错误信号。而现在，我们必须向美方指明"台独"问题的紧迫性和现实性，让对方正视问题十分严重，并具体地询问对方怎么办。如果美国仍然听之任之，不采取措施，那么台湾可能就要真正走向所谓"独立"了。到时候，你美国人怎么办？是不是愿意跟中国人再打一仗呢？这确实是一个巨大的政治拷问。

　　问题的要害与实质是，美方究竟是要"台独"还是要美国自己的国家利益。美国是不是会为了一小撮"台独"分子而与中国这样一个核大国兵戎相见呢？我看不见得。美国人民不愿意打仗，更不会愿意为了一个所谓"台独"与中国人打一场血仗。两个拥核大国爆发冲突，不只是中美两国人民的灾难，也是世界的灾难！

　　我说的"阻断'台独'之路"是一句新话，总体上与中央的方针政策是一致的。这么讲促使美国认真考虑这个问题，把这个问题作为双方讨论的焦点明确下来。因为距离"3·20"的时间很近了，原先估计美国人可能再讲点什么话。果然，当我离开美国后，鲍威尔、阿米蒂奇和赖斯都做了积极的公开表态，美国国务院发言人也就此发表了基调比较积极的看法。

　　这次对话给我一个深刻感受，就是当中美双方共同面对一个棘手的重大问题时，如果能够坐下来平心静气、推心置腹地深入交流与沟通，就可能找到双方都能接受的解决办法。当今时代，国际形势复杂多变，需要中美共同面对、共同解决的难题还有很多。台湾问题本来是横亘在中美间的一个难题，但以此为契机，它恰恰启发了两个大国政治家的战略智慧，让双方真切感受到确有深入对话的必要，而中美两个大国如果真能开展这种具有战略性质的对话，那么将是在外交实践、机制上一个重要的突破。

　　美国是这次五国之行的重头戏，见的人很多，一场接一场，见完赖斯就直奔机场，跨洋飞行，从华盛顿直飞德国。

德法同声反"台独"

　　我们在德国谈得很顺利。德国有分裂和统一的历史，德国人民有经历

2004 年 3 月 11 日，与德国总理施罗德亲切握手

国家分裂的痛苦体验。实现和平统一的德国向国际社会表明它对台湾问题的立场，这在国际政治生活中具有很强的政治意义。德国在台湾问题上一贯做得不错，几十年来始终坚持一个中国政策，反对"台独"。我这次去柏林，是希望德方明确表示反对台湾当局搞所谓的"公投"。

3月11日下午，我见到施罗德总理。他主动表示德国坚定执行一个中国政策，反对包括"公投"在内的任何加剧台海地区紧张局势的举动，并承诺台湾"大选"后德方将不发贺电，不派人参加"就职"典礼。施罗德最后说，他将指示德国外交部明天（3月12日）就此公开发表声明。

果然，德国政府发言人3月12日在联邦新闻发布会上发表了德国政府关于台湾问题的声明，其中提到，德国联邦总理保证，德国联邦政府坚持其明确的一个中国政策，反对任何旨在单方面改变台湾现状的措施。联邦政府更愿意看到，可能加剧该地区局势紧张的"公投"及其他步骤能够停止。德国联邦总理同时强调，希望台海两岸的所有问题均通过和平途径解决。

访问德国时有一个小插曲。3月10日下午，我与德国外交部国务秘书沙利奥特会谈，我是中国政府特使，德方是国务秘书，而他谈了一个小时后突然说有急事要走，问我怎么办。我感觉到，这在外交礼仪上不是很恰当。沙利奥特说："我有一个副手，是外交部亚洲事务专员，只相当于副司级，级别低，但他很熟悉这方面的情况。如您觉得不合适，要不我们另找时间再谈？"我说："行，就与你的专员继续谈。"我觉得这种时候，如果讲对等、讲身份，反而可能弄巧成拙，就没有做工作的机会了。

那位主管亚洲事务的专员名叫豪斯韦德尔，对我谦虚务实的态度很感动，主动与我们谈了台湾问题、欧盟解除对华军售禁令问题和温家宝总理访德事，这些都是他主管的工作，他讲了很多情况。当时，双方本不准备搞正式声明，他第一个表态，说支持搞一个关于台湾问题的正式声明，并建议我第二天与施罗德总理见面时提出来。

第二天，我一提出这件事，施罗德总理就表态同意了。总之，我觉得和豪斯韦德尔专员谈得出乎意料的好，解决了许多实际问题，我也结交了一个新朋友。

3月12日，我们到巴黎。这次我是以中国政府特使和中法军战小组中方牵头人的双重身份访问法国，主要就台湾问题做工作，并向法方转达了中方对希拉克总统的访华邀请。中法之间有一个军事战略对话机制，我是中方牵头人，与法国人打交道比较多，双方比较熟悉。

我到巴黎后，先见了法国总统代表、法方军事战略小组牵头人达纳。我告诉对方，在台湾问题上德国将发表一个公开声明，稿子我已经拿到手了，希望你们也积极发挥作用，推动欧盟其他国家在台湾问题上表明立场。达纳说，胡主席访法期间，法方在台湾问题上作出了最明确的表态，在欧盟成员国中起到了表率作用。法国在台湾问题上采取明确立场，一是符合法国的利益，二是积极回应中方要求。法方愿在欧盟内部继续发挥带头作用。

3月13日，我见了希拉克总统。我向希拉克转交了胡锦涛主席的信函并表示，我此访承担着两项使命：一是受胡锦涛主席的委派，当面感谢您和法国政府在中国统一大业这个重大问题上对中国的坚定支持。现在台海局势正处于关键、敏感和复杂时刻，法国对我们的坚定支持，特别是反对台湾当局以"公投"为名从事"台独"活动，对我们是重大政治支持。中方对此表示高度的赞赏和感谢。二是受胡主席委派，当面邀请总统阁下2004年10月上旬访华。

希拉克在会见时两次强调，法国在台湾问题和台方搞"公投"问题上采取的明确立场不会改变。他说，世界上只有一个中国，台湾问题是历史原因造成的。法国一直支持"一国两制"，这一立场没有理由改变。同时，当今世界复杂多变，有关各方应尽可能保持台海局势稳定，任何单方面导致紧张和局势恶化的行动应予避免。台湾搞"公投"只能加剧紧张，不利于局势的稳定。他在台湾问题上表态非常积极，而且表示会继续做其他国家的工作。他还对访华邀请作出了积极回应。谈话结束后，他一直把我们送到大门口。

日本不会呼应"台独"

紧接着我们就飞日本。本来决定先去俄罗斯，但俄罗斯刚举行选举，俄方调整了时间，因此我们先到日本，然后再去俄罗斯。3月14日下午，我一到东京，就与日本外相川口顺子会谈。

我说："我这次来是在一个特殊和重要的时刻，受胡锦涛主席和中国政府之命，从21世纪中日关系和维护台海以及本地区和平与稳定的大局出发，就台湾问题与日方坦诚、深入地交换意见，希望能推动中日关系更加健康、稳定发展。"

点明此行目的后，我紧接着就跟她谈了中方对当前台海局势的看法，讲明了陈水扁假借"公投"搞"台独"的实质。我告诉川口外相，这样下去，势必导致台海局势更加紧张，将严重危害包括日本在内的国际社会的利益。

我说："我来日本之前已经去了美、德、法三国，着重谈的都是台湾问题。德、法已经明确表态反对'台独'，反对旨在改变台湾地位的'公投'。美国也明确表示坚持布什总统'12·9'讲话的原则，反对台湾当局

2004 年 3 月 14 日，与日本外相川口顺子会谈

借'公投'改变现状，将约束美国政府官员的言行。希望日本也能与国际社会一道，对陈水扁的'台独'势力进行牵制。相信日本在这方面可以有所作为。"

川口外相说："日本政府将继续坚持日中联合声明的立场，不支持'两个中国'或'一中一台'，不支持'台独'。希望两岸尽快恢复对话，寻求和平解决。"她这些话讲得比较原则，一看就是照本宣科。我想我还得进一步说说。

我说："中方有三点希望，就是希望日方与中国其他邻国一样，在现有基础上进一步公开表明台湾是中国的一部分，明确支持中国和平统一，反对包括'公投'在内的旨在分裂中国的'台独'行为；希望日方在涉台问题上谨言慎行，正确引导舆论，防止出现任何可能被'台独'势力在政治上加以利用的言行；希望日方在台'大选'后不要以政府、政党名义发贺电、声明，不要派人赴台致贺或出席台湾领导人'就职仪式'，切实按一个中国原则来处理有关问题。"这个要求就很具体了，我就是想要她明确表态，不能有任何模糊。

她说："日本政府已经向台湾当局表达了自己的关切，要求从维护台海局势稳定的大局出发，慎重处理有关问题。希望中方采取克制态度，不要使用武力。"她还是尽量回避我的话。后来，可能觉得对我的要求不回应一下也不好，就说："日方将密切关注台海局势的变化，愿适时作出必要反应。"川口外相在台湾问题上，表态不够积极，也不够灵活。

3月14日，日本内阁官房长官福田康夫为我搞了一个小范围的宴请。福田是自民党内知华派的领袖，对华态度一贯比较积极。我与他谈得相对深入一些。我说："这一次来日之前，去了美、德、法，三国理解和支持中国政府的立场，都做了一系列积极的表态。日本是中国近邻，在目前这种形势下，希望你们及时向台湾当局发出更加明确的信号，在现有基础上进一步表明坚持一个中国政策，反对'台独'，支持中国和平统一。"

福田说，日方对岛内形势演变也很关注，对陈水扁"公投"的活动已经表达了立场，告诉他们实施"公投"的言论使两岸关系产生紧张，从台湾海峡的和平与稳定出发，日本表示忧虑。这是日本政府当前对台湾问题的基本立场，没有任何变化。

他说，对"台独"不必过于担心，如果打压得太厉害，会助长对方的逆反心理。目前情况下，如果日本过多表态，可能刺激台湾民众的情绪，反而可能对陈水扁有利。

我说，如果掉以轻心，陈水扁就会误判形势，铤而走险。由于历史原因，台湾岛内有些人对日本抱有幻想和期待，这就需要日本进一步发出明确信息。这也是日本对地区和平稳定的贡献。

福田说，如果台湾对日本抱有幻想，他们总有一天会清醒的。大多数日本人现在热心和中国大陆开展经贸合作，他们不会因小失大。中方对日本在台湾问题上的立场不用担心。希望中国保持冷静克制，最终实现和平统一。

我说，世界上没有任何人比我们更希望和平统一，我们反对"台独"就是为了避免战争。日本地处东亚，维护台海局势稳定，也符合日本的根本利益。从这一角度出发，我们希望你们在台湾问题上多做积极和建设性的事。

接着我又说，刚才我和川口外相会谈时，她仅仅说不支持"台独"，却一直强调反对我们动武，我对此很不理解。因为现在的问题不是我们要动武，而是陈水扁不断挑衅，在分裂国家的道路上越走越远。在这个问题上，日本应该采取正确的态度。

福田表示重视中方在台湾问题上的关切，将指示外务省密切关注事态发展，及时考虑作出必要反应，比如公开表示支持两岸通过对话解决问题。同时，他说不会再提反对我们动武。比较起来，这个态度比川口外相要积极一些，我们谈话的气氛也比较坦诚。

3 月 15 日，日程安排非常紧张，有好几场会见，包括在野民主党代表菅直人、执政党公明党党首神崎武法、外务省次官竹内行夫，外务副大臣逢泽一郎还为我举行宴请。当天的重头戏还是会见小泉首相。

小泉见我时说："我知道中方对台湾问题的担忧，也十分了解中国正在为和平解决台湾问题作出努力，希望这一问题能够得到和平解决。"我说："我们赞赏日本政府去年 12 月 29 日就台湾当局策划'公投'时所作的积极表态①，相信日方会继续坚定不移地坚持上述政策。"小泉说："我一直主张中国的发展对日本不是威胁而是机遇，形势演变正在印证我的观点。去年日中贸易保持高速增长，两国交流和合作也在不断扩大。"我说："中国领导人高度重视对日关系，相信在中日共同努力下，21 世纪的中日关系一定会发展得更好。"我还说了一句："您要不到那个地方（指靖国神社）去，两国目前关系会更好。"他一听就明白我指什么，没说话。这次小泉见我比较匆忙，本来他正在国会开会，中间跑出来见我，在台湾问题上他讲了两句话，表态比较积极。

在日本一共安排了九场会谈。日本方面的态度不是太好，但最后也基本表明了态度，我们的目的基本达到。

① 2003 年 12 月 29 日，日本政府公开表态，希望陈水扁遵守"四不一没有"，在"公投"和"制宪"问题上慎重行事。

俄罗斯表态积极

俄罗斯是这次五国之行的最后一站。俄方表态很积极。

3月17日，我先会见了俄罗斯国家安全会议秘书伊万诺夫，他曾任俄罗斯外长。我说："我很高兴成为你任职以来第一位会见的外国客人。就台湾问题与俄方交换意见是我此行的任务之一。"

他说："我知道你来的一个重要任务就是讨论台湾问题。"

我说："非常感谢你们在这个问题上一贯支持中方，特别是目前这个敏感时期。你们外交部很早就发了声明，普京总统与胡锦涛主席通话时也重申了在这个问题上的立场。我们相信今后俄方会一如既往地坚定支持我们政府的立场。在涉及俄罗斯国家主权和领土完整的问题上，在车臣问题上，我们也将继续坚定支持俄方。"

他立刻说："你们十分清楚俄方在这个问题上的立场，这个立场已经写入《俄中睦邻友好合作条约》①了，在两国元首的通话中，普京总统也重申了这个立场。希望两国之间能够像在'六方会谈'机制中一样，就台湾和台'公投'问题保持密切沟通。"

我们与俄方在台湾问题上谈得很顺利，没有分歧。普京总统刚当选连任，我请他再次向普京总统转达中国领导人对他当选连任的祝贺。

伊万诺夫对我说，美国总统布什曾经询问普京总统，如何才能获得70%以上的支持率。我就顺着这个话题问他："你认为普京总统再次高票

---

① 全称为《中华人民共和国和俄罗斯联邦睦邻友好合作条约》，2001年7月签署，同年10月27日由全国人民代表大会常务委员会批准。条约确定了发展中俄关系的重要原则，即不结盟、不对抗、不针对第三国。它的签署显示了中俄合作的深度和中俄相互信任的高度。

当选的原因是什么?"

他说:"竞选期间,普京既没有搞大规模群众集会,也没有发表鸿篇大论,他主要靠的是过去四年来取得的实实在在的工作成绩,俄罗斯将继续推进经济改革,以实现十年内国民生产总值翻一番的目标,使每个俄罗斯人都能从中获益。"

我说:"普京总统执政四年来,给俄罗斯国家和人民带来了实实在在的好处。治理俄罗斯这样的大国,的确不是一件容易的事情。我们相信,在普京总统的第二个任期里,俄罗斯会进入实现国富民强的新时期。"

接着我想了解他怎么看待外界对俄罗斯的看法,包括布热津斯基的看法。他说:"我已经很多次注意到布热津斯基发表的类似言论。我当外长的时候甚至想写文章驳斥他的观点。后来觉得这样做没有意义。这个人对俄罗斯的认识仍停留在二三十年前的水平,思想僵化。相比之下,斯考克罗夫特能注意到俄罗斯的发展变化。而且,世界上有些人不愿看到中俄两国的发展。"然后,他又谈了反对单边主义和俄国家发展等问题,并说俄罗斯外交的目标就是为国内改革创造良好的外部环境。谈到两国关系时,他说:"我们今后要扩大两国经贸合作,特别是发展能源合作。"

3月18日下午,我见了俄新外长拉夫罗夫。他上来先说:"普京总统对因为忙于大选后政府改组未能见中国特使表示歉意,总统委托我来见你。"我表示感谢,请他转交胡锦涛主席给普京总统的信。衷心感谢俄方在台湾问题上对中国的支持。

他说:"台海局势令人担忧。台湾当局搞'公投'纯粹是挑衅行为,目的就是制造紧张局势。俄方不支持'公投',认为既无必要,也是错误的。俄罗斯的这个立场不会改变。"他说完,还特别向我强调:"普京总统

2004 年 3 月 18 日，与俄新任外长拉夫罗夫亲切握手

让我告诉你，我以上所讲的话，就是普京总统的意见，就是普京总统的立场。"我说："我也想强调一下，今天我们会见中你说的话就是普京总统的立场。我将把你刚才说的话作为普京总统的意见如实报告胡锦涛主席和中国政府。"这样，台湾问题很快就谈完了。

然后，我们又谈了两国在国际事务上的合作和朝核问题。在谈到伊拉克问题时，他说，美方现在只希望 6 月 30 日将伊拉克主权交出了事，因为这之后美国将进行总统大选，届时，布什当局可以伊拉克问题已解决为由搪塞选民，而把伊拉克的烂摊子丢给联合国来收拾。与此同时，美国却不打算撤军。

他说："在移交主权的问题上，必须明确一点，即 6 月 30 日后，谁将真正掌握伊拉克主权。只有找到各方都能接受的方案之后，才能召开由伊拉克各派、邻国、联合国安理会常任理事国等各方参加的关于伊拉克重建的会议，并根据伊拉克宪法来组织大选。"

至此，我五国之行的任务就算完成了，这是一次环球外交，在这么短的时间里，总共会见、会谈 29 场，在美国 11 场，日本 9 场。五大国对台湾问题都有了基本态度，在国际上营造出了一种气候，带动其他一些国家在台湾问题上也跟了上来，对"台独"形成牵制，迫使陈水扁有所收敛。以穿梭外交的形式来谈台湾问题，对于我们来说是一种新方法、新尝试，总的说来，效果还不错。

赴美再交涉

春去冬来，2004 年年底，我再次以中国政府特使的身份，携带胡锦涛主席书信访问美国。在小布什的第一任期内，中美关系跌宕起伏。"撞机事件"① 一度令双边关系降至冰点，"9·11"事件后，中美加强了在反恐领域的合作，双边关系有所缓和。但在2003年布什首届任期末尾，美方不顾中方反对，先后允许陈水扁、吕秀莲等"过境"美国，并且公开支持台湾当局参与世界卫生组织，继续推动售台潜艇等先进武器，这些都给中美关系制造了麻烦。因此，此行的重要使命是妥善处理台湾问题，特别是美国售台武器问题，同时也为日后的中美战略对话进行一些铺垫。

大概是11月1日的时候，我正陪同吴邦国委员长在非洲访问。晚上10点钟，李肇星外长来电话说，上面决定让我作为政府特使再跑一趟美国，让我先有个思想准备，有些问题可以先考虑起来。如果我有什么意见，也可以反馈回来。我简单说了一句："知道了。"

吴邦国委员长代表团11月9日才回到北京，距离我出发没多少时间了。这段时间我手头事情还特别多，日程非常紧张。我就在这不到20天里，对这次访问美国的目的、中美合作、台湾问题、中美战略对话等议题先勾画出了大致的框架，草拟了一个方案报上去，获得原则同意。外交授权有限，但在这种情况下，如果谨小慎微，照本宣科，肯定得不到什么好效果。只要领会了中央精神，用自己的方式表达出来，效果可能更好。

11月28日是星期天。上午，温家宝总理启程赴万象参加"10+1"、"10+3"会议②，我到机场送行。温总理在舷梯旁握住我的手说："你这次去

---

① 2001年4月1日上午，一架美国海军EP-3电子侦察机飞抵海南岛东南海域上空，中国海军航空兵派出两架歼-8D战斗机监视。9时7分，王伟驾驶的81192号战机在海南岛东南104公里处监视美机时，EP-3突然左转，其机翼与发动机撞上歼-8D垂直尾翼，造成歼-8D坠毁。王伟跳伞后下落不明，EP-3随后擅自飞入中国领空，降落在海南陵水机场。

② 分别指2004年11月在老挝万象举行的第八次东南亚联盟与中国领导人会议和第八次东南亚联盟与中、日、韩领导人会议。

要多见人，多结交些新朋友。"温总理的专机起飞后不久，我也出发了。

◎午餐会上海阔天空

　　我于当地时间 11 月 28 日抵达纽约。次日，美中关系全国委员会为我举办了一次午餐会，美方有六位专家、学者与我见面，分别是美中关系全国委员会会长何立强和副会长白莉娟、美国前驻华大使洛德、前驻韩国大使格莱格、亚洲协会名誉会长卜励德、普林斯顿大学教授柯庆生，他们都曾经在政府部门工作过。摆了个长桌，我们各坐一边，谈了两个多小时。

　　会谈是采取问答的形式，他们问得多些，我也问了他们一些问题。我讲话很坦率，没念稿子。谈话涉及台湾问题、中美关系、当前国际形势和日本问题等等，内容宽泛，海阔天空。

　　席间，并非所有与会专家学者都意识到台湾问题对中美关系的重要性。包括洛德在内的部分与会者认为，就算台湾搞独立，也没多少国家承认它，出不了什么大问题。普林斯顿大学教授柯庆生甚至问及中方是否设想过搞"邦联"，就是让大陆和台湾在一个大的中国框架下共享主权。我表示，中国历史上从未搞过邦联，国家主权是不容分割的。后来他自己觉得这个问题可能提得不大得体，作了补充解释，表示他本人对我非常敬重，绝对无意冒犯。我说没关系。

　　当然，也有部分专家担心台湾问题出轨，捅了娄子。何立强承认："原来我以为陈水扁是不搞'台独'的，结果还是你们看得准。那么，应该怎么防止他出轨，影响中美关系呢？"我趁势接过他的话头，不止一次地问："如果台湾出轨，捅出娄子，美国怎么办？"我感觉到，有必要向这些美国学者强调妥善处理台湾问题的紧迫性，促使美方认识到中美须共同应对这一挑战。

　　谈到日本问题时，洛德说小泉参拜靖国神社是不对的，认为日本对历史问题应该处理好。我问洛德，如何看待当今国际形势和美国面临的机遇和挑战，应该如何应对？

　　他说你这个问题好，希望到华盛顿后，也向布什政府的高层提出来。洛德认为美国的国际形象不好。他说，如果世界上只有20％的人反对或者不喜欢美国，这没什么大不了的。但现在世界上有80％的人反对或者不喜欢美国，这就很糟糕了。洛德说，世界上总有人不喜欢美国，即使请特蕾莎修女来当美国总统，世界上可能仍然会有四分之一的人不喜欢美国，但现在的比例实在太高了。

　　这次午餐会的气氛比较轻松，大家讲了一些比较积极的话，帮助我了解了美方的想法，同时我们也给美方吹了吹风。后来，我们驻纽约总领事刘碧伟同志对我说，美方反映，美国人与中国人座谈很少有这样坦诚开放的，这些人都不是纯粹的学者，他们谈完后都会将情况报告华盛顿。美中关系全国委员会大概有一半的经费是由美国国务院提供的。后来，驻纽约总领馆还收到何立强、洛德、格莱格、卜励德等人的电子邮件，都说我们这次讨论十分有益，收获很大。柯庆生教授还谈到，与戴特使的谈话令人印象深刻，双方的讨论十分愉快，他本人受益匪浅。特别是戴特使最后提到的问题，即美国未来四年即将面临的最大的战略挑战是什么，这个问题提得特别好。

◎ 开门见山

　　我与美国国务院常务副国务卿阿米蒂奇的会谈安排在当天下午3点，就在美国国务院举行，时间约一个半小时，这是正式会谈。我跟他全面谈了中美关系、台湾问题、朝核问题，总结了过去四年的中美关系经验，并对未来四年怎么办、做些什么事提出了自己的看法。我从讲共同点、讲双边合作入手，尽量寻找中美之间合作利益的汇合点，力求扩大双方的合作面。

谈到台湾问题时，我说，最近你们领导人有些新的讲话①，能否在更高层次上，以更权威的方式加以表述？阿米蒂奇说，美方暂时就准备说到这个程度。我说，我注意到你刚才用了"暂时"这个词。

会谈结束时，阿米蒂奇发表评论，说我们这次谈话是他20年来与中国官员谈得最好的一次。他特别赞赏我所说的"着眼大局，从亚洲和全球范围来看待中美关系"的观点。

12月1日下午5点半，会见美国总统国家安全事务助理赖斯，我与她谈了一个多小时。我们谈台湾问题，也涉及战略对话、元首互访和朝核等问题。赖斯表示，美中双方都应努力推动两国关系取得进展，并且将之提升到新的高度。她表示赞成元首互访，但尚未确定布什总统明年出访日程。

原来我设想，胡主席给布什总统的那封亲笔信，如果能见到布什总统或者切尼副总统，我就把信交过去。但是，与赖斯谈话后，我改变了想法，对她说："不管布什总统是不是见我，我今天就把中国国家主席胡锦涛给布什总统的亲笔信交给你，请你转交。"

赖斯说："总统今天晚上有会，相信以后还会有见面的机会，但我会向他转达你的问候。"整个会见的气氛还不错，谈得也很坦率。临别时，我向她赠送了一套中国陶瓷茶具，她很高兴。

我前后见过赖斯三次，感觉这次她还是很有耐心，认真听我谈，并不

---

① 指美国国务卿鲍威尔同年10月24日至25日访华期间接受凤凰电视台和CNN专访时，两度使用"和平统一"的字眼，强调"台湾并不是独立的，它不享有作为一个国家拥有的主权。那仍是我们的政策，是我们坚定不移的政策"。他还说："美国的一个中国政策不会改变，美国不支持宣扬'台独'的举动，也不支持那些在台湾宣扬独立的人"；"希望海峡两岸寻找机会展开对话，朝向我们看见和平统一的那天"。

烦躁,没有表现出希望我赶紧结束的样子。那天,她语气温和,态度也不太强硬。我说,你被提名为国务卿,还会有更远大的前程,如果你去中国,一定会受到热烈的欢迎,特别是受到中国女士们的欢迎,比如我老伴就很喜欢你。12月7日,我回国前,请前来送行的美方官员向赖斯代致问候,对方说:"赖斯很高兴您的夫人也喜欢她。"

◎ 节外生枝

在我见完赖斯后,白宫国安会亚洲事务高级主任格林在与美大司司长何亚非茶叙时透露,美政府高层准备在临近圣诞节时启动通知国会对台出售武器计划的程序。何亚非回来后,立即将情况汇报给我。当时格林表示,是上级授意他向中方透露售武决定的。格林说:"你们不要再想挽回。"美方甚至已想好了一个平衡的办法,即表示知道中方担心美国向台售武将助长"台独",美方将适时通过有关渠道向台湾当局传递信息:台湾当局不应将上述军售视为美国支持"台独"而加以利用,否则美方将公开作出强烈反应。这些情况说明,美方的考虑已非常成熟,是精心策划过的。

我们是12月2日上午得知此事的。我考虑了一下,决定在会见鲍威尔、拉姆斯菲尔德和美国前总统老布什时,利用单独会面的机会,重点就售武问题做工作。我的感觉是,这种与他们单独进行简短谈话的方式比在会谈桌上大声叫嚷,效果会更好一些。

当时,鲍威尔正在海地访问,原来说就不见了。后来,我在1日与阿米蒂奇会谈时提出,希望与鲍威尔见见面,哪怕五分钟也行。我的想法是,虽然鲍威尔即将卸任美国国务卿,我们中国人是重情义、讲礼节的,对"下台干部"也要有所表示。而且,鲍威尔在美国高层官员中对中美关系的态度是比较好的。阿米蒂奇表示,等鲍威尔当晚回来后会向他汇报。

晚上，鲍威尔同意见面。2 日下午见到鲍威尔，谈了 20 多分钟。我向他表示问候，也充分肯定了他作出的贡献。我说，你为中美关系所做的努力，包括你最近发表的重要讲话，我们中国人都牢记在心。我没有具体说是什么讲话内容，但他当然明白是指的什么。

鲍威尔情绪不错，并说要与夫人再去中国。我表示，任何时候都欢迎他们。鲍威尔刚刚访问了海地，他夸奖了中国派往海地的维和部队，说他们素质很好，设备也好。美国有人担忧中国维和维到美国的后院了，而鲍威尔的话间接地肯定了我们的维和行动。

鲍威尔与我合影时，还搂着我。他很动感情地说了一些对华友好的话。会见时间很短，就是中国人说的会会老朋友。我单独与鲍威尔谈到了台湾问题。鲍威尔表示注意到了中国的立场，他的表态相当周全。

鲍威尔说，根据《与台湾关系法》，美国有售台武器义务。但他说了四句话："一是我们会仔细权衡，确保它不破坏我们关系的稳定；二是我了解此事对中国政府和人民而言非常敏感；三是在决定批准出售哪些武器时，我们会对此予以考虑；四是我理解你的担忧，将会把你的担忧转告赖斯。"

◎拉姆斯菲尔德与牧场牛鸣

随后，我到五角大楼会见美国国防部长拉姆斯菲尔德。除沃尔福威茨外，他的几个助手都参加了。陪同的保安人员非常小心，接过我们带过去的礼物，表示安检后一定在会见结束前转交拉姆斯菲尔德。在五角大楼内，不让我们照相。

拉姆斯菲尔德见我时，显得非常轻松。他满面笑容，坐下来还开了开玩笑，气氛相当融洽。据使馆同志说，拉姆斯菲尔德在国防部资历最老，

2004 年 12 月 2 日，与美国国防部长拉姆斯菲尔德在他的五角大楼办公室交谈

而且日程非常紧。有些国家的国防部长来，还见不到他。而他先后与我见过四次，这一次就谈了一个多小时，最后还把我单独引到他办公室参观。

应该说，我年初与他的那次会见，给拉姆斯菲尔德留下了深刻的印象。他访问中国时，我曾宴请过他。这次见他，原本主要想谈谈美国将如何处理伊拉克问题及美国对外政策。谈到最后，我说，有点事想跟你单独谈一下，拉姆斯菲尔德说没问题，就带着我进了他自己的办公室。

拉姆斯菲尔德的办公室比我的可大多了，很长。进去以后发现，他的办公室没椅子，也没凳子，他是站着办公的。办公桌是一个硕大的斜面，抽屉一拉开，就会有八音盒的军乐响起。另外，还有一个小玩意儿，一捏就发出牛叫声。

拉姆斯菲尔德说，他是在牧场长大的①，如果自己感觉工作累了，就会拉开抽屉，听一听八音盒，再听一听牛叫，仿佛一下子回到了远方的牧场，心情顿时就放松了。拉姆斯菲尔德还有一个特点，就是发指示从来不用笔，只对着小录音机讲一通，然后由秘书整理发出。据说，他极少带人进到他的办公室里面来。拉姆斯菲尔德的办公桌旁有一个小圆桌。他问我，是站着谈，还是坐着谈？我说，学你的办法，站着谈吧。

这时，在拉姆斯菲尔德的办公室里只剩下他、我和翻译三个人，我即抓住机会主动提到美国向台湾售武问题，指出了这件事情的严重性，请他予以认真关注。后来的情况表明这次会晤是有效果的。

◎拜会老布什

12月4日，我们到达休斯敦。在休斯敦，应中方要求，主人安排我

---

① 拉姆斯菲尔德在号称"草原之州"的伊利诺伊州出生长大。

作者曾多次会见美国前总统老布什。图为 2007 年 6 月中旬，第四次中美战略对话期间在老布什位于缅因州的夏季别墅会见老布什

们一行参观了美国宇航中心，进到了航天飞机里看了看，我还同空间站上的华人宇航员通了话。我们观看了有姚明参加的一场篮球赛，体验了一下美国人对篮球的狂热。我也同姚明一起手拉手照了一张照片。看上去，就像一个大人牵着一个小孩。我当时就想，这张照片颇具幽默感，如参加摄影展可能会获奖哩！

12月5日中午，我参观了布什总统图书馆。这个图书馆由募集到的8000多万美元捐助金建成。图书馆里有一个小小的中国角，纪念20世纪70年代布什出任美国驻华联络处主任时的那段历史，仿建了中国园林的一小部分，包括一个中式的小拱门。

馆中有一幅巨型油画，表现的是1990年海湾战争爆发前夕白宫决策的情况。画中有老布什、切尼、贝克、斯考克罗夫特、鲍威尔等人。切尼当时坐在一个角落里，手上拿着张纸；布什在与斯考克罗夫特交谈；鲍威尔站在旁边，眼睛看着别的地方。

我问陪同参观的美国官员，当时是谁做的最后决策？他回答说："当然是总统。"我问："谁是第二号决策人物？"对方回答："贝克。"我问："那么，当时鲍威尔的想法是什么呢？"他说："鲍威尔当时不主张打仗，主张先加以经济制裁。所以从油画上看来，鲍威尔只在旁边抄着手，那神情好像是说：你们来定吧。"

图书馆里有一幅父子总统油画。在美国历史上，曾先后有过两对父子总统，但布什父子是唯一一对同时在世的。老布什曾谈到："小布什对我说，人家都说我们彼此很像，但我的嘴巴还是更像妈妈。"老布什说："芭芭拉对小布什的影响是最大的。"芭芭拉曾在接受媒体采访时讲过，她最喜欢的国家就是中国，因为老布什任驻华联络处主任时，是她与布什父子相处时间最长的一段时期。芭芭拉认为中国很神秘，老百姓很友好。

12月6日上午，我拜会了老布什。早上9点半出发，10点来到老布什在休斯敦的办公室。老布什主动提出要与大家分别拍照合影。当时老布什感冒了，出来迎接我时，他带着浓重的鼻音说："昨天跟美国女子网球冠军打球，之后又与老贝克打野鸭，受凉了。"他对我说："感冒有些重，但可能不会传染你。"还说："我不能离你太近了。"我说："感冒了，美国的可口可乐加姜煮是好药。"然后，我们坐下来，手拉着手照相。相片很快就出来了，会谈结束时，老布什签完字后，把照片送给我。

我首先向他转达了中国领导人的问候，然后再次转达对布什连任总统的祝贺。接着，我向他说明我近来三次访美的情况。老布什说，你是胡主席很信任的特使，是专门派过来的。我们美国人应该注意到你的影响力和身份。

关于中美元首会晤，老布什也很热心。他两次提到，欢迎胡主席明年夏天到美国访问。并说胡主席来后，布什总统和他本人要专门陪同胡主席到他们在缅因州的海滨别墅去住上一天。小布什很喜欢他位于得克萨斯州的克劳福德农场，但夏天得克萨斯州太热了。

中美首脑会晤的地点，美方已有考虑，准备安排在戴维营散步，自由交谈。但我觉得，到缅因州也是一个不错的设想，如果去克劳福德农场的话，老布什可能不会去；但是如果去缅因州，老布什就会去，这样，会谈的气氛会更好。

接着，我们谈到日本问题。我说昨天有幸参观了布什总统图书馆，了解到他伟大和不寻常的传奇经历，特别是他在二战时的英雄事迹。如果当时他被日本人抓住了，那么美国就损失两位总统了。

老布什说，很高兴你参观了我的图书馆。二战时，日本人甚至吃战俘的肝脏，非常残酷。日本人也给中国人民造成了深重苦难，如在南京和其他地方的暴行。我说，这就是为什么中国人民强烈反对日本首相小泉参拜靖国神社。老布什说，小泉参拜可能有国内政治原因，但参拜是不对的。

言归正传，我与老布什见面，主要还是谈台湾问题。我还未开口，老布什就主动询问售武计划的具体内容。我向他做了介绍，并说："现在是美方决策的关键时刻，希望您对中美关系有所贡献，确保中美关系在未来的四年有好的、进一步的发展。"老布什轻轻地摇摇头说："我不参与我儿子的事了，我只是支持他的忠实父亲。现在该轮到他自己做主了。"老布什强调说："我个人同意你关于售台武器问题的意见，这对你们来说的确是一件很重要的事情。如果美方实施军售计划，恐将为双边关系带来麻烦和困难。"透过老布什总统的谈话，我当时的感觉是，售台武器计划问题有望得到解决。

我们谈了一小时一刻钟，谈话的气氛很好。辞别时，老布什一直把我们送出门厅。告别时，老布什说，美国有一艘新航空母舰将命名为"布什号"，2008年就要启用。老布什说，那时要与布什开着航母到中国去看奥运会。这句话意味深长。我半开玩笑地说："好啊！到时候，我们一起庆祝台湾和大陆统一。"他说："那是你们的事。"我说："也需要你们的努力。"

见过老布什10天之后，杨洁篪大使于12月16日会见了斯考克罗夫特。斯考克罗夫特主动告诉杨大使，老布什12月6日与我一谈完即与他通了电话，说他与戴特使谈得很好，双方就很多共同关心的问题交换了看法。老布什表示，他本人很重视我就美售台先进武器问题阐明的立场，充分了解这一问题的敏感性，也完全理解中方在这个问题上的严重关切。

斯考克罗夫特表示，目前，美国政府内部确实有人在推动实施售台武器计划。有关军售计划是布什总统在2001年"撞机事件"后作出的决定。但时过境迁，"撞机事件"后，中美关系实现转圜，并始终保持良好的发展势头。这证明我在会见老布什时所表明的一些观点他已经接受了。

◎ 初会哈德利

还在休斯敦期间,我收到国内指示,要我重返华盛顿对美售台武器新计划进行交涉。因此,与老布什一谈完,我就直奔机场。重返华盛顿后,对美方进行了很严肃的交涉,但我也没拉下脸,变得凶神恶煞似的。回去后,鲍威尔不在,美方安排我再见一次阿米蒂奇。对方开始有些推托,说时间来不及,我说,哪怕见15分钟也要安排。见到阿米蒂奇时,我们谈了20多分钟。阿米蒂奇说,情况我都知道了,有些话就不用讲了。我就简单讲了讲,他也简单地表了态。

12月7日,我在华盛顿白宫会见美国候任总统国家安全事务助理哈德利,专门谈售台武器问题。本来赖斯要在会谈中间插进来,但原来安排的半小时会谈延长到了一个半小时,赖斯有其他安排,时间来不及,就没再见。我想见到哈德利就够了,因为刚来时没有见到他。老布什与我会谈时,也建议我要重点跟哈德利谈。

我们谈话的气氛就略为严厉些,但最终也落在中美双方更好发展关系上。我们两人都彬彬有礼,谈话中间也有交锋,有些话也是软中带硬。我在回应时,针对他的话说:"全世界都知道,台湾是中国的一个省,不是美国的保护地,更不是你们的一个州。《八一七公报》都已经发表22年了,你们究竟什么时候才能停止对台军售?是不是还要再等上220年?我们中国人不理解你们美国人为什么要拿台湾问题来牵制我们,要以此来牵制中国的发展!"

哈德利觉得这话有些刺激,也辩解了一下。哈德利说:"美方希望继续发展良好的中美关系,无意利用台湾遏制中国的发展。"

我说："你这个声明很重要，我会把美方关于无意利用台湾遏制中国发展的表态报告给中国领导人。"然后，我说："我要单独与你说几句话。"我对他说："你我都是做外交的，内心都很清楚中美关系对两国和世界的重要性。我们要共同努力，以高度的政治责任感、超凡的智慧和高超的外交技巧，来妥善处理售台武器问题，推动两国关系不断向前发展，特别是为今后四年布什总统第二任期的中美关系开好局。"

我前面说得比较强硬，后面也给他提些希望，有些话不能直说，让他自己去琢磨。

我与哈德利的这次会谈，主要涉及几个内容：一是我请他转告布什总统，我与老布什谈得很好，并请布什总统转达我们对他父亲的谢意，在这点上也要表现出我们的人情味。二是谈到信的问题。我当时向赖斯转交了胡主席给布什总统的信后，就请杨洁篪大使对美方说，希望在我结束访问前有回信。美方答复是争取回信。但我交出这封信后，好像就没回音了。

我对哈德利说："听说你们要回一封信，让我带回去，我很感谢。我明天就要离开美国，回北京一下飞机，我就去交这封信。"我让他没有回绝的余地，逼着他非得回这封信。

哈德利说要了解一下情况。他之后说："现在布什在外地，信还没有签字。"我说："那我们保持联系。"

阿米蒂奇的意思是总统要听完所有汇报后，才签发这封信。看样子他们还是十分认真的。第二天，阿米蒂奇把信交给我。信回得还算可以，总体上是积极的。前两次访美，因为时间短，没回信，但这次时间长，从增进双方领导人彼此了解的角度看，有没有这封信还是不一样的。

在华盛顿签发完最后一份简报，已经是中午 12 点 20 分了。我很快吃了点东西，就匆匆赶往机场。原计划要去西海岸见舒尔茨前国务卿，还想与其他一些专家学者见面，这些安排都只好取消了。

就这样这次访美行程到此就结束了。工作是非常辛苦的，有时感到身体快支撑不下去了，但凭着毅力挨过来了。工作团队也很得力。

我这次对美方谈对台军售问题虽非另辟蹊径，但也是动了些脑筋，在会谈方式和表述内容上都有所出新。首先，指出美国1979年的《与台湾关系法》是蒋家执政时出台的，当时的台湾认同一个中国。但是，现在的情况已经发生变化，他们是在搞"台独"，而美国人也是反对"台独"的。所以，《与台湾关系法》已经是过时的黄历。其次，中美签署《八一七公报》已经20多年了，美国现在还祭出《与台湾关系法》来搪塞中方，不近人情。第三，售台武器是2001年4月决定的，这是中美"撞机事件"发生20天后美方作出的一个不冷静的决定。一个人在冲动情况下作出的决定通常不很理智。"撞机事件"后，特别是"9·11"事件以后，中美关系已有很大发展，美国人应充分考虑这些新的情况。

2004年12月23日美国国务院发言人表示，《与台湾关系法》没有规定美国要协防台湾。这表明美国在台湾问题上的表态有了积极的变化，令我感到十分欣慰，这一趟算是没白跑，早些时候格林所透露的售台武器计划也不了了之。

第四章

战略对话

21 世纪最激动人心的事件，或者说最大的"斯芬克斯"之谜，是中美能不能打破传统，跳出新老大国必有冲突的怪圈，走出一条守成大国与新兴大国和平相处的新型大国关系之路。它的世界意义和影响绝不亚于 40 年前尼克松总统访华。

2013 年 6 月 7 日至 8 日，中国国家主席习近平与美国总统奥巴马在美国加利福尼亚州的安纳伯格庄园举行了历史性会晤。这次访问没有隆重的欢迎仪式，也没有 21 响礼炮，而且不系领带，气氛轻松而且随意。但是，这次会晤却是中美关系史上一个重要里程碑。习近平主席与奥巴马总统会晤和交流的时间超过八个小时。两国元首围绕共同努力建设中美新型大国关系的主题，就双边及重大国际和地区问题坦诚深入地交换意见，达成了一系列重要共识。

中美新型大国关系的本质特点是："不冲突不对抗，相互尊重，合作共赢"。回顾起来，我从 2005 年至 2008 年曾多次主持中美战略对话，之后与国务院副总理王岐山同志共同主持中美战略与经济对话。这个对话机制，为中美双方增进战略互信，促进关系发展，特别是探索构建新兴大国与守成大国和谐相处之道发挥了重要作用。

应运而生

在进行中美战略对话之前，我对美国和中美关系不是完全陌生的。我1986年因前往纽约参加中苏外长会晤而第一次踏上美国国土。那时，我们国家还处于改革开放初期，我深感中美发展水平差距巨大，中国必须集中力量把经济搞上去，逐步缩小差距。我曾经询问我们的驻美外交人员，为什么美国在200多年时间里能发展到今天的高水平？除了侵略扩张、掠夺别人之外，有些什么它自身的优势和长处？后来我在中联部工作期间，曾请中联部的同志们作了一些研究。我一直以为，外国一切有益于我们发展和治理我们国家的东西，不管是哪个国家的，都要尽量加以研究和借鉴。至于中美关系，自我20世纪60年代开始研究中苏关系时起，一直是我关注的重要问题之一。因为研究中苏（俄）关系必须研究中美、苏（俄）美关系。1972年尼克松访华时，我还被专门从莫斯科派去柏林观察了解西方国家的反应。后来，在中联部工作期间，我开始有了同美国人的直接沟通交流，话题日益广泛，包括中国共产党同美国两党交流对话问题。我告诉他们，你们想要了解中国，必须要了解中国共产党；要同中国打交道，必须同中国共产党打交道。慢慢地，美方想开了，同中国共产党开始交往和对话了。

进入21世纪后，世界多极化加快发展，国际形势和中国与外部世界的关系都在发生深刻的变化。2003年，中国在战胜"非典"疫情以后发展势头很好，包括美国在内的国际社会看到中国迅速崛起，都多多少少有些疑虑，搞不清楚中国这样一个 13 亿人口的大国将走向何方。曾经担任过美国贸易代表和常务副国务卿的佐利克先生就曾经说过，美国在 21 世纪面临两大战略性挑战，一是伊斯兰极端主义，二是中国问题。我们自己也很关心美国人是怎么看中国的，会怎么对待中国。

在这之前，我主持过中法军事和战略小组磋商及中日战略对话，积累了一些经验。2003 年之后，我三次作为中国政府特使访问美国，主要谈朝核问题和台湾问题，这两个问题本来是中美之间比较棘手的难题，但是双方在对话与交流的过程中发现，我们在管控这些问题的同时也存在共同的利益，具有很大的合作空间。如果中美两国也建立战略对话机制，有可能在新的历史时期探索出中美两个大国合作共赢的一条新路，这不仅对中美两国有好处，而且对维护世界的和平与稳定也具有重大的战略意义。

中央高瞻远瞩，指示外交部根据形势的变化，研究如何更好地稳定和推进中美关系，在理论和实践上作出新的探索。中美战略对话应运而生。

2004 年春天，我作为中国政府特使访问美国期间会见了布热津斯基，向他了解美国国内对中国的看法，探询建立中美战略对话机制的可行性。当时，布热津斯基表示，就国际战略而言，美中双方都希望能够维持一个长期比较稳定的国际环境。美国得以维护其繁荣和世界领导地位，中国也可以继续保持和平发展的势头。基于这一十分重要的共同利益，美中双方应加强合作。布热津斯基说，美国国内目前占据主流地位的观点是，中国的发展将给世界带来稳定和繁荣，中国的成功符合美国的利益。他强调，中国经济发展表现骄人，在外交上奉行睦邻友好政策，与邻国保持着良好的关系，已经成为亚洲的中心。同时，中国不对外输出革命，而是带动其他国家的经济增长，其发展模式对非洲和拉美等发展中国家也很有吸引

　　2004 年 12 月 2 日，在华盛顿会见前美国总统国家安全事务助理斯考克罗夫特，就两国建立战略对话机制进行讨论。图为 2008 年 12 月两人再次会见

力。因此，中国是国际局势维持稳定的建设性因素。听了布热津斯基的这席话，我觉得中美对双方进行战略对话是有共识的，两国在战略层面进行沟通是有巨大空间的。

2004年11月，第十二次亚太经合组织领导人非正式会议在智利首都圣地亚哥举行。期间，胡锦涛主席向布什总统提出，由中美双方指定部长级官员，就重大战略和政治问题经常进行沟通和交流。布什接受了中方的提议。11月底，我再次作为中国政府特使访问美国，具体落实两国元首达成的共识，为启动中美战略对话做准备。

我访美的第一站是纽约。11月29日晚上，我把基辛格博士请到中国驻纽约总领事馆，想听一听他对中美建立战略对话机制的想法。基辛格说，他很早就提出了美中两国开展战略对话的建议，这一对话十分重要。首先是两国元首会晤，他建议应在亚太经合组织领导人非正式会议之外，两国元首每年都能再抽出一到两天的时间来专门讨论世界局势，同时指定可以直接向其负责的人士与对方对话。他解释道，根据美国政治制度的特点，这种战略对话如果要想取得真正的成效，就必须把它同常规的外交对话渠道分开。至于对话的议题，他建议可分成两类，一是需要尽快解决的紧迫问题，如朝核问题、伊核问题；二是需要两国元首相互了解对方看法的重要问题，对这些问题美中双方可以坦诚地交换意见，把话说透、说明白。这样一旦发生什么事情，双方都不会感到意外。基辛格还说，布什总统已下定决心要同中国发展友好关系，并曾私下说，希望同中国领导人建立起如同当年基辛格与周恩来总理那样的密切关系。听了他的话，我的心里更有底了，感觉基辛格的观点与中方的看法是有交集的。

12月2日，我在华盛顿与前美国总统国家安全事务助理斯考克罗夫特共进晚餐，也就中美关系相关问题广泛交换了意见，就两国建立战略对话机制进行了讨论，达成了一些重要共识。谈完后，斯考克罗夫特拉着我的手说，今天的会晤是一个精彩的讨论。

之前一天，我还见了美国总统国家安全事务助理赖斯，与她谈了一个多小时。赖斯表示，美中双方都应努力推动两国关系取得进展，并且将之提升到新的高度。当赖斯说到赞成中美两国举行战略对话时，她背后有两个人给她咬耳朵，说美方对外是不是用"战略对话"的名称等问题还需要研究。她说具体问题待商量后再与你们进一步交换意见。但现场的感觉，她本人是赞成中美举行战略对话的。起初，美国人对跟我们搞"战略对话"比较敏感。按照美国人的思维模式，他们认为只有在盟友之间才会搞"战略对话"。所以，他们坚持要把这个对话机制的名称修改为"全球对话"、"全面对话"、"定期高级别会谈"等。我们很务实，没有计较这些非实质性问题，双方商定各自表述，我们仍然坚持称"中美战略对话"，而美方称"中美高级别对话"。

至此，我在中美战略对话拉开序幕之前，已与美国智库三位重量级人物和赖斯进行了对表，为双方下一步展开战略对话进行了铺垫。

中美战略对话由两国常务副外长共同主持。接下来，我和佐利克共同主持了第一、二次对话，和内格罗蓬特主持了第四、五、六次对话。中间，由杨洁篪副外长与美国国务院副国务卿伯恩斯共同主持了第三次对话。这个对话坚持搞了下来，美方也不再在对话的名称上较真了，渐渐采用了我们的说法。

与美国进行战略对话非常具有挑战性，其中必然涉及一些十分重大敏感的问题。对于某些问题，中央在原则精神上提出指导，但具体该怎么谈，该如何去落实，都需要我们自己去思考、去创造。这个过程很复杂。相比之下，整理出来的会谈简报反而显得简单，有些东西没有落到纸上。

过去几十年间，中方同美方在最高层次上进行了许多坦诚深入的战略沟通和交流。但是，双方在外交团队、工作层次上比较系统、坦诚深入的沟通恐怕是从中美战略对话开始的。起初，美方本来也只想谈一些具体问题。当时我就提出，中美战略对话不搞文件、不搞公报，也不涉及过于具体的问题。我坚持认为，如果要搞战略对话，就必须注重思想层面和心灵情感的沟通，力争把两国的大政方针谈深谈透。如果双方通过沟通交流能够达成一些共识，然后再把这些共识体现到各自的政策中去，目的就算达到了。

首晤佐利克

2005 年 8 月 1 日，首次中美战略对话在北京举行，我的对话伙伴是美国国务院主持常务工作的副国务卿佐利克。这是佐利克头一回来北京，我们之前没见过面。看来他的思想准备不足，先前也没有预料到中美双方会谈得这么好。我们谈到中午快 12 点时，预定收场的时间到了，但他说不行，还要谈下去，还有好多问题没谈。他对我说："我们继续谈。"然后午餐时边吃边谈，吃完饭下午还接着谈，一直谈到晚上 7 点钟。最后，他站起来说："这次没谈完，你还得赶紧来一趟华盛顿，我们继续谈。"

我按照先前的设计，在与佐利克的对话中避免谈很具体的问题，而是重点向他介绍中国坚持走和平发展道路的总体思想，以大量的事实反驳了"中国威胁论"，敦请美方用客观理性的态度来看待今天的中国。同时，我也用相当长的时间来阐述中方对美国的基本看法以及我们对美政策的基本考虑。我着重强调的是，中美两国客观上存在着巨大的共同利益，发展中美建设性合作关系对于双方来说都很重要。

2005 年 8 月 1 日，与美国常务副国务卿佐利克在对话前握手

我对他说，中国在今后很长时期，大概有几代人、十几代人甚至几十代人想做的一件事、要做的一件事，就是中国的和平发展，即对内求和谐、求发展，对外求和平、求合作。这是我们一百年、一千年也不会动摇的一个方针。具体讲，就是通过和平而不是非和平的、侵略扩张的、掠夺性的方式，通过我们自己对自身制度的不断改革和完善，通过我们中国人自己的艰苦奋斗，发挥创造性、积极性，通过我们同包括美国在内的世界各国持久友好相处、平等互利合作来实现上述目标，使占人类五分之一强的中国人能告别贫困，过上比较好的日子，使中国成为人人安居乐业、大家和睦相处，政治文明、物质文明、精神文明，人与自然都协调发展的国度，成为我们这一大家共同生活的"地球村"里的最负责任、最文明、最守法规秩序的成员。

我说，"和为贵"是中国传统文化中的一个核心内涵，在历史上中国就没有对外扩张称霸的传统，中共领导人头脑冷静，决不会带领党和人民走上苏联那条军备竞赛的死路。我们全党、全国人民都十分清醒地认识到，只有和平发展才是我们通向未来唯一正确的道路。今天的中国既不是20世纪初期的德国，也不是冷战时期的苏联。我们追求的是与世界各国人民共同发展、共同繁荣，而不是靠损害别人的利益来发展自己。那样做是不得人心的，也是不会成功的。

我指出，我们发展中美关系的方针是长期不变的，对这一方针我自己的理解是：要友好，不要敌视；要合作，不要对抗；要互相信任，不要互相猜疑；要平等相待，不要强加于人；要共同发展，不要损人利己。中国是适合当今时代要求的国际秩序的建设性塑造者，而非破坏者。中国的和平发展对美国绝对是大好机遇，而非挑战和威胁。中美两国有越来越多的共同利益和越来越大的合作空间，希望美方能登高望远，以战略的、长远的和时代的眼光来看待中国。用中国的话来讲，就是美国朋友也应解放思想，实事求是，与时俱进，对中国和中国特色社会主义加以再认识，从而树立正确的中国观，并据此实行正确的对华政策。

我强调，美国对中国的和平发展应该持欢迎而不是害怕的态度；应该是帮助而不是阻碍；应该是支持而不是遏制；应该理解和尊重中国在和平发展进程中的那些正当和合理的利益关切。在 21 世纪，对中美双方来讲，最有害的莫过于将对方视为威胁和敌人，从而互相猜疑，互相斗个没完，互相消耗，结果是渔人得利；最有利的莫过于双方互相视作合作伙伴，尽最大努力扩大共识和发展合作，建立长期稳定的、健康的、可持续发展的新型国家关系。

针对一些美国人有关中国要把美国挤出亚洲的论调，我说，这绝对是一个妄想出来的神话。中国没有意愿、没有必要、也没有能力把美国挤出亚洲。恰恰相反，美国在亚洲的合理存在是符合中美双方利益的。

此外，在对话中我还与佐利克就中国的亚太政策、朝核问题、东亚安全、中美日三边关系及台湾问题深入交换了意见。在谈到中国的亚太政策时，我表示，中国实行"睦邻、安邻、富邻"和"与邻为善"、"以邻为伴"的政策，无意在亚洲充当霸主，无意获取什么垄断地位。中美在亚洲地区有了更多的共同利益和越来越大的合作空间。亚洲可以成为中美在各方面开展合作的重要舞台。在谈到中、美、日三边关系时，我强调，日本的当务之急是要调整不健康的心态，适应形势的发展变化，要对历史问题有正确的认识，要在台湾问题上采取正确态度。日本这样做，不仅对中日关系有益，对日本、对亚洲国家都有好处。我还提出，可以考虑中、美、日三方好好谈谈，谈谈如何把三方关系搞好，如何在中美、中日、美日间建立良好的关系，形成良性互动。

我特别指出，新中国成立才 50 多年，改革开放还不到 30 年，如何同外部世界打交道，我们还在学习之中。

佐利克表示，美国外交是务实的，美国充分尊重中国的世界影响和利益，对中国开展多边外交活动没有感觉是威胁。美方关注中国在亚洲的特殊地位。同时认为，美国在安全上、经济上属于亚太合作机制的一部分。美国决不是要"遏制中国"，也不是要建立 19 世纪那样的大国均势。美国的目标是帮助中国融入世界。美中两国在国际体系中具有共同利益，应该探讨双方如何共同承担责任、分担责任。当然，我们会有不同的看法，这是不可避免的，就是最好的伙伴也会如此，有时会发生摩擦，甚至成为对手。我们之间进行公开透明的对话有助于双方更好地处理这些分歧。

对话结束后，佐利克在记者招待会上表示，这次会谈"太有用了"，"双方都同意当年在华盛顿再举行一轮对话"。当时，考虑到中美关系的敏感性，我们对外仅发布了一则简讯。事后了解到，美方对中美首次战略对话感到满意，认为对话取得了预期效果。据说，佐利克本人还主持起草了一份内部报告，深入分析中美战略对话的背景情况，并就规划美中关系提出建议，直接报告布什总统。

中美首轮战略对话促使佐利克对中美关系进行新的思考。对话结束一个多月后，即同年的 9 月 21 日，佐利克到美中关系全国委员会发表了美中关系专题演讲。他在这次演讲中肯定中美两国拥有共同利益，并提出了美中是"利益攸关方"的论断，在国际上引起巨大关注。

佐利克表示，中国不同于苏联，19 世纪欧洲的大国均势政治不适用于中国。中国领导人认为中国人民改革开放的成功依赖于他们与现代世界之间广泛而深入的联系。中国领导人面临的头等大事是中国的发展与现代化，他们需要一个良好的国际环境来解决国内发展和改革问题。当然，中

2005 年 12 月 6 日，在第二次中美战略对话前一天，在纽约出席基辛格博士举行的午宴，与基辛格博士进行了长时间交谈

国也希望受到国际社会的充分尊重，希望他们的观点和利益能够获得各国的理解，不希望与美国发生冲突。美国应敦促中国成为国际体系中负责任的"利益攸关方"。佐利克的这篇演讲辞发出了重要信号，标志着美方开始从新的视角来看待新世纪的中美关系。

中美首次战略对话结束后不久，中国共产党召开十六届五中全会，审议通过了"十一五"国家发展规划，进一步为中国的发展指明了方向。同时，佐利克提出中国是"利益攸关方"也在国际社会引起巨大反响。中国将朝怎样的方向出发？21世纪的中美关系将怎样调整？中美战略对话将给世界政治和经济生活带来何种影响？这些都引起了世界各国的密切关注。

"利益攸关方"

在佐利克的积极筹划下，2005年12月7日至8日，中美第二次战略对话在华盛顿举行，此时距首轮对话刚过100天。

赴华盛顿参加第二次战略对话前一天，我在纽约出席基辛格博士举办的午宴，两人继续就中美两国应该如何看待对方交换看法。当时，基辛格说了一句话给我留下很深的印象。他说，中美关系的关键是解决美国如何看待中国的问题，即美方是把中国看成一个潜在的合作伙伴还是一个潜在的对手。他还感叹道，如果美中两国陷入冷战，那么谁也不会成为赢家，而且对整个世界来说，将是很不幸的一件事。

我对基辛格说，你是中美关系的开拓者之一，最了解中美关系的重要性。我们两国关系历经几十年风雨，发展到今天，给两国人民带来巨大好处，是非常不容易的。中美双方应该共同努力维护和发展中美关系。我们无意也不可能与美国打冷战。中国领导人和中国政府一心一意发展互利共赢的中美建设性合作关系。如果美方诚心诚意同中方发展中美关系，那么将来两国关系的发展给两国人民带来的好处怎么评估也不会过分。如果美国将中国当作对手和潜在的敌人，对中国搞冷战，肯定没有好处。

我再次将首次战略对话中对佐利克讲的"中国不是苏联"的道理分析给基辛格听，话说得很实在，他认同了这个观点。我进一步表示，中美关系与美苏关系大不相同，当今这个时代与冷战时期美苏两极对峙争霸的格局也迥然不同。中国不是苏联，中共也不是苏共，企图以冷战来"西化"和分化中国是白日做梦。退一万步说，如果中国搞乱了，美国也不会安宁。只有中美共同发展建设性合作关系，才对双方和世界有利。

见过基辛格后，我还再次会见了斯考克罗夫特。他主动表示，美中战略对话肩负重大责任，对两国都很重要。美中双方坦诚相待，有助于双方消除误解。从美中各自的利益和抱负看，美中双方没有任何不能合作的理由。苏联怀有的政治雄心和军事抱负只能在损害美国和其他国家利益的情况下才可能实现，但是美中之间丝毫看不到这一点。

我对斯考克罗夫特说，如果美国朋友多花一些时间来研究中国的历史、传统和文化，研究中国不断改革开放的理论与实践，就会清楚地认识到，中国与苏联相比是很不同的。有了这样的比较，可以帮助美方消除某些不必要的担忧。以历史学家的目光来看，实际上两次世界大战都是在资本主义国家之间内部先打起来的，这并不是什么社会制度之争。我强调，中美两国完全有理由成为不同制度国家平等合作、和平相处的典范。

12月7日上午10时，佐利克陪我走进美国国务院的杰斐逊厅，大厅里挤满了记者，频闪的闪光灯晃得人的眼睛都快睁不开了，"噼噼啪啪"的快门声响成一片。人群之中，听到有一位中国记者大声喊："戴部长！"

扭头一看，他拉开嗓子问我什么时候回应佐利克关于"利益攸关方"的讲话。我一边走一边简单地回答："下面的会谈将会涉及。"

我在这次对话中，主要结合当时国际形势特点和中共十六届五中全会的精神，进一步阐释了和平发展道路的外交理念，强调了中国共产党"聚精会神搞建设、一心一意谋发展"的执政方略，并且认真分析了中美双方广泛存在的共同利益，强调双方应该继续扩大两国利益的汇合点，妥善管控分歧，全面推进面向 21 世纪的中美建设性合作关系。

我首先从分析国际形势的变化入手，强调美国必须解放思想。我说，国际形势发展到 21 世纪的今天，一个鲜明的特点用中文讲是一个"变"字，就是说发生了很大变化。变化至少有以下三点：第一，今天中美的共同敌人和面临的共同挑战变了没有？变了。二战时，中美在东方的共同敌人是日本军国主义，20 世纪七八十年代，我们共同面临苏联扩张的威胁。而当今中美面临的共同威胁则是恐怖主义、大规模杀伤性武器扩散、全球化带来的种种挑战，是诸如跨国犯罪、海啸、地震、禽流感等问题。第二，世界还是两极即美苏各自率领一个国家集团对抗的局势吗？不是了。世界格局不再是两极对立了，也不存在相互对抗的两大政治、经济、军事集团。现在谁想拼凑这样的集团也是难以做到的了。大国之间相互协调与合作的需求上升。全球化过程中出现的新情况、新问题、新挑战不是哪一个国家所能单独应对的。因此，无论从全球还是从地区层面看，大国加强对话与协调已逐渐成为客观要求。第三，人们还迷信某一种文明或某一国家的发展模式吗？不迷信了。那种认为某一模式可以放之四海而皆准的想法和做法已经行不通了。总之，冷战结束后，国际形势发生了深刻的变化。人们不应再用老眼光和旧思维去看待变化了的世界，而应该与时俱进，学会用新思想和新眼光分析和处理新问题，应对新挑战。

我说，美方应以善意看待中国的战略走向。中美不应成为敌人，而应成为广泛领域的合作伙伴，成为不同制度大国间长期和平相处、平等合作的典范。当今时代已不是美苏对抗和争霸的时代，而是经济全球化和区域合作深入发展，各国渴望并致力于和平、发展、合作，携手应对人类面临的共同威胁的时代，是中美两国利益交融度越来越大的时代。中国不会用当年苏联的政策和方式来对付美国，美国也不应该用当年对付苏联的那套政策和方式来对待中国，我们双方不应该耗费精力成天琢磨如何遏制对方、如何削弱和分化对方，而要琢磨怎么发展合作、怎么扩大共同利益。

我在对话中请佐利克详细说明"利益攸关方"的含义。他向我表示，这个提法不仅指中美两国存在着共同利益，而且指中美关系应该超越双边关系的范畴，能够站在全球战略的高度，为维护和完善今天的国际体系做出贡献。他说，"利益攸关方"的反义词是"搭便车者"。他之所以提出"利益攸关方"的概念，是试图给美国人民观察今日中国提供一个新的视角，促使他们去思考，美中两国能不能在当今国际体系的大框架内开展合作，应该怎么样合作。

佐利克在中美战略对话后提出"利益攸关方"的概念，表明美方承认中国是当今国际体系中的重要成员，不再把中方视为与国际体系相对立的"异端国家"，这对于双方后来进一步探讨构建中美新型大国关系是一个积极的贡献。但这一概念主要是从美方的角度出发的。

我对佐利克说，"利益攸关方"是你的发明。在我看来，如果用"合作伙伴"一词也许更好些，也就是所有国家不分大小、贫富、强弱，大家都是平等的伙伴。至于谈到中国在国际体系中的作用，第一，中国是世界的一部分，是国际大家庭的一员，不是孤立于世界之外的。中国的发展离不开世界，世界的发展也离不开中国。中国不是"搭便车者"，而是国际体系负责任的参与者。中国既是国际体系的受益者，也是塑造者、建设者和贡献者。第二，现行国际体系并非完美无缺，需要与时俱进，进行变革与完善，使之更公正合理，使国际大家庭的每一个成员都能受益。第三，中国承担国际责任从来都是讲原则的，我们根据事情本身的是非曲直来独立决定自己的立场和政策，既对中国人民负责，也对世界人民负责，而不能单以美国的利益作为判断是非的标准。第四，中美两国制度不同，应当相互尊重。我们可以通过各种方式和渠道，交流两国在治理各自国家方面的具体经验和做法。第五，中国走和平发展的道路，使占世界五分之一的人能够过上较好的生活，将是对全人类的巨大贡献。美国完全可以从利益相关和相互依存的角度，为中国的和平发展创造条件，做中国和平发展进程的合作者、促进者、支持者，而不是旁观者、批评者、阻挠者。

最后，我特别强调，抓住历史赋予的难得机遇，同走和平发展道路的 13 亿人的中国长期稳定健康地发展关系，永做建设性的合作伙伴，对美方的战略重要性，以及将会带给美方的巨大利益和好处怎么估计都不为过。相反，如果作出错误的战略判断和决策，把一个本来不是敌人的中国当作敌人，成天琢磨怎么对中国进行"西化"、分化，或者对中国的意图疑神疑鬼，实行所谓"把拳头藏在厚厚的棉手套里"的对华政策，就将铸成历史大错。

佐利克这个人很有历史感，他专门为我们这次战略对话安排了一个参观项目，就是到纽约州的海德公园去参观罗斯福总统图书馆。10 日上午，天上降下了鹅毛大雪，美国东部地区的民航机场全部停飞。佐利克找来一架小型军用飞机，亲自陪我一起飞过去。途中我们还谈到了日本问题。飞机降落后，又坐了半个小时的汽车。很有意思的是，我们车队刚刚到达图书馆，天就放晴了，出太阳了。

2005 年 12 月 10 日，在第二次中美战略对话期间，在美国常务副国务卿佐利克的陪同下，冒雪参观罗斯福总统图书馆

走进图书馆，佐利克特意带着我去看罗斯福总统参加雅尔塔会议时亲手绘制的"四警察图"。根据罗斯福当时的设计，联合国在战后国际体系中占据着核心的位置。联合国安理会将设立四个负责维护世界秩序的"警察"，即现在的安理会常任理事国，它们是美国、英国、苏联和中国，当时还没有法国。佐利克特意让我看了看这个东西。

中美战略对话怎么搞到罗斯福总统图书馆去了，其中有什么特殊含义？国际媒体议论纷纷，特别是日本媒体显得非常紧张，他们给美国国务院和中国驻美国使馆反复打电话，询问其中的背景。这件事当时被媒体炒得很热乎，是记者们追问的焦点。

佐利克仅简单表示"罗斯福是战后国际体系的缔造者之一"。而美国国务院发言人埃雷利面对媒体表态时说，美中双方借此可以"直接体验二战即将结束之时，包括罗斯福在内的盟国领袖创建全球政治、经济和安全体系的历史性决策。美国寻求和中国合作巩固现有国际体系，并且以互利方式加强合作"。可以很明显地看出来，佐利克作出这个姿态，是想突出中美两国在第二次世界大战中并肩战斗的历史，强调中美双方都是战后国际体系的创始成员，应该共同承担起维护现有国际体系的重大责任。

在这次战略对话中，我们比较公开地讲中国是国际体系负责任的参与者、建设者和贡献者，也比较放松地和美国人讨论国际体系问题，这在过去是没有过的。在这之前，我们不大用"国际体系"这个词。

还有一点需要指出的是，在这次中美战略对话中，佐利克作为美国国务院二号人物，不仅花两个整天的时间与我们谈，还动用军方的力量安排专机，冒着大雪陪我们参观罗斯福总统图书馆。我俩在各种场合的谈话时间加起来超过了 20 个小时，这在中美高层交往中是罕见的。

佐利克在对话结束后表示，中美这次对话是建设性的。双方认识到，通过对共同面临的挑战与问题进行前瞻性的、开诚布公的讨论，即使面临分歧也不回避讨论，更能促进双方的共同利益，也更可能处理好双方的分歧。他强调，美中通过各种论坛和交流进行合作是重要的，应该继续进行下去。

第二次中美战略对话结束后一个月，佐利克来华访问。他在北京表示，美中战略对话已进行两轮，取得了很好的效果，他与我谈得不错，双方就美中关系及共同关心的重大国际和地区问题坦诚、深入地交换意见，并且触及了双方外交理念、思维方式等深层次的东西。他认为，美中战略对话是真正意义上的战略对话。

佐利克是一个非常聪明能干的人，后来当了世界银行行长。我们两人合作融洽，因为中美战略对话也建立了良好的个人关系。他后来多次访华，基本上每次都会和我见面聊一聊。他曾表示，中美战略对话是他本人外交生涯的巅峰之作。

照片带来的惊喜

第三次中美战略对话于 2006 年 11 月 8 日在北京举行，由杨洁篪副外长与美国主管政治事务的副国务卿伯恩斯共同主持，双方重点就中美关系、朝核问题等进行了沟通。

2007 年 3 月 3 日，刚刚出任美国常务副国务卿的内格罗蓬特访华，过来了解和熟悉情况。内格罗蓬特出身豪门，父亲是希腊船东。他从耶鲁大学毕业，两次出任美国常驻联合国代表，八次出任大使，曾陪同基辛格访华。伊拉克权力交接后，布什任命他为美国驻伊拉克大使，统揽前线军政事务。后来又调任国家情报总监和总统首席情报顾问，负责协调美国所有情报机构。由他来接替佐利克，布什总统应该是很有考虑的。

我们的会谈可以看作是新一轮中美战略对话的前奏和序曲。内格罗蓬特回顾了 1972 年 6 月他本人跟随基辛格访华的情况，那是他第一次来到中国。他感慨中国发生的巨大变化，强调中国经济蓬勃发展，美中关系也在蓬勃发展。他说，美中关系在不断增强，发展势头从未像今天这般强劲。美中两国是伙伴，应以坦诚的态度，尽最大努力，共同应对好各种挑战。美中关系是极其重要的双边关系，必须认真耕耘和发展，我们的工作将是非常有价值的。

我对他说，中美建设性合作关系来之不易，凝聚了两国几代领导人和多任总统的心血，值得我们珍惜，我们要千方百计地维护好、发展好。其中，最关键的是我们彼此如何看待和认识对方，如何建立战略互信。现在，世界上有一些"中国威胁论"的说法，我看倒是应该讲讲"中国机遇论"，讲讲中国对世界的贡献，向世界各国提供的机遇。世界上谁抓住了中国发展的机遇，与中国开展合作，谁就会得到好处。我向他介绍了中国 35 年来的巨大变化，强调今天的中国仍是一个名副其实的发展中国家，一个坚持改革开放、积极参与经济全球化进程的国家，一个热爱和平、致力于和平与发展的国家，一个致力于建立、健全民主与法制的国家，一个讲信义、守规则、负责任的国家。我们是国际体系的参与者、建设者，坚持把中国人民的根本利益与世界人民的共同利益结合起来，让世界各国从中国的发展中受益。

当日，我在与内格罗蓬特共进工作晚餐时还与他就战略对话机制交换了意见。我强调，事实证明，中美战略对话是加强两国战略互信的重要渠道，为推进中美建设性合作关系发挥着积极作用，应该继续下去。中美战略对话应与两国其他双边对话机制有所区别，重点讨论宏观、全局和战略

　　2007 年 6 月 20 日，在中美第四次战略对话开始前，与美国常务副国务卿内格罗蓬特握手，并拍照留念。照片上有内格罗蓬特的签名，签名日期为 2007 年 7 月 17 日

性问题，而不是谈判解决具体问题。我们可以将双方在对话中达成的共识体现到各自的政策和相互合作中去，推动双边关系的发展。

经过一系列铺垫，我与内格罗蓬特共同主持的第四次战略对话顺利了许多。这次战略对话于当地时间 2007 年 6 月 20 日至 21 日在华盛顿举行。需要提到的是，2006 年 12 月中美两国又建立了中美战略经济对话这一交流机制，主要讨论经济问题。据佐利克后来对我说，这是他向美国当时的财政部长鲍尔森建议的。在我和内格罗蓬特举行第四次中美战略对话之前的一个月，吴仪副总理刚和鲍尔森在华盛顿共同主持了第二次中美战略经济对话。如此一来，我和内格罗蓬特就可以集中就事关两国关系的战略性、深层次和长期性问题进行坦诚深入的探讨了。

怎么才能一开始就把对话气氛充分调动起来呢？我们事先找到了一张内格罗蓬特当年陪同基辛格访华的照片，正好是周恩来总理和他握手，是我们从新华社的中国照片档案馆里翻箱倒柜找出来的。那时他才 30 岁出头，头发又黑又亮，可现在已经谢顶了。我们把这张照片放大，专门镶上了框子。会谈开始前，我卖了个关子，说给他带了一件特别的礼物，请他猜一猜。他当然猜不着，我们就把相框突然拿出来。内格罗蓬特的眼睛顿时闪过一道亮光，高兴极了，举起相片高喊："我宣布，本次美中战略对话成功！"

在对话中，我首先概括了中美关系的基本特征。第一，中美两国虽然意识形态和社会制度不同，但共同利益始终是维系我们交往的纽带和推进两国关系的动力。是共同利益使我们两个曾经相互敌视的国家走到一起，是共同利益使中美关系克服了一次又一次困难甚至危机，也是共同利益不断丰富着两国关系的内涵，加固着两国关系的基础。第二，两国了解对方的愿望始终是强烈的，对两国关系对各自重要性的认识不断加深。第三，台湾问题始终处于两国关系的核心地位。台湾问题是中美关系中最重要、最敏感的问题。回顾中美关系半个多世纪的发展历史，更可以看到两国关系的主要波折大都与台湾问题有关。事实一再证明，台湾问题虽不是中美关系的全部，但却影响和牵动两国关系的全局。第四，中美两国人民始终对对方怀有美好感情。目前，两国每年人员往来超过 200 万人次，每天有 5000 多人往返于中美之间，有 8 万中国留学生在美求学，近 30 万中国青年学子曾在美国学习过。中国也成为美国学生海外求学最向往的亚洲国家之一。

接着，我又提出了几点发展中美关系的意见。第一，我们必须坚持从战略高度看待和处理中美关系，这个战略高度有两方面的含义，一是中美关系是一组全球性、战略性的关系。中美双方需要发展一个世界性的中美关系，并开展战略性合作。二是我们两国对世界大势形成战略共识，是双方开展互利合作的动力和生命力。第二，必须牢牢把握并不断深化中美之间的共同利益，把共同利益这块蛋糕做得越大越好。第三，我们必须坚持以理性、客观、平和的心态看待对方的发展，判断对方的战略意图。第四，我们必须充分尊重和照顾对方核心和重大利益关切。第五，我们必须充分理解和尊重对方政治制度的选择，坚持互不干涉内政的原则。第六，我们必须完善坦诚、深入、快捷沟通合作的机制保障，培育良好的舆论环境和社会基础。

这次对话的重点之一是推动美方提高对"法理台独"危害性的认识。当时，陈水扁当局搞所谓的"入联公投"①，其实质是搞"台独"，理所当然地遭到我们的坚决反对。我对内格罗蓬特表示，全力防止"台独"重大

---

① 指陈水扁当局在台湾地区领导人选举时举行的所谓"以台湾名义加入联合国"的"公民投票"。

事变发生应是我们两国时刻关注的重大战略问题，来不得半点麻痹大意，更不能掉以轻心。中美双方必须防患于未然，采取更坚决、更果断、更有效的措施，彻底阻断陈水扁的"台独"冒险之路，共同维护台海和平稳定，维护中美关系大局。

内格罗蓬特重申了美方在这一问题上的立场，表示他注意到了中方的关切和担忧。美方也刚刚公开表态反对台湾搞"入联公投"，美国将密切关注台海局势发展。内格罗蓬特说，美方不愿看到事情发展到不可收拾的地步。

对话期间，我还会见了美国国务卿赖斯和总统国家安全事务助理哈德利等人，广泛接触了美国各界人士。对话取得了较好的效果。在我到访期间，美方连续三次公开表态，明确反对台湾举行"入联公投"。这些言论从客观上产生了遏制"台独"的效果。

和以前几次一样，在第四次中美战略对话期间，我也分别见了基辛格和布热津斯基。基辛格是 6 月 18 日在纽约见的。他谈到，当前的国际形势正在经历近一百年来最大的变革，而国际关系的重点也正在向亚太地区转移。美国与中国在广泛的领域内开展着富有成效的合作，两国关系因为形势的变化尤显重要。

我说，当今世界的最大特点之一就是各国面临的共同问题越来越多，需要大家同舟共济，齐心应对。面对新问题、新挑战，第二次世界大战以后形成的国际体系已经不能完全适应当下国际政治经济格局的演变了，需要进行必要的调整、改进和完善，但是，不是彻底打破重来。中方忧虑地看到，当前出现了一个令人不安的苗头，就是有一些国家寄希望于通过组织"意识形态联盟"来解决问题，这既不符合当今时代潮流，也不现实。

基辛格说，根据意识形态来重塑国际体系不具有现实可行性。美国国内确实有人试图在亚洲建立某种"价值观联盟",这一概念听上去很有想法,哗众取宠,但是缺乏战略眼光,他不支持。真正有效的国际体系需要建立在各国共同利益之上而不是意识形态的基础之上。美中双方尤应明确界定共同利益,并共同应对全球性挑战。

6月19日,我在华盛顿见了布热津斯基。布热津斯基认为美国必须处理好中东的一系列紧迫问题,包括尽快结束伊拉克战争,从这个国家抽身;还要更聪明地斡旋巴以关系,继续推动中东和平进程。美国也应以更加严肃、更加务实的态度来与伊朗进行真正的谈判。美国有必要更直接地帮助世界上那些在政治和经济上处于劣势地位的人民获得社会公正,有必要提高对气候变化、防扩散等全球性问题的重视程度。

我强调,美国需要奉行更加理性的对外政策。我说,美国是一个适应能力很强的国家,能根据形势变化不断调整政策。我注意到在美国当前的对外政策大辩论中,就有人主张美国要虚心听取别人的意见,而不要太傲慢。希望美国为维护和促进世界和平与发展发挥积极作用。

第四次战略对话结束后,布热津斯基在应邀访华时谈到,美中关系依然是世界上最重要的双边关系,当今的美国和中国已不同于1914年的英国和德国。美中之间的冲突并非不可避免。为避免出现各种风险,双方应保持经常、密切和全面的磋商。对于那些刻意挑起的事端和挑衅,双方都应最大限度地保持克制,低调处理,而不是火上浇油,掉进那些别有用心的人所设下的陷阱。布热津斯基回国后向我们使馆的同志谈到,他强烈地感受到当今中国注重融入国际体系的意愿,中国倡导变革而不是打碎现有体系,显示出相当的战略智慧和理性。中国作为有影响的世界大国,正承担着与自己实力相称的国际责任。

从某种意义上说,我与基辛格、布热津斯基等人的沟通与交流实际上也构成了中美战略对话的重要组成部分，很有意义。

只有"阳谋"无阴谋

时隔半年，第五次中美战略对话于 2008 年 1 月 17 日至 18 日在贵阳举行。这是一座生态良好的美丽山城，现在一年一度的中国国家级生态文明国际论坛就在这里举行。我的绝大部分对话伙伴都曾去过那里。90 岁高龄的基辛格博士也带着儿孙去过，在那里过得很愉快，还喝了茅台酒。我把内格罗蓬特请到了自己的老家贵州，请美国人看看贵州，是想帮助他们从感性上认识到中国在今后相当长一段时间内还会是一个发展中国家，中国的现代化建设还有很长的路要走。

我对内格罗蓬特说，中国人爱好和平，期盼过上稳定、幸福的生活。中国是一个对外面的世界、对美国都抱有善意的国家，是一个在行为上负责任的国家。我们没有阴谋，只有和平发展的"阳谋"。中国的战略意图是清清白白、一目了然的，美国朋友对此完全可以放下心来。中美双方要努力发展建设性合作关系，成为朋友和伙伴，而不是仇人和敌人。希望美方本着相互尊重、平等相待的原则，处理好 21 世纪同中国的关系。

我还向内格罗蓬特介绍了刚刚召开过的中共十七大的情况，特别谈到，世界发生了并在继续发生着巨大、深刻变化，各国都应解放思想，与时俱进，适应世界的变化。

内格罗蓬特说，虽然从严格意义上讲，美中两国不是盟友，但是，双方确实应该发展伙伴关系，争取在更广泛的领域内展开有效的合作。中国政府的首要目标是改善人民的生活，对此美方是看在眼里的，并且表示完

2008 年 12 月 13 日，在华盛顿会见美国国务卿赖斯

全的理解。美国把中国看成朋友，而不是潜在敌人，愿意继续推动两国关系取得进展。本次中美战略对话吸收了两国军方人员参加，这还是第一次。

基辛格作为公认的第一位叩开新中国大门的美国使者，被外界称为"最了解中国的美国人"，只要有机会，我总是愿意听听他的见解。第五次中美战略对话结束后，我于 2008 年 8 月和 10 月又两次会见了基辛格。基辛格谈到，如果有人试图干涉和阻挠中国的发展是很不明智的。他还很关注中美两国在亚洲的关系问题。我向他表示，中国绝不会在亚洲称霸。中国没有要把美国从亚洲赶走或者在亚洲搞什么排斥美国的集团的想法。恰恰相反，中美两国在涉及亚洲的许多问题上是可以合作的。基辛格表示完全同意我的看法。

同舟共济不共"挤"

2008 年 12 月 10 日至 16 日，我以国务委员的身份对美国进行了工作访问并举行第六次中美战略对话，对话伙伴仍然是美国常务副国务卿内格罗蓬特。当时，中美两国即将迎来建交 30 周年，而两国面临的政治、经济、安全形势又非常特殊。首先，马英九当选为台湾地区领导人，台湾问题明显缓和。其次，美国陷入了 20 世纪 30 年代大萧条以来最为严重的金融危机。与此同时，中国经济继续保持强劲增长。第三，民主党人奥巴马当选为美国历史上首位非白人总统，即将入主白宫。那么，经过中美双方高度耐心与艰苦努力创建起来的中美战略对话机制会不会因美国政府更迭而受到影响呢？

2008 年 12 月 15 日，第六次中美战略对话在华盛顿举行。图为战略对话开始前，与美国常务副国务卿内格罗蓬特面对媒体握手

2008 年 11 月，我在陪同胡锦涛主席出席华盛顿二十国集团①峰会期间与内格罗蓬特共进工作晚餐。我向他表示，希望双方在接下来的两个月里，确保布什政府任期内的中美关系有一个好的收尾，然后把接力棒交给新一届美国政府，让他们顺利起跑。内格罗蓬特说，美方保证将会全力推动美中关系实现顺利过渡，防止发生波折。时代变了，时间非常宝贵，任何人都浪费不起。临别时，我向他强调，希望新一届美国政府能够把"中美战略经济对话"和"中美战略对话"这两个交流机制继承、延续下去，并且希望中美双方共同搞好建交 30 周年的纪念活动，为两国关系进一步发展营造良好的气氛。

中央决定，虽然我已经是国务委员了，但是继续担任中美战略对话的中方牵头人。我在中美建交 30 周年前夕，也是在美国政府交替的前夕，到华盛顿去主持中美战略对话并进行工作访问，体现了中方高度重视中美关系的诚意，也表明了我们珍视中美业已建立的良好对话基础，期待在新形势下实现中美关系的顺利过渡。正是在这样一个特殊的背景之下，我在这次中美战略对话中反复强调中美两国要"同舟共济"而不是"同舟共挤"，从而赢得了各方的高度关注。

我对内格罗蓬特说，在世界历史上，特别是大国关系史上，没有哪两个不同社会制度大国间的关系能够发展得像中美关系这样如此广泛深入。

---

① 1999 年 9 月，西方七国集团财政部长和中央银行行长在华盛顿发表声明表示，同意建立由主要发达国家和新兴市场国家组成的二十国集团就国际金融问题进行磋商。二十国集团成员包括：八国集团成员国美国、日本、德国、法国、英国、意大利、加拿大、俄罗斯，以及中国、阿根廷、澳大利亚、巴西、印度、印度尼西亚、墨西哥、沙特阿拉伯、南非、韩国、土耳其和作为一个实体的欧盟。1999 年 12 月，二十国集团的财政部长和中央银行行长在柏林举行二十国集团创始会议。2008 年国际金融危机爆发后，二十国集团提升为领导人峰会。

回顾中美建交 30 年来走过的风雨历程，最重要的变化有这样几点：一是中美关系的战略基础不断充实，从联手抵御苏联的战略威胁到共同应对攸关人类福祉的诸多全球性挑战，这意味着我们两国已经成为同舟共济的"利益攸关方"。二是两国关系的利益纽带日趋牢固和坚实，形成了你中有我、我中有你的互利交融局面。三是中美双方越来越认识到，稳定发展两国关系具有非同一般的重要性和必要性，可以说，中美关系迎来更大更好发展的长期性、历史性机遇。展望下一个 30 年，只要双方抓住机遇，坚持建设性合作关系的大方向，努力加深对话、加强交流、增进互信、扩大合作，妥善处理分歧与敏感问题，中美关系就能持续健康稳定发展。

在回顾了布什总统八年任期内中美关系的发展后，我着重谈了几点经验教训：

第一，要始终坚持从战略高度和长远角度看待和处理中美关系。中国是最大的发展中国家，美国是最大的发达国家，在国际体系中都负有重大责任。在经济全球化的今天，双方利益交融，谁也离不开谁，合则两利，斗则两伤。我们应以两国人民的福祉和世界人民的长远利益为重，以大局为重，站得高一些，看得远一点。在双边关系改善和发展的时候，保持清醒，再接再厉，争取做得更好；遇到困难和挫折时，也要沉着冷静、排除干扰，牢牢把握共同利益和建设性合作的大方向，不为一时一事所动，推动中美关系不断向前发展。

第二，要切实恪守中美三个联合公报精神，慎重妥善处理台湾问题。台湾问题不是中美关系的全部，却可以影响两国关系的全局。台湾问题始终是中美关系中最重要、最敏感的核心问题。这个问题得到妥善处理，中美关系就能平稳发展，反之就会出现大的波折，受损的是台海和平稳定和中美双方共同利益。

第三，要不断增进了解和信任，努力做到相互尊重和求同存异。中美历史文化、价值观念有别，不可能在所有问题上都有一致看法。中国有中国的国情，美国有美国的国情，把中国的东西搬到美国或者把美国的东西搬到中国都不行。我们在处理彼此关系和国际上一些重大问题时应推己及人、相互体谅，不仅考虑自身利益，也要尊重和照顾对方关切，特别是核心利益，努力寻找和扩大共同点和利益交汇点，争取互利共赢的结果。

我特别强调，如何确保中美关系在奥巴马当选总统上任后有一个良好开头，并在今后四年乃至更长时间里取得更大发展，是我们面临的重要而紧迫的课题。我认为，重要的是做好以下工作：一是加强高层往来对话，不断增进战略互信。二是妥善处理台湾问题，维护台海和平稳定。三是以发展的眼光和开放的思维扩大两国互利合作，不断寻找利益汇合点，为中美关系这条大船提供更多"推进器"和"压舱石"。四是加强在重大国际和地区问题上的沟通协调。五是妥善处理分歧和敏感问题。六是深入开展民间交流。中华民族和美利坚民族都是胸怀宽广、热爱和平、乐观向上的民族，应相互欣赏、相互学习、友好相处、共同进步。

内格罗蓬特表示，本次对话适逢美中两国共同纪念建交 30 周年，具有特殊的意义。美中两个大国的关系经过 30 年的发展已经取得巨大的成就。内格罗蓬特说自己是 1960 年在香港开始职业外交生涯的，亲眼目睹了过去 48 年来两国关系取得的长足进展。他 1972 年随同基辛格博士访华，美中关系自那时打开了相互交往的大门。当时，美中接触是出于应对共同威胁的战略考虑。1972 年以来，世界发生了重大变化。现在，美中

2008 年 12 月 11 日，在美国布鲁金斯学会纪念中美建交 30 周年晚宴上发表演讲

双方拥有日益广泛的共同利益，可以在众多领域开展合作。布什总统即将离任，总统本人对美中关系在他任内取得这么好的发展深感骄傲，将其视为他作为第 43 任美国总统最重要的外交遗产之一。这次对话结束后，内格罗蓬特给我发来了感谢信："我们两人通过对话机制的接触十分有价值，而且令人振奋。我一定会建议将这个对话机制延续下去。"

12 月 11 日，我在布鲁金斯学会纪念中美建交 30 周年晚餐会上发表了演讲。① 在回顾了中美建交 30 年的历史并分析了当前国际形势后，我重点指出，经过 30 年的发展，中美关系正站在新的历史起点上。中美的共同利益很大很大，合作的空间很大很大。我们有理由、有责任共同推动中美关系在第二个 30 年乃至更长时间，获得更大、更好的发展，为两国人民带来更多、更大的利益，为人类创造更多的福祉。我特别强调，经过 30 年艰苦创业，中国取得了举世瞩目的成就。特别是今年成功举办北京奥运会后，国际社会更加关注中国，更想了解中国的长远意图和根本走向是什么。中国人没有什么阴谋，只有"阳谋"；没有什么野心，只有善心。这个"阳谋"简单得很，就两个字：发展。

在讲话中我还特别谈到，我初中同班的 52 个同学中有一半已经离开了这个世界，我六个兄弟姐妹中，生活在农村的三个也早于我而永远地走了，这一切都是为什么呢？因为我们还是发展中国家，中国的发展道路、真正繁荣富强起来的道路还很漫长，万里长征才走完了几步啊！因此，中国不做霸权梦，不做帝国梦。

美方积极评价了我的讲话。白宫国安会亚洲事务高级主任韦德宁说，我以亲切朴素的语言阐明了中国的战略意图，特别强调中国没有称霸的

---

① 讲话全文见本书附录。

"阴谋"，只有谋求发展的"阳谋"，具有很强的说服力，美国人很能听进去。美国学者葛莱仪说，我通过介绍个人经历和家庭、同学的实际情况，从新颖的角度说明中国仍是一个发展中国家，令人耳目一新。

经过几天的紧张工作，我发表演讲时已是精疲力竭，腿都有点站不住了。我趁着翻译交互传译的间隙进行深呼吸，才把演讲坚持了下来。

访美期间，我于 12 月 10 日在纽约见了基辛格。基辛格说，虽然美国每届政府上台之初在对华政策上都会或多或少地出现一些偏差，但最终都会回归到正确的轨道。每过 10 年，两国关系就会向前迈进一大步。相信下一届美国政府会继续奉行同中国接触与合作的政策。我说，我们希望美国下届政府上任后能在发展对华关系上实现"无缝对接"，把中美关系的"接力棒"顺利传递下去。

我问基辛格，美国是否已经从根本上解决了如何看待和对待中国的问题。基辛格说，还不能说已经从根本上解决了。美国仍有一些人把中国看作 19 世纪 90 年代的德国，把中国视为美国的潜在威胁，认为美国同中国的冲突将不可避免。如果美中发生冲突，将会两败俱伤。他对美中关系是抱有信心的，而且，他的看法在美国国内也是占上风的，几乎所有研究美中关系的人都持有他这种看法。

我强调，我们的确正处在一个大变革的时代。中美和世界上所有国家都面临着许多共同的问题和挑战。正如有人所说，我们实际上是在同一条船上，应该成为合作的伙伴而不是相互争斗的对手。

本次对话结束 20 天以后，内格罗蓬特专程来华参加中方举办的中美建交 30 周年纪念活动。2009 年 1 月 7 日，我会见并宴请了他。内格罗蓬特说，非常高兴在这个特殊的时刻来华出席中美建交 30 周年纪念活动。他当天下午出席了中美乒乓球友谊赛，中美两国新、老乒乓球运动员同场竞技，使人联想起了 30 多年前"乒乓外交"① 的动人场面。

内格罗蓬特在随后举行的记者招待会上谈到："我们为解决美中两国关心的问题，无论是国际经济问题，还是地区和全球安全问题而建立的活跃的对话机制，都留下了非常好的纪录。对话在多个领域都取得了重要成果，希望这种对话形式能够在布什政府任满之后得以继续。"

圣诞树的灯亮了

美国 2008 年大选尘埃落定，政府换届、换人、换党，中美战略对话机制面临着何去何从的问题。2009 年 2 月，奥巴马总统的新班子刚刚开张，当时担任美国总统国家安全事务副助理的多尼隆就找到中国驻美国大使周文重，提议建立"中美战略与经济对话机制"，也就是把原来美方鲍尔森和内格罗蓬特分别主持的两个高层对话机制合并。一个多月后，胡锦涛主席和奥巴马总统共同出席了在伦敦举行的二十国集团领导人峰会，两国元首共同决定建立"中美战略与经济对话机制"，每年搞一次，由中美双方轮流举办。

中美战略与经济对话是中美两国之间级别最高、参与部门最多、议题最广泛的双边对话合作机制。从 2009 年 7 月到 2012 年 5 月，我参与主持的前四轮对话共取得 342 项具体成果，发表了两份联合新闻稿。这个对话机制对于双方增信释疑、拓展合作、管控分歧，推动中美关系发展发挥了

---

① 1971 年 4 月 6 日，正在日本名古屋参加第 31 届世界乒乓球锦标赛的中国乒乓球队，在获悉参赛的美国乒乓球运动员表示想到中国访问的愿望后，根据中国政府的指示，邀请美国乒乓球代表团访问中国。美国乒乓球队接受了邀请。周恩来总理 4 月 14 日接见了来访的美国乒乓球代表团。这是中国为恢复中美接触而采取的一个重大步骤，被称为"乒乓外交"。

2009 年 7 月，在意大利拉奎拉"8+5"峰会期间，会见奥巴马谈朝核问题

不可替代的重要作用。在中美这两个具有世界影响的大国之间建立这么高级别、宽领域的双边对话机制，而且取得了丰硕成果，这不仅在中美关系史上是没有先例的，即便在美国与其盟国之间，这种机制也是少见的。

对话按照"一个机制，两个对话"的模式运作，分为经济对话和战略对话。前四轮对话中，胡锦涛主席的特别代表王岐山副总理与奥巴马总统的特别代表盖特纳财长共同主持经济对话；我作为胡锦涛主席的特别代表与奥巴马总统的特别代表希拉里·克林顿国务卿共同主持战略对话。

我的对话伙伴希拉里·克林顿 1947 年出生于芝加哥，先后就读于卫斯理女子学院和耶鲁大学法学院，是法学博士。年仅 26 岁就被吸收参加美国众议院司法委员会的法律顾问小组，是国会"水门事件①弹劾尼克松总统调查组"中最年轻的律师。1979 年又成为著名的罗斯律师事务所首位女性合伙人。她分别于 1988 年、1991 年两次入选"全美最有影响的100 名律师"。2000 年当选为纽约州联邦参议员，并担任参议院民主党指导和协调委员会主席，2006 年连选连任。2008 年参加美国总统大选民主党党内初选，成为美国首位宣布参选总统的前第一夫人。毫无疑问，希拉里是当今美国政坛上很有影响的风云人物之一。

2009 年 2 月 21 日，我在钓鱼台国宾馆会见来华访问的美国国务卿希拉里·克林顿。我说，你就职后首次出访选择了亚洲，选择了中国，这是一个具有战略眼光的决定。

希拉里说，美中两国在广泛的领域拥有广阔的合作前景，双方加强合

---

① 1972 年 6 月 17 日，尼克松的竞选班子为刺探民主党的竞选情报，派人潜入水门大厦民主党总部偷拍文件和安装窃听器，被当场抓获。此事披露后，在美国朝野引起震动。1973 年 10 月 23 日，美国众议院决定由该院司法委员会负责调查尼克松的罪证。1974 年 6 月 25 日，司法委员会公布了该事件的有关材料。7 月底，相继通过了三项弹劾尼克松总统的条款。8 月 8 日，尼克松总统被迫辞职。

作是互利双赢的，不仅有利于美中两国，也有利于整个世界。这是奥巴马总统的愿望，也是她本人的愿望。

我说，2008年年底和2009年年初，中美两国分别在北京和华盛顿举行活动，隆重纪念两国建交30周年。北京的纪念活动搞得尤其热烈，当年为推动中美关系发展作出过重要贡献的两国各界人士几乎都出席了，可谓群英荟萃，济济一堂。美方出席的贵宾包括卡特前总统、基辛格博士、布热津斯基博士、斯考克罗夫特将军，还有芮效俭、尚慕杰、洛德等前驻华大使。基辛格博士当时说，中美双方这么多人士像一支团队一样为推进两国关系而共同努力，这在美国同其他国家的关系中还不曾见过。

我对希拉里说，当今世界正在发生复杂而深刻的变化，地球也变小了。去年12月我访问美国时曾经讲过，你最近在亚洲协会发表演讲时也指出，中美两国都在同一条船上，面临着许多共同的问题和挑战，我们只能同舟共济，和谐相处。我对许多美国朋友讲过，面对大变化的世界，世界各国恐怕都要来一次思想大解放。正如奥巴马总统所说，对于美中两国而言，21世纪没有比美中关系更重要的双边关系了。既然如此，中美双方都有责任和义务把两国关系发展得更好。我们愿与美方共同努力，推动中美关系在未来30年发展得更深、更广、更好。

我还说，我们对奥巴马新政府和你本人在发展对华关系方面寄予厚望，相信在奥巴马总统任期内，中美关系将取得更大的发展。我愿相信，中美关系将成为奥巴马总统执政的一大亮点。希拉里说，她赞同我的上述看法，并抱有同样的期待，奥巴马总统和她本人都对发展美中关系有很高的热情。

我说，中美合作潜力很大，双方不仅应不断扩大在广泛双边领域的交流与合作，而且要加强在重大国际和地区问题上的磋商与协调，共同应对各种全球性挑战，把共同利益的蛋糕越做越大、越做越好。

希拉里重申了她不久前在美国亚洲协会演讲中表述的看法，她说，美中两国相互依存，利益交融。她不认为中国的成功会导致与美国的冲突。美方愿与中方就应对金融危机、引领全球经济复苏以及在气候变化、清洁能源、防止大规模杀伤性武器扩散等问题上开展紧密合作，共同发挥领导作用。

这是希拉里第一次以国务卿身份访华，也是我第一次与她见面。刚见到她，我一开口就夸她比电视上显得更年轻、更漂亮。她可能以为共产党的官员都是不苟言笑的，没想到我一见面就说出那样一番话来。她当时就回了我一句话："看来，我们今后会合作得好。"

我的这个开场白是有效果的。后来，白宫国安会亚洲事务高级主任贝德对我说，您不知道，克林顿国务卿经过长途旅行已经很疲劳了，可是听到您当场赞美她，她整个人都精神了起来。我们当时的那种感觉，就好像圣诞树的灯"哗"地一下子都亮了。

小孙女的照片

首轮中美战略与经济对话于当地时间 2009 年 7 月 27 日至 28 日在华盛顿举行。当时，国际金融危机不断深化蔓延，各大经济体普遍受到冲击，全球经济陷入严重衰退，国际关系和国际格局加速调整、变化。奥巴马政府上台后全面调整美国对外政策，倡导"巧实力外交"，主张建立"多伙伴世界"，更加注重大国之间的协调与合作。中美关系在美国政府换届后实现了平稳过渡，双方一致同意共同努力建立"21 世纪积极、合作、全面的中美关系"。

2009 年 7 月 27 日，在首轮中美战略与经济对话战略对话部分首次会谈结束后，与美国国务卿希拉里·克林顿共同会见记者

中美两国元首都高度重视首轮战略与经济对话。胡锦涛主席向对话开幕发来了贺词,并给奥巴马总统带了口信。奥巴马则在开幕式上发表了演讲,并在白宫椭圆形办公室会见了王岐山副总理和我。中美双方各派出20多位部长级官员参加对话。

我与希拉里共进行了五场大小范围的会谈,还出席了她举行的小范围宴请、正式晚宴和工作午餐。我们就共同关心的双边关系、国际地区热点和全球性问题进行了坦诚深入的对话。我阐明了中方的原则立场和重要关切,推动美国新执政团队正确看待中国发展和中美关系,切实尊重中方的核心利益关切。会后,双方发表了联合新闻稿。

在第一场大范围会谈中,我就开门见山地说,21世纪开始至今仅九年时间就已经让人们看到21世纪同20世纪有了很大不同。现在人们就像生活在一个地球村里,要共同应对各种各样越来越多、越来越频繁的全球性挑战。我们需要建立一个繁荣、稳定、安全的世界,繁荣、稳定、安全的地球村。更长远的目标是要共同推进建设一个持久和平、共同繁荣的和谐世界。而不是打打闹闹、吵吵嚷嚷,大家饭也吃不好、觉也睡不好,不安宁的世界,也不应是一个不公平、不公正的世界。要构建这样一个世界,有赖于中美两国进行密切合作。

我特别强调,中国无论发展到什么程度,都将坚定不移地走和平发展道路,都将把我们的力量用来为和平服务。我们的方向是明确的,决心是坚定的,战略意图是透明的,没有什么阴谋。首先,中国没有扩张的传统,对外战略和政策始终是和平内敛的,守护着属于我们自己的这片土地和权益。其次,改革开放30年来,中国完全靠改革开放,靠自己的智慧和勤奋,靠同包括美国在内的世界各国发展平等互利合作关系、友好相处来求得自己的发展。第三,中国的社会主义不同于过去苏联那样的社会主

2009 年 7 月 27 日，首轮中美战略与经济对话战略对话部分首次会谈在美国国务院举行，与美国国务卿希拉里·克林顿共同主持会谈

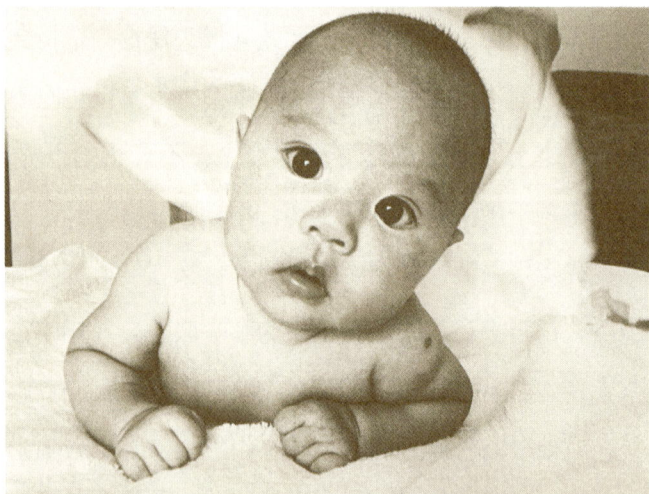

小孙女的满月照片。作者曾把这张照片拿给美国国务卿希拉里·克林顿看，提醒她我们现在的工作是为了给孩子们创造一个和平繁荣幸福的未来

义，中国共产党也不同于苏联共产党，我们的发展模式也不同于当年的苏联。中国的社会主义有着鲜明的中国特色，也是兼容并蓄、海纳百川的社会主义，是致力于对内构建和谐社会、对外推动建设和谐世界的社会主义。第四，中国的根本战略目标是全面建设惠及 13 亿中国人民的小康社会，今后几代人甚至十几代人都将对内求和谐、求发展，对外求和平、求繁荣，这是我们长期不变的政策。

希拉里强调，新一届美国政府高度重视美中关系，致力于发展"21世纪积极、合作、全面的美中关系"。当然，美中两国历史背景不同、观念存在差异，不可能在所有问题上都看法一致。但双方应就分歧进行开诚布公的讨论，以增进相互了解和理解。她重申，美国尊重中国的主权和领土完整，不支持任何对中国领土的无理主张，不支持任何旨在分裂中国的活动，不愿看到任何挑战中国政府权威的内部矛盾和冲突。

7 月 29 日，在中美战略与经济对话午餐会上，我向美方阐述了中国在南海问题上的立场。我说："南海的和平稳定，符合中国和亚太地区有关国家的共同利益，也符合美国的利益。南海问题高度敏感。我们希望美方切实尊重中方在南海问题上的利益和关切，坚持在南海问题上的中立立场。"美国常务副国务卿斯坦伯格表示，美方对南海主权问题持中立态度，希望由有关主权声索国自己解决争议。

当时，我们得知了奥巴马总统计划会见达赖的事。对话期间，我曾单独和希拉里谈到这件事，请她关注，最好在我回国前有一个好的答复。通过双方静悄悄、坦诚的沟通，问题得到了妥善解决。当年 10 月，奥巴马没有会见达赖，奥巴马总统访华得以顺利进行。

还记得在对话结束后举行的联合记者会上，我再次强调了中美两国尊重彼此核心利益对于中美关系健康发展的重要性。我说，确保中美关系长期健康稳定地向前发展，很重要的一点就是要相互理解、尊重、支持对方维护自身的核心利益。就中方主要关切而言，首先是要维护国家的基本制度和国家安全，第二是要维护国家的主权与领土完整，第三是要保持中国经济的持续稳定发展。这是我第一次公开讲到了什么是我们的核心利益，引起了国内外的广泛议论和关注。希拉里在记者会上对此次对话给予了高度评价，用了"美中关系史上前所未有"这一表述。

美方对这次对话高度重视。当时，奥巴马开玩笑说，双方在演讲中提到了很多中国成语，感觉就好像是一场讲中国成语的比赛。美方为我们代表团的每一辆车都配备了一名警卫和一名联络员，还派遣了空中巡逻机和水上巡逻艇。这些特殊安排让我方代表团印象深刻。

希拉里为筹备这轮对话下了很大功夫。她打听到我鼻子有些过敏，参加宴会时桌上从来不摆放鲜花。她为此作出了周密的安排，在正式宴请的餐桌上摆放了美丽精致的干花，而且插花做得非常漂亮，显得很有艺术品位。她还为宴会请来了乐队，甚至在欢迎我们的时候出动了仪仗队，礼宾规格和招待规模都是少见的。

我考虑到她是一位母亲，对小孩子的事情很在意，就在出国以前专门揣上了我刚刚出生的小孙女的照片，并且在宴席上掏出来给她看。希拉里一看到我孙女的照片就很动感情。我对她说，我们要把孩子的照片放在案头，时时提醒我们，为了给他们创造一个繁荣幸福的未来，让他们生活在和平的阳光下，我们有责任搞好中美关系。她很赞成，频频点头。

在闭幕式上，希拉里还专门讲起这个事。她说，我和戴秉国国务委员谈到了彼此的家庭。戴秉国国务委员告诉我们，他刚刚有了一个小孙女。我们都意识到，我们今天正在做的事情，其实是为了我们的子孙后代。我们应该把孩子们的照片摆在自己的办公桌上，随时提醒我们肩负着的重任，经常扪心自问，我们要为两国人民和世界人民创造怎样的未来。

美方在首轮中美战略与经济对话中明确提出美中关系是最重要的双边关系，我们一开始还以为美方忘掉了"之一"这个词，后来美方还特意强调了一下，说是没有比美中关系更重要的双边关系。之前，我见到赖斯女士，曾问她是否赞成这样的关系定位，她也表示赞成。

冷下去易热起来难

第二轮中美战略与经济对话是 2010 年 5 月 24 日至 25 日在北京举行的。2010 年是一个很特殊的年份，世界银行搞了投票权改革，国际货币基金组织也搞了份额转移。与此同时，欧债危机越陷越深，但中国经济却一枝独秀，这引起了各种各样的议论。西方思想界掀起了全面反思资本主义制度的思潮，马克思的《资本论》重新热销，中国发展模式也引起了各方的重视。

此时，中美关系出现了一些困难。首先，美国国内有些评论，说奥巴马总统 2009 年 11 月访华和 12 月出席哥本哈根全球气候大会，吃了中国人的亏，中国人变得傲慢了，中美关系有"高开低走"的趋势。其次，美国人提出的"G2"即"中美共治"这一概念引起人们的关注。早在第一轮中美战略与经济对话之前，我就针对这一问题对来华访问的基辛格表示过自己的意见。我说，中美关系非常重要，就像奥巴马总统讲的，是世界上最重要的双边关系。我们双方应该尽最大的努力，共同建设 21 世纪积极、合作、全面的中美关系。同时，中美两国不应该、也不可能主宰世界事务。奥巴马总统 2009 年 11 月访华的时候，我国领导人也表示，我们不赞成"G2"这一概念。当时，还有一个新词叫"中美国（Chimerica）"，是哈佛大学教授弗格森发明的，美国人也炒得很热闹，但是，中国人也没接这个茬。

另外，美国政府在对华政策方面也有一些消极动向：一是宣布了大规模售台武器计划；二是奥巴马总统和克林顿国务卿两个人在同一天正式会见了达赖；① 三是对人民币汇率问题说三道四。同时，奥巴马又提议，要在华盛顿召开世界"核安全峰会"，邀请胡锦涛主席去。他的这个会安排在 4 月 13 日开幕，但我们听到风声，说美国财政部要在 4 月 15 日公布中国汇率问题报告，将把中国列为"汇率操纵国"。胡锦涛主席去不去参加"核安全峰会"是摆在中方面前的一道难题。

我们认真掂量了形势后，认为中美关系经常会出现一些波折，这不奇怪，也很正常。这个时候处理起来既要讲原则，又要很冷静。国与国的关系要冷下去往往是很容易的，但是要热起来，需要费很大的劲儿。因此，当中美关系凉下来的时候，双方要想办法添些柴火，把温度重新烧起来。

为此我们多渠道深入坦诚地积极做美方工作，努力排除了胡锦涛主席去华盛顿开会并会见奥巴马总统的障碍，稳定了中美关系大局，第二轮中美战略与经济对话就在这样的背景下召开了。

2010 年 5 月 24 日至 25 日，第二轮中美战略与经济对话在北京举行。胡锦涛主席在开幕式上发表了演讲："中美本着同舟共济的精神，合作应对历史罕见的国际金融危机，进行相关宏观经济政策协调，推动二十国集团领导人金融峰会取得积极成果，为推动世界经济复苏作出重要贡献。"他特别提到："充分沟通是促进合作的重要基础。再先进的通信技术也取代不了面对面交流。"美方这次派出了 200 多人的庞大代表团来参加对话，

---

① 2010 年 2 月 18 日，美方无视中方多次严正交涉，安排美国总统奥巴马在白宫地图室会见达赖，美国国务卿希拉里·克林顿也于同日会见了达赖。

其中内阁级官员就有 18 位。

我与克林顿国务卿对话时，深入阐述了中国独立自主走和平发展道路的思想，重点说明美国应该如何正确客观地看待中国的发展。我说，中国虽然取得了重要的发展，但仍然是一个发展中国家。中国国情决定了我们必须长期聚精会神搞建设，一心一意谋发展。走和平发展道路是我们长期的战略选择。我们要使自己国家真正发展起来，老百姓过上比较富裕的日子，还有很长的路要走。中华民族自古崇尚"和为贵"思想。"国强必霸"逻辑有违中国历史与文化，有违中国的意愿。中国有五千年文明史，大多数时间都位居世界前列，但我们从来不恃强凌弱，从来不干涉别国内政。鸦片战争以来，我们惨遭列强百年凌辱，深知"己所不欲，勿施于人"的道理，绝不会走西方帝国主义走过的老路，也不会走苏联的扩张老路。

我还谈到，中国的发展对美国是机遇而不是威胁。中国是现行国际体系的受益者，无意挑战和颠覆这个体系。我们愿同包括美国在内的其他国家一道，在维护现行体系基本稳定的前提下对其进行循序渐进的改革，使之更加适应当前的国际形势，更好地应对各种全球性挑战，更有利于世界的和平、稳定与发展。中国在世界上不是一个制造问题与麻烦的国家，而是致力于解决问题、起建设性作用的国家。美国可以从同中国的合作中获得更大的发展活力。

我还再次向希拉里重点说明了什么是中国的核心利益。我对她说，中国作为一个主权国家，在世界上享有国际法保护的基本权利。其中最核心的，一是国家主权独立和领土完整不容侵犯，二是国家基本制度和政权稳定不容颠覆和破坏，三是国家经济社会可持续发展的基本保障不能丧失。这些利益概括起来就是主权、安全、发展利益，是关乎一个主权国家的生存和发展的最基本保障，是严格意义上的核心利益，而不是任意夸大的国家利益。在捍卫这些核心利益的问题上，我们的态度十分坚决，没有妥协退让的余地。

谈到中美关系时，我说，中美关系应该是基于共同利益，摒弃零和思维，不对抗、不结盟、不排他，不针对任何第三方的健康关系；是共同应对各种全球性和地区性挑战，维护和促进世界和平与发展，造福两国人民和世界人民的关系，而不是竞争对手，更不是你死我活的敌对关系；是长期稳定的关系，始终以全球视野和长远眼光，顺应时代潮流，丰富两国关系的内涵，牢牢把握两国关系的大方向，不受一时一事的干扰，经得起时间和历史的考验，而不是一种反复折腾、大起大落的脆弱关系；是和平共处的关系，超越意识形态和社会制度的差异，坦诚沟通，求同存异，互不干涉内政，客观理性看待对方的战略意图，尊重和照顾彼此核心利益和重大关切，妥善处理矛盾和分歧，而不是彼此防范遏制的关系；是互利共赢的关系，在相互依存、利益交融的基础上，努力扩大共同利益，广泛开展全方位互利合作，在共同发展中实现双赢，而不是一种损人利己的关系。

希拉里说，美中关系应该增加稳定性。我们各自国内都有人想把时钟拨回去，我们要一起努力来阻止这些人，不能允许他们破坏两国在各个重要领域的合作。美中两国有着不同的历史、文化和经历，我们不能自以为是，把自己的想法强加给对方，而应该努力地加强相互沟通和交流，不断增进两国政治家、学者和人民之间的相互了解和信任。这本身就说明，美中双方坚持进行战略与经济对话是多么的重要！

会谈中，我们还就二十国集团等全球治理机制问题发表了看法。我们表示，二十国集团峰会机制化是国际体系变革、加强全球经济治理的一项重要进展。当前，二十国集团正从危机应对机制向日常治理机制转型。中美应共同努力，推动二十国集团在国际经济金融事务中发挥更大的作用。在安理会改革问题上，安理会在维护国际和平与安全方面的核心作用在可预见的将来仍不可替代。中美既要积极支持和参与安理会改革进程，展示负责任大国形象，又要把握好度，谨慎行事；既要增加发展中国家、特别是非洲国家在安理会的代表性，又要不影响安理会的权威和效率，确保其快速反应能力；既要推进改革取得进展，又要维护会员国团结，不断积累共识，防止强行推进不成熟的改革方案。

就这样，我们在比较困难的情况下完成了第二轮中美战略与经济对话，取得了积极的成果，这对稳定中美关系，并继续推动中美关系向前发展发挥了积极作用。

请到天涯海角来

第二轮中美战略与经济对话结束后五个月，我和希拉里又进行过一次小范围会晤。我们曾经商定，除一年一次的正式对话外，可以举行小范围的非正式会晤。2010 年 8 月，美国助理国务卿坎贝尔找到中国驻美大使张业遂，说克林顿国务卿 10 月将访问亚太六国，希望在越南河内出席东亚峰会时，能够在不受媒体关注的情况下，同戴秉国国务委员举行一次静悄悄的小范围会见，就胡锦涛主席访美、二十国集团首脑峰会、朝鲜半岛形势等问题交换看法。经过与美方协商，最终将会晤地点定在海南省三亚市，会晤时间定在 10 月 31 日。希拉里开完东亚峰会后经停三亚机场，我们见见面，然后她再飞下一站。

我们认为美方这次主动提出举行小范围会晤，基本出发点是好的，应该予以重视。我们本来把会晤地点定在三亚的丽思·卡尔顿饭店，不料希拉里的飞机晚点了，大约晚上 8 点多才飞抵三亚凤凰机场，这样就没时间再进城了。我们就在机场的贵宾室里临时摆了几张桌子，双方在里面进行会谈。

在中美战略与经济对话的框架内与美方搞非正式会晤这还是头一回，我花了不少心思准备。直到与希拉里见面以前，我还在琢磨究竟要跟她说什么，怎么说。会谈一开始，我就说："希望我们今天的会晤能多说一些知心话，少一点外交辞令。请你先谈。"

希拉里就胡锦涛主席即将访美等广泛话题发表了意见。我的谈话则仍然围绕美国如何正确看待中国发展这一核心议题展开。我表示，美国不要对中国的战略意图总是抱有疑心，不要担心中国有一天取代美国，也像美国一样在世界上称王称霸。我想把话说得圆和一些，所以同时又说道，希望美国也不要误判自己，不要妄自菲薄，要有自信心。我本人不赞同"美国衰落论"。中国从来没有把美国当成一个衰落的国家来对待。希拉里听了我的话立刻接过话去，说完全赞同我的看法，我感到讲这些话可能也真点到了他们的"穴位"，在一定程度上减少了他们对中国的疑虑。

会谈结束时，双方在人权问题上进行了激烈的交锋。我毫不客气、直截了当地对希拉里说，你们美国信奉什么样的价值观，如何看待人权问题，是你们自己的事，我们管不着。同样，中国信奉什么样的价值观，如何看待人权问题，是我们自己的事，你们管不着。你们搞你们美国特色的资本主义，我们搞我们中国特色社会主义，井水不犯河水。

但交锋归交锋，对话归对话。如果争执太激烈了，我们也会转换话题，聊一些轻松的事情。我们曾经聊到怎么养生。我说我每天做一套自己编的体操，坚持了差不多 20 年。希拉里说她每天一定要坚持做 30 分钟的深呼吸。

我们在机场贵宾室谈完后，希拉里就马不停蹄地飞往柬埔寨了，估计抵达金边时，应该是第二天凌晨了。

关于美方对这次三亚会面的评价，坎贝尔 2011 年 6 月约见张业遂大使时说："克林顿国务卿在去年 10 月的海南小范围会晤中，与戴秉国国务委员就共同关心的问题进行了高质量的沟通，效果很好。"

"衰落论"实为"奋进曲"

第三轮中美战略与经济对话于当地时间 2011 年 5 月 9 日至 10 日在美国首都华盛顿举行。对话前，我在《华尔街日报》发表了题为《中国和平发展对美国有利》的文章，以平实的语调阐述了中国的和平发展道路。美国媒体和学界很关注这篇文章，转载很多，总体评价比较积极。美国总统国家安全事务助理多尼隆在接受记者采访时专门提到了这篇文章。他说，从戴秉国的文章里看出了中国愿意与美国继续保持合作，建立积极和建设性关系的诚意。我到美国后遇到对方的官员和学者，他们也当面给予积极评价。有人说，当中美关系出现了一些杂音时，我发表的这篇文章起到了"正本清源"的作用。

我们在这轮对话当中仍然碰到了"美国衰落不衰落"的问题，这也不奇怪，当时全世界都在议论这个问题。美国人很在乎，这个话题牵动他们的神经。我们尽量减少对方的疑虑，宽宽他们的心。我是用比较有人情味的方式来讲。我说，冷战结束 20 多年了，你们打了多少仗，烧了多少钱！特别是伊拉克战争、阿富汗战争，你们烧了多少钱啊！这些话能说到他们心里去。

我对希拉里说，我的基本判断是美国没有衰落。一些美国人所强调的"衰落论"其实是美国的"奋进曲"。在相当长的时期里，美国仍将是独一无二的世界最强大的国家。中国是美国在世界上可以信赖的、管用的合作伙伴。我们既不会抢你们的位置，也不会夺你们的"金饭碗"。

希拉里事后接受媒体采访时对这轮对话作出了积极评价。她说，戴秉国国务委员和我进行了很有意思的对话，我们谈得非常坦诚，他向我解释了为什么中国不应该惧怕美国，同时也谈到了为什么美国也不应该惧怕中国，我完全同意他的看法。我们谈到了彼此在经济和政治体制方面存在的差异，共同认为，应该确保双方能够彼此理解这种差异。

通过这轮对话，中美双方还在战略与经济对话框架下成功启动了首轮战略安全对话，并宣布将举行中美亚太事务磋商。

在第三轮中美战略与经济对话期间，我会见了美国总统国家安全事务助理多尼隆，也和他谈了一个多小时，重点谈了几个问题。我说，中方很重视美方关于尊重中国主权和领土完整，不寻求遏制中国，希望中国保持稳定，无意把中国搞乱等表态。有关问题涉及中国的主权、安全和发展利益，中国老百姓看得很重。希望美方务必高度重视，并且说到做到。多尼隆说，奥巴马总统多次重申，美方欢迎一个强大、繁荣、成功和在国际事务中发挥更大作用的中国。他个人觉得，应该再加上一条，美方欢迎一个稳定的中国。他还特别补充说，这可不是空洞的口号，而是美方的战略和政策。在我记忆中，"稳定"两个字是美方头一次加上的。

我和多尼隆还谈到了关于美国放宽高技术产品对华出口限制的问题。我强调，这既是经济问题，也是政治问题，涉及美国在中国老百姓心目中的信誉。美方在这个问题上是做过积极表态的。但迄今为止还是"只听楼梯响，不见人下来"。希望美方切实兑现承诺，尽快做成几件实实在在的事。我还重点谈了台湾问题，希望美方不要再出台新的大规模对台军售计划，以免我们共同辛苦搭建的合作伙伴关系大厦遭遇"强震"。我特别强调，台湾局势和海峡两岸关系绝对不能走回头路。否则，将会给中美关系带来极其严重的危害。我和多尼隆还就朝鲜半岛局势、中东局势、反恐等问题交换了意见。多尼隆表示他将把我说的话报告奥巴马总统。

我感觉通过这样的坦诚交流可以起到增信释疑的效果。而增加战略互信、减少战略互疑正是发展中美关系的关键。

相会深圳、夏威夷

第三轮中美战略与经济对话结束后不久，我与希拉里及多尼隆又进行了三次小范围会晤。2011 年 6 月，美方向中国驻美使馆提出，克林顿国务卿 7 月下旬将到印尼出席东盟地区论坛外长会，期间希望能够经停中国某南方城市与我进行一次小范围、非正式的会晤，这距我们三亚会晤的时间还不到一年。双方最终确定将会晤地点定在深圳的麒麟山庄，时间定在 7 月 25 日。

会晤一开始，希拉里首先表示，美中两个伟大国家在同一条船上向前航行，有许多东西需要沟通。确保航船朝着正确的方向前进不仅对美中两国人民，而且对全世界人民都具有重要的影响，所以，我们要同舟共济。她说，美中双方保持密切的高层接触有利于准确把握对方的战略和政策意图，避免误解、误判。即便遇到不稳定气流和错误的"天气预报"，也能够把握住正确的航向，稳定前行。我感觉到通过多轮战略对话和非正式会晤，美方与我们说话的语调平和多了，甚至在一定程度上也学会了比较婉转地陈述意见，适当照顾到对方的舒适度。

我接着她的话说，中美是世界上最大的发展中国家和发达国家。我们两个国家把关系搞好、加强合作十分重要。有人说，在维护稳定和发展方面，世界看亚太，亚太看中美。中美两家无论如何要在亚太保持良好合作势头。虽然我们之间有这样那样的分歧，但我们应该妥善处理。太平洋足够广阔，完全可以容得下中美两国的共同繁荣发展。亚太应该成为中美开展合作的主要平台，而不是角斗场。我曾对美国朋友讲，太平洋要永远太平。

我还重点谈到了台湾问题。我说，美售台武器问题，是影响中美关系稳定深入发展的最大障碍，是中美战略互信的最大赤字。美对台军售已错误地持续了很长时间，但不管持续多长，都不能改变美方这一做法的错误性质。美国向台湾出售武器，其实质是对中国内政的严重干涉，对中国统一大业的严重破坏，对中国核心利益的严重损害。中方怎么可能坐视不理？我们过去反对，现在反对，将来还是会继续反对，直到你们停止售武。希望美国政府不要向台方出售 F-16C/D 型战机。

我还谈到，奥巴马再次会见达赖是给热乎乎的中美关系泼了一盆凉水①，幸好国务卿本人没见达赖，否则我俩今天就不可能坐在一起了。中国人民很不理解美国领导人为什么要反复见一个农奴主的头子，要跟一个从事分裂中国活动的"政治和尚"搞在一起？美方应该下决心改变这种状况了。希拉里重申了美方的立场，表示双方可就此保持沟通对话。

会谈最后，我强调，中美要努力确保今后六个月两国领导人和高层接

---

① 2011 年 7 月 16 日，美国总统奥巴马无视中方坚决反对，在白宫地图室会见达赖喇嘛。

触的顺利进行，向全世界展示中美合作伙伴关系充满生机并不断向前发展，为两国集中精力处理各自国内议题创造良好条件。希拉里表示，让我们共同努力，让 2012 年成为中美关系的一个和平之年、平稳之年。

会谈结束后，希拉里说，她对这次会谈很满意，希望晚些时候再找机会见面。果然，时隔一个多月后，美方邀请我 9 月份去旧金山，与在那里出席国际会议的希拉里会面。我们考虑到深圳会晤刚刚举行，而且随后中美之间还有一系列的高层交往，就建议美方在当年 11 月我和希拉里分别陪同两国领导人出席亚太经合组织领导人非正式会议期间举行小范围会晤。

美方接受了这个建议。我们会见的地点选在夏威夷香格里拉伊斯兰艺术博物馆草坪上搭建的一个帐篷内。美方还告诉我们的同志，戴秉国国务委员与克林顿国务卿会见的时间不限，想谈多久都可以。与此同时，美国总统国家安全事务助理多尼隆也提出希望利用夏威夷会议间隙宴请我。美方说，虽然已经知道克林顿国务卿将宴请我，但多尼隆助理的晚宴也同样重要，希望中方接受这个安排。希拉里、多尼隆的两场晚宴分别举行，足以看出奥巴马政府对中美关系的重视。

11 月 11 日，希拉里举行晚宴并与我进行小范围会晤，晚宴持续将近三个小时。她在一些具体问题上对我们提出了质疑。我则向她谈了三点：第一是要充分肯定中美关系近几年取得的发展成就；第二是中美之间将一直都会存在问题，但双方要有信心"摸着石头过河"，处理好问题；第三是中国对于美国而言是积极因素而非消极因素。

我对她说，在来夏威夷的飞机上，我就在想美方当前可能最关心三件事：一是要保持住美国在世界上的领导地位；二是要实现美国经济的复苏；三是奥巴马总统实现连任。在这三件事情上，中国都会发挥积极的而不是消极的作用。

晚宴临近结束时，希拉里让助理国务卿坎贝尔谈一谈美方为支持两国关系所做的"实事"。坎贝尔一一列举完以后说，美国尊重中国，视中国为当今世界的主要强国，而不是一个崛起中的穷国。美方在推进两国合作，避免美中关系脱轨方面已经做了很多事，希望中方做得更多。我说，你开列了一个单子，我们对你们做的好事铭记在心，希望你们做好事的单子更长些。我们也愿为发展中美关系做更多的好事，我们可以比一比，看谁的单子长。美国没把中国当作崛起中的穷国，中国也从不把美国当作衰落中的强国，愿意看到你们更好地发展，相信你们能在更高的水平上实现经济复苏和增长。

第二天，多尼隆举行晚宴并与我进行小范围会晤，也是差不多三个小时。在晚宴上，我们也谈得很深入。多尼隆说，我一年前访华时，你曾表示，在中美这样两个国情很不相同、政治制度迥异的国家之间建立面向未来的合作伙伴关系是一个挑战。我对此深受触动。美方同样认为构建美中战略合作关系是双方面临的巨大挑战。从历史上看，传统大国和新兴大国走向冲突不乏先例。两国学术界都有人认为，美中这样两个大国未来发生全面冲突是不可避免的。但是，我完全不接受这种论调，认为双方都有责任反对它。双方无论是文职官员还是军方高层都应就战略安全、综合安全问题经常进行沟通，确保彼此战略和军事意图透明，避免误解、误判。

我说，中美作为不同社会制度、历史文化、发展水平的两个大国，如何建立新型的、符合 21 世纪时代潮流的国家关系，需要坚持不懈地努力探索和实践。我赞同你所说的，我们不接受中美冲突论，也反对中美冲突论，必须避免重走过去那种守成大国和新兴大国冲突对抗的老路。做好这件事，是一项具有开创性、革命性意义的工作，是中美两国对人类历史进程的巨大贡献，子孙后代都会感谢我们。很多美国朋友都明白，中国不是苏联，中共也不是苏共。中美要维护和提升两国关系，要勇于创造历史。我对他谈到，现在已不是冷战时期，不存在打大规模战争甚至世界大战的现实前景。时代在变，我们的思想、政策和行动也要与时俱进。中国人常说的一句话是，集中力量办好自己的事。我们决不参加军备竞赛，但需要保持一定规模的国防力量。我们更不会发动扩张性、侵略性的战争。

在这次小范围会晤期间，我还与多尼隆谈到了南海问题。我说："美方在处理南海问题时，一定要明白什么能做，什么不能做。"多尼隆表示，关于南海问题，美方的立场是不介入南海主权争议，希望有关各方以和平方式解决主权争议，美方的两个原则一是保证海上航行自由和安全，二是遵守国际法规则。我重申了中方的有关原则立场，强调南海的航行自由与安全并无问题，并且说，美方近来经常讲"美国的太平洋世纪"，我个人认为，"太平洋世纪"应是太平洋沿岸各国共同的世纪。

我与多尼隆前后曾多次会面，双方沟通很好。早在 2010 年 9 月，当时还是美国总统国家安全事务副助理的多尼隆与白宫国家经济委员会主任萨默斯一起访华，我在人民大会堂会见了他们，双方进行了深入交谈。当时，萨默斯对美国的金融危机和经济衰退引起消费和投资需求的下降以及严重的失业问题表示担忧。我对他说，我们愿意看到美国继续发展、繁荣、强大。中国没有唱衰美国，我们更不会乘人之危、落井下石。我们一点也没有轻视、小看美国。美国有超强的适应变化能力、超强的忧患意识。二战后多次有人讲美国要衰落，但美国最终都克服了困难，保持强大。多尼隆对我说，美国欢迎一个强大、繁荣、成功和在国际事务中发挥更大作用的中国。我表示，我们愿意同美方建设新型大国关系，共同努力不断增进我们的战略互信。

老问题新答案

2012 年 5 月 3 日至 4 日，第四轮中美战略与经济对话在北京钓鱼台芳菲苑举行。这是奥巴马政府第一任期内两国最后一次战略与经济对话。当时，中美两国都面临重要的国内议程，中共十八大即将召开，美国总统大选也已拉开帷幕。

这轮对话的最大亮点是提出"构建中美新型大国关系"这个主题。胡锦涛主席在对话开幕式上发表了题为《推进互利共赢合作 发展新型大国关系》的讲话。他说："当今世界，经济全球化深入发展，科技进步日新月异，机遇和挑战并存。各国人民都期待 21 世纪成为人类历史上第一个共享和平安宁、共同发展繁荣的世纪。人们认为，中美合作将给两国和世界带来巨大机遇，中美对抗将给两国和世界带来巨大损害。无论国际风云如何变幻，无论中美两国国内情况如何发展，双方都应该坚定推进合作伙伴关系建设，努力发展让两国人民放心、让各国人民安心的新型大国关系。"胡主席强调，发展中美新型大国关系，需要创新思维，需要相互信任，需要平等互谅，需要积极行动，需要厚植友谊。胡锦涛主席还在讲话中借用了唐代诗人韩愈的诗："草木知春不久归，百般红紫斗芳菲。"而这也正好是钓鱼台"芳菲苑"名字的来历。他借此表达了希望中美双方抓住机遇、排除干扰、共同努力，走出一条相互尊重、合作共赢的新型大国关系之路的美好愿望。

实际上，"新型大国关系"并不是一个新词汇。从首轮中美战略对话起，我们就一直与美方逐步深入探讨，中美双方如何避免冲突对抗，共同努力，发展出一种相互尊重、合作共赢的新型大国关系。2009 年年初奥巴马上任后，多次强调美中对抗并非不可避免。胡锦涛主席 2011 年访美时，中美两国元首达成了"共建相互尊重、互利共赢的合作伙伴关系"的共识，勾勒出了中美新型大国关系的发展道路。2012 年 2 月，习近平副主席访美时提出，中美要走出一条新型大国关系之路，树立前无古人、后启来者的典范。同年 3 月，也就是第四轮中美战略与经济对话举行前两个月，希拉里到美国和平研究所发表演讲，她公开表示，"美中两国需要为新兴大国和守成大国相遇的老问题寻找新答案"。4 月，希拉里在美国海军学院就美国亚太战略发表演讲时也谈到，今天的中国不是苏联，美中双方在亚洲没有处于新的冷战边缘，两国已形成全面的、不可避免的相互依存关系。

有了美方这些积极表态，我们利用第四轮中美战略与经济对话的契机，通过领导人公开表态和内部会谈，集中阐述了中方对于构建中美新型大国关系的政策理念和系统主张，并将其写入了对话后发表的联合新闻稿里。这是中美双方首次明确提出："双方决定进一步强化双边关系，包括加强在一系列紧迫的全球和地区问题上的协调与合作，构建 21 世纪新型国家关系"。这引起了中美两国和国际社会的高度关注。

在这轮对话中，我和希拉里共同回顾了自 2009 年以来双方进行战略对话的情况。在中美战略与经济对话的框架下，我和她已经多次进行深入的交流，加上三亚、深圳、夏威夷等地举行的小范围会晤，两人会谈时间总长度超过了 100 个小时。我们两人都真切地感受到，我们的这些努力没有白费，双方的辛勤耕耘正在迎来丰收的硕果。

我说，本轮战略对话可能是你我最后一次共同主持的战略对话了，我很珍惜这个机会，希望把一些事情谈得深些、透些。21世纪最激动人心的事件，或者说最大的"斯芬克斯"之谜，是中美能不能打破传统，跳出新老大国必有冲突的怪圈，走出一条守成大国与新兴大国和平相处的新型大国关系之路。它的世界意义和影响绝不亚于40年前尼克松总统访华。我向希拉里谈了几点我对中美建立新型大国关系的思考。

第一，守成大国和新兴大国的冲突并非不可避免，关键是看新兴国家采取什么政策。同样是德国，二战前后奉行了截然不同的崛起战略，结果也大不相同。日本的情况也大致如此。二战期间，日美两国之所以迎面相撞，就是因为日本采取了对外扩张的战略。在21世纪，所谓守成大国与新兴大国必有一战的说法其实是个伪命题。

第二，新兴大国与守成大国是否发生冲突，还要看守成大国采取什么样的政策。中国有句话叫"一个巴掌拍不响"，如果两人打起架来，总是双方的原因造成的。中国还有句谚语叫"种瓜得瓜，种豆得豆"，意思是种下什么种子就会收获什么果实。守成大国对新兴大国采取打压、遏制的政策将会产生一种结果，采取接纳和引导态度则会产生另一种结果。美国一些有识之士已经认识到，"如果视中国为敌，那么我们注定在未来收获一个敌人"。

第三，新兴大国同守成大国是否将发生冲突，还取决于时代大背景。当今世界，全球化、信息化深入发展，深刻改变着人类命运，也改变着传统的国际关系模式，相互依存、相互适应、同舟共济、共同发展已经成为各国的不二选择。现在的情况是大家要么一起赢，要么一起输。很难想象今天有哪个国家会敢于重走侵略扩张、对抗冲突的老路，会玩你得我失、你输我赢的零和游戏。只有不识时务的政治狂人或者疯子才会那样做。

第四，也是最重要的一点，美国应当认识到中国不同于美国在历史上曾经打过交道的任何一个崛起的大国。中国是现行国际体系中成长起来的大国，对现行体系没有敌意，不是"挑战者"、"造反派"。中国是有明显二元现象的大国。近代史上找不到像中国这样 GDP 总量居世界第二，但人均 GDP 却排在世界 100 位开外的大国。中国发展任务之重之艰难，前无古人。中国没有意愿、没有能力、也没有时间争夺美国的霸权地位或者所谓"势力范围"。中国越发展，越需要同美国加强合作，中美越需要走一条相互尊重、和谐共处、合作共赢的新型大国关系之路。

我最后说，中美建立新型大国关系之路，前无古人，后启来者，是一项没有现成经验可循的历史创举。建立这样一种新型大国关系必然会面临着这样和那样的数不清的困难与阻力，任重而道远。尽管本人已年逾古稀，仍然乐于成为中美构筑新型大国关系之路的一名建设者和养路工，希望中美两国有更多的政治家和各界人士参与到中美构筑新型大国关系的筑路大军中来。

为了能够在这次中美战略与经济对话中比较系统地说明中方对构建中美新型大国关系问题的一些思考，我还准备了一份关于构建中美新型大国关系的书面发言材料提供给希拉里参考。

希拉里说，我将认真拜读你提供的材料。你把自己比作美中关系的建设者和养路工，令我深受感动和启发。维护美中关系的确非常重要，我们需要防止任何干扰因素影响我们共同建设相互尊重、互利共赢的美中合作伙伴关系。如同建筑工人需要戴头盔一样，我们建设美中关系有时也会遇到危险。美中双方一定要向对方及时表明各自关切，说明各自认为哪些问题可能妨碍我们推进美中关系的努力。美方将继续真诚支持中国的持续繁荣，同时也会坦率表明对那些可能威胁两国关系的消极因素的担忧。总之，美方愿与中方共同面对挑战。据说，白宫和国务院官员认真研读了这个材料。

在本轮中美战略与经济对话开始前夕，美国驻华使馆悄悄把中国公民陈光诚带进使馆，违背《维也纳外交关系公约》，公然干涉中国内政。对话中间，我和希拉里十分严肃认真地单独谈到了这件事情。在双方共同努力下，这件事得到了妥善处理，确保了本轮中美战略与经济对话的顺利进行。

一个月之后，我陪胡锦涛主席出席二十国集团洛斯卡沃斯峰会，期间应邀与多尼隆餐叙。他说他认真读了我在第四轮中美战略与经济对话期间送给希拉里的那篇关于构建中美新型大国关系的材料，认为我讲得很透、很全面，指明了美中关系的实质，与希拉里此前在和平研究所发表的演讲在精神上是一致的，双方的想法不谋而合，美中双方在构建中美新型大国关系方面已经达成了重要共识。

很巧的是，我和多尼隆晚餐刚开始不久，同期来墨西哥参加双边会晤的希拉里也特地赶过来与我见面。多尼隆又当着她的面提起我的那篇书面发言材料和她的演讲。希拉里说："这大概就是英雄所见略同吧。我们正在创造历史，希望这能给我们的晚辈留下一些积极的遗产。"

回顾与展望

从 2005 年的首次中美战略对话到 2012 年的第四轮中美战略与经济对话，我本人和佐利克、内格罗蓬特及希拉里三任对话伙伴共举行了九轮对话，还同希拉里、多尼隆进行了多次非正式磋商，就关系中美两国重大利益的战略性问题交换了看法。每次具体谈什么，是完全不设限的。现在回过头来看，这些对话在相当程度上积极影响了美方对中国和中美关系的看法，推动解决或者化解了中美关系中的一些问题，对美国社会各界讨论对华政策也发挥了积极的引导作用，也就是说，增进了中美战略互信。

在中美战略对话中，我们同美方对话沟通大体是"三步走"。第一步是告诉美方"中国不是苏联"。佐利克接受了这个说法，并进一步提出了"利益攸关方"的概念，轰动一时，对于美国人来讲也算是一次思想解放。

第二步是强调中美两国要"同舟共济"。金融危机爆发后，美国的日子很不好过，但我们没有落井下石，没有动美元储备，积极参与二十国集团建设，用实际行动支持欧洲应付债务危机。在这种情况下，我们对美方讲"同舟共济"而不是"同舟共挤"，他们听进去了。美国总统国家安全事务助理哈德利附和了我的说法，他表示我说得对，"大家都在一条船里，应坚持一起划桨"。

第三步也是最重要的一步，是与对方一起探讨如何构建"中美新型大国关系"。其实，从 2005 年首次中美战略对话开始，我就使用了中美"新型国家关系"的字眼。经过多年反复做工作，这个概念逐渐深入美方心中。美国国务卿希拉里·克林顿曾对我说："你在多次小范围会谈中阐述的有关构建中美新型大国关系的想法使我深受启发，提出了寻求用新办法解决老问题的说法。"美国总统国家安全事务助理多尼隆访华时也主动谈到："美中两国当前面临的重要挑战，是如何建立守成大国与新兴大国的新型互动模式。双方已就构建新型大国关系提出了目标和框架。我们应为这一框架注入内涵，使之'有血有肉'。"中美构建不冲突、不对抗、相互尊重、合作共赢的新型大国关系，实际上构成了全球治理和 21 世纪世界秩序架构极为重要的组成部分。

在这里需要指出的是，许多美国前政要也在中美战略对话进程中发挥了重要作用。这些前政要是中美关系重要历史事件的当事人和见证人，退出政府部门后仍然以各种方式关心中美关系的发展，是中美关系的推动者和维护者。我在这些年的对美工作中经常与一些重量级的美国前政要见面，就事关中美关系发展的长期性和战略性问题深入交换意见。基辛格、布热津斯基和斯考克罗夫特是其中三个重要代表。这三个人都是战略家，他们在国际形势、中美关系、中美战略对话等问题上给了我不少启发。

事物是发展的。随着对话的持续进行，中美战略与经济对话机制本身也在不断创新。一是在战略对话的框架下面，双方建立和发展了好多个其他的对话和磋商，比如举行了两轮战略安全对话，还搞了几次亚太事务磋商和中东问题磋商，此外还进行了外交政策、南亚、中亚、中东、非洲、拉美、苏丹、联合国维和、执法合作、新闻、气候变化、海洋法及极地事务等领域的对口磋商。

再就是对话形式越来越灵活。非正式磋商、小范围会晤和定期的战略对话互相结合、互相补充。我个人感觉，我和希拉里分别在三亚、深圳和夏威夷举行的三次小范围会晤谈得深、谈得透，效果较好。我和多尼隆搞的几次小型会晤效果也不错。中美双方不再那么拘谨，越来越放松，越来越坦率。

回顾过去的这些年，中美关系虽然经历了好多磕磕绊绊，但总体上保持了比较平稳发展的态势，没有大起大落，没有出轨，没有失控，没有酿成重大危机事态，其中有中美战略对话的作用。结合这些年参加对话的情况，我有几点印象比较深。

第一，中美战略对话的主要任务有三点：一是增信释疑，不回避双方的差异和矛盾，不怕交锋，但要更多地指明中美关系的光明面，更注重突出中美的合作面，尽可能减少中美之间的误解、误判。二是危机管控。中美之间出现一些对立和摩擦在所难免，但要想办法控制好，尽可能坦诚相待，确保双方都不搞突然袭击，不在背后捅刀子。对突发事件立即沟通，冷静妥善地处理。三是要找到把中美共同利益的"蛋糕"越做越大的办法，让双方都能从中美关系发展的"增量"中源源不断地获得好处，夯实双方互利合作的基础。

第二，始终把握住中美战略对话的战略性、长期性和全球性，坦诚深入探讨世界大势、中美各自发展走向和双边关系中具有全局性影响的重大问题，探讨消除妨碍两国构筑新型大国关系的各种深层次因素，寻求解决的办法。即使要讨论某个具体问题，也力求从大处着眼，高屋建瓴，重在谈原则、谈方向，不纠缠细节，不图形式，不搞具体文件，把双方通过对话达成的重要共识体现到各自制定的外交政策中去。我们这边一些重要的观点和思想，要不厌其烦地讲，持之以恒，不怕重复。

第三，中美战略对话对于我们打开对外工作局面，改善外部环境起到了良好的作用。中美战略对话搞得风生水起，各有关方都看在眼里，都从中看到了这种对话机制的独特作用和价值，要找我们对话的积极性都上来了，希望建立类似渠道加强对华交流与沟通，这也在一定程度上推动了中国与其他各方特别是大国的关系。

中美新型大国关系不是一般意义上的新型大国关系，实际上是世界上最大最强的发达国家和最大的快速发展的发展中国家如何好好相处的问题。如果中美两国不能和平相处，而是走向冲突对抗，整个世界都将不得安宁。但是，这条路能不能长期走下去，能不能走得通、走到底，取决于很多主客观因素。首先取决于美国因素，也取决于第三方因素，还取决于我们自己。

今后 10 年、15 年，将会是一个非常重要的时期。我们在经济总量上可能超越美国，这首先对美国的理性和心态是一个考验。美方能不能适应世界的变化，调适好心态？这需要美国人来负责地加以回答，我愿意相信他们能。中美两大国之间无论如何要坚定推进新型大国关系建设，坚持及时、深入、坦诚进行战略沟通，负责任地处理好相互关系。两国在发展相互合作关系方面应该"上不封顶"，除了不结盟，能发展多好就发展多好，但一定要做到"下要保底"，就是绝对要避免冲突和对抗。正如邓小平同志当年说的："中美两国之间尽管有些纠葛，有这样那样的问题和分歧，但归根到底中美关系是要好起来才行。这是世界和平和稳定的需要。"

第五章

更上层楼

普京在总统大选中取得了最终的胜利，但这场胜利是何等的来之不易，普京自己心里最清楚……所以，我们觉得在这个时候同俄罗斯谈战略安全，应该容易引起共鸣。

我从四川大学俄罗斯语言文学专业毕业，考进外交学院学习后，分配到外交部苏欧司工作，这个司在苏联解体后改称为欧亚司，我在那里待的时间最长，也最熟悉。1989 年离开苏欧司去匈牙利赴任的时候，同志们都依依不舍，风雨同舟廿三载，此刻惜别，真是"于我心有戚戚焉"。

1991 年年底，我卸任驻匈牙利大使回到外交部任部长助理和副部长，主管对俄罗斯及东欧地区工作，直到 1995 年离开外交部去中联部工作为止。2008 年，我出任国务委员后，负责主持中俄战略安全磋商。播种就有收获，多年来，经过中俄双方领导人和两国人民的共同努力，中俄关系迎来了持续向好的时期。

平稳起步

2003 年调回外交部后，我先后主持了中美、中法、中日、中印等大国的双边战略对话，对方都比较看重我的对苏、对俄的工作背景，把我当成了俄罗斯问题专家，喜欢与我就苏联和俄罗斯问题深入交换看法。虽然我谈不上是苏联和俄罗斯问题的真正专家，但我也力求在谈笑间逐步化解他们对中共的误解，提醒他们不要将苏联共产党与中国共产党进行简单的类比，帮助他们深化对我们党和我国政治体制与外交政策的认识，同时引导他们正确认识和对待俄罗斯。

苏联解体后，俄罗斯从法理上成为苏联的继承国，中苏关系也被中俄关系所取代。面对苏东剧变，我们既超越了意识形态的阻碍，又摆脱了西方对俄罗斯的偏见，稳扎稳打，同俄罗斯发展了健康稳定的双边关系。

当时的俄罗斯在最初获得了西方几声赞扬，被称誉为"手术刀式民主化转型标兵"之后，很快陷入尴尬境地。苏联解体导致国家政令不通，经济遭受重创，社会生活凋敝，综合国力减弱。在相当长的一段时间里，俄罗斯受到西方的轻视和战略挤压，西方不断加紧北约东扩和欧盟东扩的步伐。我还清楚地记得，2004 年年底我以特使身份访美期间，恰逢普京刚刚当选俄罗斯总统，美国一些要人大都与我谈到了俄罗斯。言谈之中我的印象是，面对誓言重振俄罗斯雄风的普京，美国政界感到担忧。

我始终认为，俄罗斯仍然是世界上少有的几个能够独立自主地决定自己内外政策、具有战略影响力和承受力的大国之一，又是我们的一大邻国，虽然暂时遇到困难，但始终是国际舞台上不可或缺的重要力量。也正是基于这种客观认识，我们同俄方共同努力，把中俄关系逐渐带入佳境。

1991 年 12 月 27 日，中俄两国在莫斯科签署《会谈纪要》，解决了两国关系的继承问题，双方确认 1989 年以来两国领导人互访中所确定的各项原则应成为发展中俄双边关系的基础原则，并表示愿意进一步发展两国睦邻友好关系。自此以后，中俄关系一直保持着良好的发展势头，连续跨上四个台阶：双方 1992 年宣布相互视为友好国家；1994 年宣布建立建设性伙伴关系；1996 年建立战略协作伙伴关系；2001 年签署《中俄睦邻友好合作条约》，宣布致力于"世代友好、永不为敌"，发展长期睦邻友好与互利合作关系。中俄关系的发展改变了冷战时期国家间关系不是结盟就是对抗的旧思维，创造了在和平共处五项原则和其他公认国际法准则基础上不结盟、不对抗、不针对第三国的新型国家关系。

首先应该提到的是 1992 年 12 月 17 日，俄罗斯总统叶利钦对中国进行的首次访问，这是苏联解体后两国最高领导人的第一次面对面会晤。访问虽然只有短短两天，但有关准备工作却历时近一年。实际上，两国签署《会谈纪要》之后，俄方官员就私下表达过推动叶利钦访华的意愿。从维护国家长远利益、推动中俄关系发展的角度看，邀请叶利钦访华是十分必要的。当时邓小平同志一直强调，要冷静、冷静、再冷静，并明确指出，在处理国家关系上，主要应从自身战略利益出发，不要过于计较历史恩怨，应采取淡化意识形态的方针。正是基于这样一些原则，我国外交制定了超越意识形态和社会制度的异同，在平等互利、互不干涉内政的基础上，与俄罗斯及其他原苏联东欧国家开展正常交往的方针。这不仅使我国与东欧剧变、苏联解体后新出现的这些国家保持了传统的友好合作，而且推动相互关系平稳进入了一个新的发展时期。

1992 年 12 月 17 日上午，叶利钦总统率 200 余人的庞大代表团开启了访华之旅。这次访问可以说一波三折。访问前夕，恰逢俄罗斯国内政治斗争升温，因此这次访问能否顺利成行，不光我们心里没底，连俄方来华的先遣官员也说不准。叶利钦在行前的记者招待会上说，对这次访问感到"忐忑不安"，可见他对此行的结果，并无十分把握。

然而事实一扫之前双方的担忧。叶利钦同江泽民总书记和杨尚昆主席进行了会晤，与李鹏总理举行了会谈。两国领导人畅谈友谊，相谈甚欢，加深了彼此了解。江泽民总书记在钓鱼台国宾馆设宴款待了叶利钦，大家聊得很尽兴，现场气氛热烈。

叶利钦是学建筑出身，在华访问期间，他参观了故宫和长城，对中国的传统建筑很感兴趣。代表团原计划 19 日去深圳访问，但那天清早，俄罗斯总统办公厅主任就找到我说，叶利钦总统要赶回国处理重要事情，须提前回国。不管怎样，叶利钦的访华之旅取得了成功，用叶利钦的话讲，"预期目标完全实现，甚至超过原来的设想"，双方消除了疑虑，增进了互信。杨尚昆主席和叶利钦总统签署了《关于中华人民共和国和俄罗斯联邦相互关系基础的联合声明》，决定将两国关系提升到"互相视为友好国家"的新阶段。

1994 年 9 月，江泽民主席对俄罗斯进行了正式访问。这是苏联解体后，中国国家元首首次访问俄罗斯。这次访问有个小插曲。记得出访前夕，俄方对中方有关访问日程安排的意见迟迟未作答复，访问是否能如期进行令人担忧。我赶紧出面做俄罗斯驻华使馆官员的工作。大家彼此已经很熟悉了，我就对他们说，江主席访俄的事，请你们赶紧妥善处理，不然中俄关系受了影响，你们是要承担责任的。俄方听后非常重视，并立刻报告莫斯科。事情很快得到解决。江主席访俄期间，与叶利钦总统签署《中俄联合声明》，宣布："两国已具有新型的建设性伙伴关系，即建立在和平共处各项原则基础上的完全平等的睦邻友好、互利合作关系，既不结盟，也不针对第三国。"

　　1996 年 4 月，叶利钦总统再次访华，中俄双方达成了建立战略协作伙伴关系的协定，这是新时期两国关系的一个转折点，意义重大，中俄关系走在了正确的轨道上。从此，两国关系不断向前发展，2000 年普京首次当选总统之后，中俄关系取得了更为积极的进展。

　　我至今还记得电视转播的普京总统就职典礼的盛况。2000 年 5 月 7 日中午，普京的专车徐徐驶往克里姆林宫，整条大街上没有其他车辆。他一个人沿着长廊拾级而上，步入安德烈大厅，一直走到宣誓台前，手抚宪法宣誓就任俄罗斯总统。叶利钦把象征总统权力的标志"祖国功勋"一级勋章交给普京。大厅奏起俄罗斯国歌，克里姆林宫上空升起了总统旗帜，鸣礼炮 30 响。本世纪初的这一幕给我留下了深刻的印象。记得普京讲过一句话，掷地有声："给我 20 年，还你一个强大的俄罗斯。"这就是他的俄罗斯梦。普京重整俄罗斯的梦是很强烈的，在处理同西方国家关系方面，与叶利钦也有诸多不同。

　　2000 年 7 月，普京总统对中国进行访问。两国元首发表了《北京宣言》，指出：中国和俄罗斯相互尊重对方的独立、主权和领土完整，坚决反对来自一国内部和外部企图分裂该国的任何阴谋和行为，理解和支持对方为维护国家统一、主权和领土完整所做的一切努力。俄罗斯重申在台湾问题上的一贯原则立场，即承认中华人民共和国政府是中国唯一的合法政府，台湾是中国领土不可分割的一部分。中方对俄罗斯打击车臣分裂主义势力、维护国家主权和领土完整的努力也表示完全支持。

　　2001 年 7 月，江泽民主席访问俄罗斯。两国元首签署了《中俄睦邻友好合作条约》，将中俄"世代友好、永不为敌"的和平思想以法律形式确定下来，为两国新世纪战略协作伙伴关系的长期稳定发展奠定了法律基础。条约确认，两国的友好关系，是建立在不结盟、不对抗、不针对第三国基础上的新型国家关系。中俄关系得以在更加稳固的政治基础和条件上继续向前推进。

总统专机话友谊

2008 年，我出任国务委员后，开始接手主持中俄战略安全磋商。同年 5 月，帕特鲁舍夫卸任俄罗斯联邦安全局局长，接替伊万诺夫出任俄联邦安全会议秘书，成为我的磋商搭档。

中俄战略安全磋商早在 2005 年 2 月即已启动，该机制由胡锦涛主席同普京总统在 2004 年亲自商定建立，并责成唐家璇国务委员和俄联邦安全会议秘书伊万诺夫共同主持这项工作。2005 年年内，双方共进行了两轮磋商，成果丰富，机制正式定名为中俄战略安全磋商。中俄战略安全磋商是冷战结束后，我国同世界主要大国建立的层级最高的战略安全磋商机制之一，在增进中俄政治互信方面发挥了重要作用。

从 2008 年至 2013 年，我与帕特鲁舍夫共举行了六次中俄战略安全磋商。在磋商过程中，双方就各自和共同关心的主要问题坦诚深入地交换看法，这其中既包括国际形势的大趋势、大国关系的发展态势、国际金融危机、朝核和伊核等热点问题，也包括中俄对各自周边形势的看法。通过这些磋商，中俄双方更好地了解到彼此对形势的判断、主要关切和外交政策考虑，中俄两国间的相互理解与信任得到进一步巩固，我同帕特鲁舍夫也结下了深厚的个人友谊。

2008 年 11 月 5 日—7 日，第三轮中俄战略安全磋商在莫斯科举行。这是我第一次与帕特鲁舍夫进行安全磋商。大家都知道，这一年的 8 月 8 日，北京热热闹闹地举行了第 29 届夏季奥运会开幕式，俄罗斯则在上半年完成了普京和梅德韦杰夫的换位执政，梅德韦杰夫就任俄罗斯总统。恰好也是在 8 月 8 日这一天，俄罗斯与格鲁吉亚围绕南奥塞梯问题爆发了武装冲突，俄与美欧关系趋于紧张。

南奥塞梯是格鲁吉亚的一个自治州，与俄罗斯北奥塞梯接壤。从 1989 年起，南奥塞梯就要求与俄罗斯境内的北奥塞梯合并。苏联解体后，南奥塞梯自治州一直谋求独立，不服从格鲁吉亚中央政府的管辖。十几年来，南奥塞梯当局一直初衷不改。2006 年 11 月，南奥塞梯再次就独立问题进行全民公决，绝大多数公民支持南奥塞梯独立。但这一结果没有得到国际社会的承认。自此以后，南奥塞梯与格中央政府的冲突仍不时发生。2008 年 8 月 8 日凌晨，格鲁吉亚军队进入南奥塞梯控制区，并对南奥塞梯首府茨欣瓦利市进行炮击，使冲突地区局势骤然恶化。当天，俄第 58 集团军部分部队开进南奥塞梯，增援驻扎在冲突地区的俄维和部队，格鲁吉亚危机爆发。

格鲁吉亚危机出现的背后有深层次的原因。俄罗斯之所以在这一问题上采取强硬立场，是因为俄方认为自己在战略层面上遭遇到西方多重高压：一是美国总统布什在第二任期强力推进欧洲反导计划；二是西方国家想把格鲁吉亚和乌克兰拉入北约，突破独联体这一俄罗斯最后的地缘政治防线；三是西方国家在独联体策动"颜色革命"。在这种情况下，在战略安全磋商中同俄方谈什么、怎样谈，是一个需要仔细研究的问题。我下了很大功夫准备会谈的内容。

正式磋商之前，帕特鲁舍夫 8 月来华观摩北京奥运会，我会见并宴请了他，并就磋商议题交换了看法。我对他说，我们什么都可以谈，不受限制。形式可以多种多样，时间也可灵活，讨论内容广泛，希望主要就一些涉及两国关系和国际环境的宏观性、战略性问题交换意见。我还说，我们

2008 年 11 月 7 日，第三轮中俄战略安全磋商期间，与俄罗斯总统梅德韦杰夫在俄总统专机上交谈

这个机制还可以创新，关键是要把这个机制用好。帕特鲁舍夫对我说的表示赞同，认为我们两人应主要谈战略问题。

在这次磋商中，我同帕特鲁舍夫按事先商定的议程进行了非常坦诚深入的交流，效果很好，引起俄方强烈共鸣，他们积极安排梅德韦杰夫总统会见我。而梅德韦杰夫总统 7 日的日程已经排满，且当晚就要离开莫斯科，不得已，俄方想出个办法，安排我们去机场，在即将起航的总统专机上会见。

那晚交通状况很不好，驻俄罗斯大使刘古昌的车没能跟上车队，只有我的汽车开到了总统专机的舷梯下，帕特鲁舍夫一个人站在瑟瑟寒风中等我。他把我领上飞机。刘大使没有赶到，所以我就只带了一名翻译上飞机，俄方也只有帕特鲁舍夫陪同梅德韦杰夫总统见我。

俄罗斯总统专机被誉为元首的"空中办公室"和"移动国家管理中心"，一向十分神秘。这是一架特制的伊尔-96 大型飞机，外表涂装除了俄罗斯国旗和国徽以外也没什么特别的，里面可是别有洞天，机舱的内饰是清一色的亮黄色胡桃木，既典雅又现代，舱内显得宽敞舒适，考究气派。

这次会见一共 20 多分钟。当时，梅德韦杰夫的专机马上就要起飞，不可能谈得太深太久。会见时，我扼要地作了陈述，包括我们对国际、地区形势的判断以及我们对俄罗斯外交政策方针的理解。我还特地援引了梅德韦杰夫本人刚发表的国情咨文里的一些语句，强调中俄加强互信合作的重要性，记得我还讲了一点俄语。梅德韦杰夫听得很高兴，向我竖起大拇指，对我的观点表示赞同。之后，梅德韦杰夫似乎意犹未尽，但原定的会见时间已到，我及时起身告辞。梅德韦杰夫风趣地和我开起玩笑，说要邀请我同机飞往外地，以便进行更深入的交流。这次总统专机上的会见极其特别，在我的外交生涯中绝无仅有，相信在国际外交史上也不多见。

2008 年 8 月 18 日，在钓鱼台国宾馆会见来华观摩北京奥运会的俄罗斯联邦安全会议秘书帕特鲁舍夫，并就 11 月将要举行的莫斯科中俄第三轮战略安全磋商交换意见

登高望远谈合作

2009 年恰逢中俄建交 60 周年，这一年也是危机之年和变革之年。国际金融危机不断蔓延，影响远超出经济金融领域，对国际力量对比、国际格局演变和大国关系产生重大影响。各大国开始进行深刻反思，普遍调整各自发展战略和对外政策。在这一大背景下，中俄战略协作伙伴关系实现平稳、顺畅、高质量的发展，两国政治互信、务实合作、人文往来、战略协作均达到全新水平。双方共同推动二十国集团成为全球经济治理的主要机制，成功举行首次"金砖四国"领导人会晤，签署相互通报弹道导弹和航天运载火箭发射协定，举行"和平使命—2009"联合反恐军演，两国能源领域合作进入长期战略合作阶段，双方批准了《中国东北地区和俄远东及东西伯利亚地区合作规划纲要》。

当年 12 月，帕特鲁舍夫来华出席第四轮中俄战略安全磋商。在磋商中，我和帕特鲁舍夫主要就世界形势、大国关系及国际和地区热点问题展开了讨论，并对如何进一步扩大合作、深化互信交换意见。七个月前，我参加"金砖四国"安全事务高级代表会议时，已经同帕特鲁舍夫进行过会谈。

12 月 7 日晚，我在钓鱼台国宾馆宴请了帕特鲁舍夫，席间，我们就阿富汗局势、伊朗核问题、反恐合作、"金砖四国"合作和气候变化等交换了意见。

8 日上午，中俄战略安全磋商在钓鱼台举行。帕特鲁舍夫首先做了长篇发言。谈到国际形势问题时，他说，当前世界处于变革时期。除传统威胁外，出现了各种新威胁和新挑战。各国只有协调一致，共同努力，才能应对这些挑战。俄中都主张建立更加民主、公正的国际秩序，以确保各国的共同安全和发展。帕还说到，俄方对二十国集团匹兹堡峰会成果感到满意，认为峰会使二十国集团元首会晤的形式机制化，从而使二十国集团峰会成为国际经济合作的重要论坛。

帕特鲁舍夫说，俄方对俄中战略协作伙伴关系的持续向前发展感到满意。目前俄中政治关系已达到前所未有的高水平。俄中两国间不存在无法解决的问题。俄中协作已成为维护国际稳定的重要因素。

此外，帕还就哥本哈根会议、联合国改革、上海合作组织①、中俄印合作、阿布哈兹和南奥塞梯、打击索马里海盗、朝核、中亚局势和反导等问题阐述了俄方立场和观点。

接下来我也做了长篇发言。在谈及世界形势时，我说，过去一年世界形势变化之大、之深、之快，出乎预料。透过世界形势的大变化，可以看到一些重要问题上的变与不变。就世界格局而言，国际力量对比此消彼长，多极化趋势更加明朗。但美国继续保持唯一超级大国地位，一超多强格局没有根本改变。国际力量对比变化使国际体系开始从西方主导向非西方国家介入演变。然而，以美国为首的西方国家主导国际体系的局面没有根本改变，它们还会极力维护数百年来的优势地位。就国际秩序和国际关系而言，世界整体性发展促进各国相互依存和利益交融加深，但各国特别是大国权力和利益竞争非常激烈，各国在危机之后将在更高水平上展开竞

---

① 前身是由中国、俄罗斯、哈萨克斯坦、吉尔吉斯斯坦和塔吉克斯坦组成的"上海五国"会晤机制。2001年6月14日，乌兹别克斯坦以完全平等的身份加入"上海五国"。次日，六国元首举行首次会晤，并签署《上海合作组织成立宣言》，宣告上海合作组织正式成立。这是目前唯一由中国城市命名的国际组织。该组织另有六个观察员国和六个对话伙伴国。成员国总面积超过3018万平方公里，约占欧亚大陆总面积的3/5，人口约15亿，约占世界总人口的1/4。该组织在发展过程中逐步形成了以"互信、互利、平等、协商、尊重多样文明、谋求共同发展"为基本内容的"上海精神"。

争。总之，国际格局、国际秩序和国际体系的变革正加速进行，但目前恐怕还只是一个开始。世界的变化使中俄开展战略协作面临新的机遇，中俄战略协作任重道远，只能加强，不能削弱。

我还表示，全球金融危机爆发以来，中国妥善应对，成功处理了一些重大内外挑战，实现了稳定发展。但中国仍是一个名副其实的发展中国家。如果将中国的 GDP 除以 13 亿，人均仍排在世界 100 位之后，比俄罗斯低很多。要使中国真正发达起来还需要付出长期、艰苦努力。继续推进改革开放，集中精力发展经济，让 13 亿中国人民都过上比较好的日子，既是我们当前面临的任务和责任，也是我们今后几代人甚至更长时间的奋斗目标。

我说，俄罗斯近年来发展势头强劲。尽管遭受国际金融危机冲击，但俄方应对危机措施得当，成效显著。俄的发展复兴进程绝没有也不会逆转。中方真诚欢迎俄罗斯发展强大，坚定支持俄罗斯实施富国强民的发展战略，坚定支持俄罗斯在这个世界上发挥作为一极的重要作用。我们始终认为，俄罗斯是维护和平的重要力量，是推动多极化的重要力量，是促进各国共同发展的重要力量，是致力于建立公平合理的国际经济秩序的重要力量。一个持续发展、稳定、繁荣的俄罗斯对中国有利，对本地区有利，对全世界有利。

我还提出了进一步深化中俄战略协作的九条建议：

一是要强化相互依存、同舟共济、合作共赢的"正和"规则，反对你死我活、你安我危、你盛我衰的"零和"规则，削弱乃至消除冷战思维影响；发展建立在共同利益基础上的合作型大国伙伴关系，反对建立在敌对基础上的对抗型大国同盟关系，推动构建总体稳定、合作共赢的大国关系架构。

二是要巩固二十国集团峰会作为全球经济治理核心机制的地位，落实和发展取得的成果，加紧建章立制和机制化建设；妥善应对联合国安理会改革问题，在这两个全球治理机制改革的重大问题上加强协调合作，推动国际秩序朝更加公正合理的方向发展。

三是要在反导、核裁军、建立"无核世界"等全球问题上协调立场。在朝核、伊朗核等重大国际和热点问题上要继续密切配合，维护双方共同利益和国际战略平衡与稳定。

四是要经营好上海合作组织、中俄印、"金砖四国"等两国共同参与的合作机制，统筹协调"金砖四国"合作同其他新兴大国合作机制的关系，使之有利于改变南北力量对比失衡的局面。

五是要加大相互支持，维护两国各自的核心利益。

六是要加强区域合作。

七是要加强人文交流，不断巩固两国关系的社会基础和民意基础，进一步创造有利于中俄战略协作伙伴关系深入发展的"软环境"。

八是要妥善处理敏感问题。中俄关系中存在着人员往来、规范贸易秩序、跨界水资源开发和利用等具体合作中的问题。我们要本着互谅互让的精神，通过友好协商努力寻求妥善解决办法，不让这些合作中的具体问题困扰两国战略协作伙伴关系发展。

九是要加强中俄关系的物质基础，深化两国经济合作。

我还特别谈到，中国东北地区同俄远东及东西伯利亚地区拥有广阔的合作前景。两国4300多公里的共同边界已经划定，双方合作有了法律和政治保障。我们完全可以充分利用毗邻这个有利条件，进行战略合作，加快落实地区合作规划纲要，加快推进相邻地区互利合作、互利共赢。就像中国的崛起和复兴离不开西部大开发和东北地区的发展，俄罗斯实施复兴计划，恐怕也离不开俄东部和远东地区的开发和发展。可以说，俄东部以及远东地区同包括中国在内的亚太各国发展国际合作，这是对俄有着重大战略意义的大事。中方真诚希望俄罗斯发展繁荣，东部地区同西部地区一样和谐发展起来。

最后，我提议，为使双方更加及时充分地就重大国际和地区问题交换意见，除年度磋商外，双方未来可就某一个或两个具体问题举行小范围非正式磋商。帕特鲁舍夫表示赞同。磋商结束后，双方签署了《中俄战略安全磋商机制合作议定书》。

事实上，每轮中俄战略安全磋商，我始终强调无论国际形势怎样发展变化，中俄战略安全协作的长期性、紧迫性和重要性都只能增强而不能减弱。

2011年1月和10月，我与帕特鲁舍夫分别在莫斯科和北京举行了第五轮和第六轮中俄战略安全磋商。

1月24日进行的第五轮磋商在莫斯科总统饭店举行，那一年又正好赶上《中俄睦邻友好合作条约》签署10周年，以及《中苏国界东段协定》签署20周年，双方都热情回顾了双边关系的发展历程。我表示，双方应从战略和全局高度对过去10年进行认真回顾和总结，使中俄战略协作伙伴关系为两国共同发展振兴提供更加强劲的动力，为促进世界的和平、稳定、发展做出新的贡献。磋商当天，我还到"戈吉尔"总统官邸会见了俄总统梅德韦杰夫。磋商结束的第二天，我去俄罗斯外交部会见了俄外长拉夫罗夫。我对他说，实践证明，中俄决定建立和发展战略协作伙伴关系是个重大战略抉择，是非常正确的。拉夫罗夫频频点头并回答说，你昨天与梅德韦杰夫总统谈的对发展俄中关系的看法非常令人信服。当天中午，我在中国驻俄罗斯使馆举行工作午餐，邀请俄罗斯前政要、知名专家学者和

　　2011 年 1 月 25 日，赴莫斯科参加中俄第五轮战略安全磋商期间，与老朋友、俄罗斯前总理普里马科夫亲切握手

老朋友进行座谈，相谈甚欢。

在这两轮磋商中，我对帕特鲁舍夫说，国际形势发展变化告诉我们，中俄战略协作不是三年两年或十年八年的事，而是一件长期的事。实践证明，中俄战略协作具有重要战略价值。我们要进一步加强沟通、协调、配合、磋商，共同维护好国际和平与稳定大局，共同为我们两国的发展振兴争取更加有利的外部环境。双方在战略协作方面有很多事可做。

第一，要继续加强相互政治支持，相互坚定支持对方维护本国主权、安全、发展等核心利益，相互坚定支持对方走符合本国国情的发展道路，相互坚定支持对方发展振兴。

第二，要加大对对方维护本国周边地区安全稳定的支持。维护周边安全稳定是我们两国发展振兴的首要条件，只有把周边事务处理好，把周边安全稳定搞好，发展振兴才有基本保障。

第三，要继续加强在重大国际和地区问题上的磋商、协调和配合，坚定维护《联合国宪章》所确立的国际法基本准则，在亚太地区、西亚北非地区及伊朗等一系列重大问题上还要更好地加强战略协作。

我们都感觉到，经历了一轮又一轮深入而坦诚的沟通，双方日益默契地找到了彼此共同的关切及利益所在。这种日益增强的信任感与我们双方这些年坚持不懈的磋商和努力是分不开的。两国在维护国家的发展强大、维护各自选择的发展道路等一系列重大问题以及涉及彼此核心利益的问题上，达成了根本的一致，这是从未有过的，也是两国相互信任和友好关系深度发展的重要标志。中俄不断加深的政治互信、不断扩大的务实合作以及不断增强的战略协作不仅有力维护了两国的共同利益，也为促进世界和地区的和平与稳定，推动建立公正合理的国际政治经济新秩序作出了重要贡献。

2012 年 8 月，赴莫斯科参加第七轮中俄战略安全磋商期间，与俄罗斯老朋友们合影

难说再见

2012 年 8 月 19 日至 22 日，我在莫斯科和帕特鲁舍夫举行了第七轮战略安全磋商。这次磋商和往常一样，在我动身去莫斯科之前，双方已就议题范围达成共识，但这只是个大框架。

回想起来，2012 年是一个十分重要的年份，中、俄、美三大国这一年都要进行政府换届，大国关系特别是中、俄、美三角关系呈现出一些新的态势和特点。在这样的背景下，我一直在琢磨，我们重点和俄方磋商什么，怎样磋商才能更有利于我们的整体外交和中俄关系。因为前几轮磋商下来，许多重要的问题双方都谈过了，继续泛泛地谈，不容易谈出进展和新意。当然一些传统的重要问题，比如防扩散、金融危机等问题，可以继续谈，也需要继续谈，但还是需要有一两个比较迫切的主打议题，以防磋商陷入老的套路。后来经过反复综合考虑，我们还是决定把文章做在共同维护政权安全和战略安全上。中俄两国关系发展到今天，加强战略安全合作已经变得越来越重要和必要了。这也是中俄战略安全磋商的要旨所在。

记得 2009 年在华盛顿举行的首轮中美战略与经济对话的记者招待会上，我曾经把中国的核心利益归纳成三个层次：第一层是维护根本制度和政权安全；其次是国家主权和领土完整；第三层是经济社会的持续稳定发展。俄罗斯有外交政策构想，但没有对核心利益进行简单明了的政策宣示，其实俄罗斯面临的问题同我们有很多相似的地方。在今后相当长时间里，中俄两国的战略利益还是比较一致的。首先，中俄都需要反对外来的遏制，发展壮大自己，都想实现强国梦。第二，中俄都要维护自身政权的稳定与安全。第三，中俄都反对霸权主义，反对任何一国随意改变、颠覆别国的政权，都维护国际正义和秩序。

2012 年也是俄罗斯的总统大选年，普京总理面临的首要任务是重新当选总统。对于普京的执政团队来讲，这是维护俄罗斯国家基本制度和政权安全的核心问题。普京的回归之路走得那么艰难，并非所有人都预料到了。普京一方面面临金融危机造成的经济不景气的压力，另一方面还要顶住一些西方舆论在"民主"、"人权"方面的批评。竞选期间，在俄国内民主派舆论的鼓噪下，俄罗斯许多大城市都发生了大规模民众上街抗议活动，给普京的竞选活动投下阴影。但是，普京成功实现了抗议活动的软着陆。

普京在总统大选中取得了最终的胜利，但这场胜利是何等的来之不易，普京自己心里最清楚。普京初掌大权时是临危受命，远抗西方，近定周边，内平车臣，严治寡头，提振军威，重建中央地方垂直权力体系。他本人烟酒不沾，酷爱运动，不论在国内还是在国际上，处处都以硬汉形象示人。但是，在 2012 年总统大选的开票之夜，普京面对全球直播的电视镜头还是流下了热泪，并吟诵起俄国浪漫主义诗人莱蒙托夫的爱国诗篇，场面显得有几分悲壮。国际媒体对此作出各种各样的评论和猜测。普京的眼泪可能是在为他的险胜而流，因为他深知，他能否胜选，不仅关系到他本人的政治前途，更关系到俄罗斯国家的命运。

所以，我们觉得在这个时候同俄罗斯谈战略安全，应该容易引起共鸣。有了这个定位和导向之后，我就开始调整磋商稿，甚至在飞往莫斯科的途中，我还在调整稿子。直到抵达莫斯科后，磋商基本稿才最终确定下来。我在参加这种大国磋商的过程中，最担心的就是陷入就事论事的谈或者走过场式的谈，双方讲一堆空话、套话，谈不出多少实质性、能产生效果的东西来。

那次的战略安全磋商很顺利，俄方敏锐地捕捉到了我讲话中包含的政策信息。正式磋商部分结束后，俄方为我搞了一个告别招待会。帕特鲁舍夫在告别招待会上问我，他可不可以在明年去印度参加金砖国家安全代表会议之前，先去一趟北京，进行下一轮战略安全磋商，顺便就金砖国家安全秘书会议提前对表。我马上意识到我们这次的谈话谈到他们心里去了，当即表示同意。这样才有了 2013 年 1 月 8 日至 9 日帕特鲁舍夫和我举行的中俄第八轮战略安全磋商。本来，我以为 2012 年莫斯科磋商就是我同帕特鲁舍夫的告别磋商了。磋商期间，2012 年 8 月 20 日，普京总统在克里姆林宫会见了我。我记得在会见普京总统时我也明确说，这可能是我最后一次参加中俄战略安全磋商了。但显然，俄方对我这次提出的一些议题十分感兴趣，想深入谈下去。

会见中，双方一致同意将继续坚定不移地致力于发展深化中俄全面战略伙伴关系。我指出，中俄关系经历了由结盟到对抗，再到建立全面战略协作伙伴关系的过程，双方均为此付出了高昂的代价，经验教训深刻。中俄全面战略协作伙伴关系对双方具有无与伦比的重要战略价值，应倍加珍惜。在下一个 10 年中俄发展振兴的关键期，中俄就像两根筷子，谁也离不开谁。中俄加强战略协作更加重要，放松不得，动摇不得，这是一项长期任务。绝不能让任何人、任何势力破坏中俄关系。普京表示，完全赞同中方对两国关系作出的准确、明晰的定位，强调俄中战略协作伙伴关系建立在双方共同利益基础上，这决定了双方合作的稳定性、长期性和巨大生命力，相信未来两国将始终保持目前的合作势头，维护好共同利益。

2013 年 1 月，帕特鲁舍夫来华举行第八轮中俄战略安全磋商，习近平总书记专门在人民大会堂会见了他。习总书记指出，中俄举行战略安全磋商很及时、很有必要。面对国际形势复杂而深刻的变化，中俄作为推动国际形势健康发展、维护国际战略平衡的建设性力量，应进一步加大相互政治支持，加强在国际和地区事务中的协调配合，为实现各自发展振兴营造和平安全稳定的外部环境，共同维护《联合国宪章》的宗旨和原则，维护国际公平正义，推动国际关系民主化。

磋商期间，双方谈得很深入，取得了很多共识。我提出了双方维护共同战略安全的几点建议：

一是要增强内功，立足自身发展，集中精力把国家建设好，坚定不移地朝着两国各自的既定目标前进。我们要坚定不移走自己的中国特色社会主义之路，不走老路、邪路，努力实现"两个一百年"奋斗目标，实现中国梦。这个梦不是霸权梦，不是超级大国梦，而是国家富强、人民幸福之梦。如果把这件事做好，我们的制度、道路就更有影响力和吸引力，我们就有更为强大的抵御外部势力干扰的物质和精神力量。

二是要继续强化中俄命运共同体意识。要把中俄这种高层次、高水平的全面战略协作伙伴关系维护好、运用好、发展好。

三是要继续坚定支持对方维护国家主权和政权安全，继续坚定支持对方维护国家统一和领土完整。

四是要共同坚定维护周边战略安全。中俄两国作为全面战略协作伙伴，要增强经营好共同周边地区的紧迫意识、进取意识和创新意识，进一步加强在共同周边地区的战略协作，使之成为中俄安全稳定的可靠后方和发展繁荣的有力保障。

五是我们要坚定维护国际法准则，共同反对新干涉主义。要坚持不干涉内政原则，共同坚定维护《联合国宪章》的宗旨、原则和公认的国际法准则，反对各种形式的干涉主义，反对霸权主义和强权政治，坚守反对外部武力干预和强推"政权更迭"等政策红线。在这方面，中俄在叙利亚问题上密切合作，支持叙利亚维护主权、统一和领土完整，主张以政治外交手段作为解决叙利亚危机的唯一途径，坚决反对任何外部武力干涉叙利亚的企图，充分显示了两国战略协作伙伴关系的价值和力量。

帕特鲁舍夫对我所说的完全同意。他指出，上海合作组织相关国家人口占到世界的40％，金砖国家人口分量也很大。我们完全可以提炼出自己核心的、应该得到广泛遵守的价值观。我们不寻求与西方对立，而应选择从各自的意识形态中汲取积极的价值观理念。俄中双方可以就此进行研究和探讨。

他说，这些年来我们两人保持着密切磋商，双方专家密切沟通，合作富有成效。俄中战略安全磋商机制为两国最高领导人提供了大量有益信息和重要决策依据。俄方将一如既往同中方保持在该机制下的合作，并愿进一步完善和发展这个机制。

前景广阔

我的外交生涯是从中苏关系开始的，最后以中俄关系结束。2013年3月16日我开始了退休生活，3月22日习近平主席首访俄罗斯，我去机场为他送行。习近平同志就任国家主席后首访选择俄罗斯，这是一个重大的战略决策。从2003年到2013年这10年间，中国政府对发展同俄罗斯长期性、战略性的全面友好合作关系一直是很重视的。这10年，中俄关系迎来了巨大的发展，特别是两国的战略信任度和战略合作都有了很大的加强。一路走来，我亲眼目睹中俄关系变得更好、更亲密、更有质量、更有效益。同时两国进一步崛起，各自的影响力以及共同的影响力都大大加强，这是非常值得高兴的事，我也为自己在其中发挥了一些作用深感欣慰。

　　俄罗斯是世界上一个不容忽视的大国，少有的有战略承受力的大国，虽然也面临一些困难，但地大物博，资源丰富，基础雄厚，人才也是有的，发展前景不可小觑。俄罗斯是世界政治舞台上的一大重要力量。中俄全面战略协作伙伴关系具有进一步蓬勃发展的广阔前景和空间。当年，邓小平同志与戈尔巴乔夫会晤后，实现了中苏关系正常化。今天，中俄关系真正做到了结束过去，开辟未来。两国关系达到今天这样高的水平，是双方共同长期努力的结果。我深信，在两国领导人的共同引领下，中俄关系的未来必定会继续在高水平上稳步健康发展，攀上新的高峰。这不仅对两国的生存与发展意义重大，对于维护世界的和平和繁荣也具有不可替代的重要意义。

第六章

半岛风云

金正日总书记还对我说："每到重要关头，你都来见我，对此十分感谢，我会参考、借鉴中国同志的意见。"

朝鲜半岛与我们一江之隔，与中国有着不解之缘。近代以来，中国的历史变迁与朝鲜半岛的风云变幻相互交织，难解难分。时至今日，朝鲜半岛仍然并立着南北两个政权，可以说冷战在朝鲜半岛并没有终结。20世纪末21世纪初，朝鲜半岛核问题又日益凸显出来。在朝鲜半岛可以说各种矛盾叠加，局势异常敏感复杂。

由于地理上的相邻、深刻的历史背景和复杂的现实情况，朝鲜半岛的局势与我国的国家安全和经济发展息息相关。朝鲜半岛问题是我们周边最复杂、最难处理的一个大问题。能否处理好朝鲜半岛问题，事关东北亚地区的和平与稳定，事关为我们国家的现代化建设创造一个良好的安全环境，因此必须引起我们的高度重视。

对于朝鲜半岛的核问题，我们主动出面调停、斡旋，平衡各方利益关切，创造了六方会谈这一对话机制，并与各方合作，共同达成了"9·19"共同声明这一重要的阶段性成果。对于在朝鲜半岛出现的各种危机，我们秉持客观公正的立场，始终强调保持冷静和克制，并且一次次把几乎走到战争边缘的局势拉回到和平协商的轨道上来。回顾往事，我坚信，妥善解决朝鲜半岛核问题，道路是曲折的，前途是光明的。

对话进程艰难开启

第一次朝核危机爆发于 1993 年。当时，国际原子能机构提出要对朝鲜进行特别核查。朝鲜断然拒绝，并威胁退出《不扩散核武器条约》①。美国随即对朝鲜施压，甚至酝酿对朝鲜实施打击，半岛形势骤然紧张。

1994 年 6 月 15 日，美国前总统卡特访问朝鲜，与金日成主席谈了很长时间，双方达成一揽子解决方案：朝鲜允许国际原子能机构人员和监视器材留在宁边，美国停止推动联合国对朝制裁；美国同意与朝鲜继续举行会谈，就一揽子解决朝核问题和朝美关系问题进行协商；朝鲜同意在会谈期间冻结核活动；美国协助朝鲜将重水反应堆更换为轻水反应堆。

朝美双方商定 7 月 8 日在日内瓦进行会谈，但是只谈了一天就因金日

---

① 1968 年 6 月，联合国通过了《不扩散核武器条约》。同年 7 月 1 日，该条约分别在华盛顿、莫斯科、伦敦开放签字，当时有英国、美国、苏联等 59 个国家签约加入。1970 年 3 月 5 日，《不扩散核武器条约》正式生效，有效期 25 年。条约的主要内容是：核武器国家不得向任何无核武器国家直接或间接转让核武器或核爆炸装置，不帮助无核武器国家制造核武器；无核武器国家保证不研制、不接受和不谋求获取核武器；停止核军备竞赛，推动核裁军；把用于和平目的的核设施置于国际原子能机构的国际保障之下，并在和平使用核能方面提供技术合作。1995 年 4 月，条约缔约国在联合国总部召开的审议和延长《不扩散核武器条约》大会上，决定无限期延长这个条约。中国于 1992 年加入该条约。

成主席突然去世而中断。8 月 5 日会谈恢复，10 月 21 日，经过激烈的讨价还价，朝美双方达成妥协，在日内瓦签署了《朝美核框架协议》。

根据协议，美国牵头成立国际组织，也就是后来的半岛能源开发组织，于 2003 年前为朝鲜援建两座轻水反应堆。同时，美国每年无偿向朝鲜提供 50 万吨重油，用于解决朝鲜的能源短缺。朝鲜则同意冻结并最终拆除宁边核设施，承诺不退出《不扩散核武器条约》。但后来协议没有得到履行，这就为朝核危机于 2002 年再度爆发埋下了伏笔。

2001 年 1 月，小布什一上台就否定了克林顿政府的对朝政策，将朝鲜列为"邪恶轴心"之一。2002 年 10 月，美国助理国务卿詹姆斯·凯利访问朝鲜后，称朝方承认秘密发展铀浓缩计划，违反了 1994 年的《朝美核框架协议》。美方随即停止向朝方供应重油。朝方则针锋相对，重启核设施，退出《不扩散核武器条约》，驱逐国际原子能机构人员。第二次朝核危机爆发，半岛和东北亚形势陷入紧张。

当时摆在有关国家面前的大致有三条出路：一是动武。美方曾酝酿定点打击方案，但遭到了韩国和日本的反对。中国和俄罗斯也决不希望半岛燃起战火。二是制裁，但制裁解决不了问题。三是谈判。这是唯一可行的办法。朝美都有谈判的意愿。朝鲜一直期待与美国改善关系，拓展自己生存发展的空间，创造良好的外部环境。对美方而言，谈判有利于将半岛局势置于可控范围之内，以便美国腾出手来处理其他更加棘手的内政外交问题。通过谈判妥善解决朝核问题，防止局势紧张升级，维护地区和平与稳定，符合和平与发展的国际潮流，也符合包括中国在内的有关各方的利益。于是，通过对话谈判和平解决朝核问题就成为各方努力的共同方向。

面对复杂局势，中方从维护东北亚地区的和平与稳定和延长我国的重大战略机遇期的角度出发，多层次、多角度反复做朝、美等各方的工作，大力劝和促谈，推动国际社会形成和平解决朝核问题的共识。

2003年2月下旬，美国国务卿鲍威尔访华，就美朝接触向我方提出了新建议：由中、日、韩三国出面，邀请美朝双方来北京"谈话"，也同意考虑邀请俄罗斯参加。作为第一步，各方可先谈起来，不急于讨论实质性问题。

中方认为，这是一个积极的信号。经过认真研究，我们确定了邀请朝、美来华举行中、朝、美三方会谈的方案，并通过外交途径向美方征询意见。同时，我们也向朝方提出了这一设想。金正日总书记当即表示感兴趣。不久，朝方正式答复，原则同意中方的设想。随后，美方也正式答复，同意我们的建议。

2003年4月23日至25日，中、朝、美三方会谈在北京钓鱼台国宾馆举行。中国副外长王毅主持会议，外交部亚洲司司长傅莹、朝鲜外务省美国局副局长李根、美国助理国务卿凯利分别率团与会。

会谈首日进展相对顺利，第二天就出现了波折。美方认为，朝方有关对乏燃料棒已经进行了后处理的表态越过了"红线"，将其视为严重挑衅。美国总统布什禁止美国代表团同朝方进行任何形式的双边接触，不肯履行"三边框架下可有朝、美直接接触"的承诺。朝方则认为美方傲慢无礼，没有对话诚意，拒绝与美方继续会谈。经过我们反复劝说，朝方才放弃退出会谈的念头。

会谈中，三方明确阐述了各自在朝鲜半岛核问题上的立场。中方强调必须坚持半岛无核化，这符合各方根本利益，同时也应解决朝鲜的安全关切，这两个方面是相互关联、相互作用的。

朝方虽在会谈中公开确认对乏燃料棒进行了后处理，同时也全面系统地提出了以最终拆除核设施，解决导弹问题为目标的一揽子解决方案。美方则一方面表示绝不接受朝鲜拥核，另一方面表示有诚意和耐心寻求问题的和平解决，强调持久的多边谈判才是解决问题的真正途径。

三方会谈取得了有益成果，基本上实现了把朝美拉回会谈桌的既定目标，缓解了半岛紧张局势，维护了半岛和平稳定，开启了对话和平解决朝核问题的进程，为下一步推动举行六方会谈打下了重要基础。

国际社会对中、朝、美三方会谈反应积极。美国总统布什、韩国总统卢武铉先后给胡锦涛主席打来电话，高度评价中方为推动解决朝核问题、维护半岛和平稳定发挥的建设性作用。俄罗斯等国也纷纷对北京会谈表示支持，对中国的外交智慧表示赞赏。可以说，这次在"非典"疫情特殊时期召开的三方会谈成为了半岛核问题和谈进程的起点，也奠定了中方发挥重要斡旋和引导作用的基础。

从三方会谈到六方会谈

三方会谈后，朝鲜要求与美国进行双边会谈，而美国要求扩大会谈范围，朝美双方剑拔弩张，气氛紧张，两国能否再次回到谈判桌上来都成了问题。

在这种情况下，我作为中国政府特使先后赴朝、美进行穿梭访问，重点就继续北京会谈进程做工作。我在赴朝之前向上面汇报工作时说，此行很难啊！上面说了些减轻我压力的话。我还提出一些做工作的思路，得到了首肯。

2003 年 7 月 12 日，我和同事们坐专机去朝鲜。这也是我继 1985 年处理苏联客机被劫持事件后，第二次牵头坐专机出征。当地时间 12 日上午 11 时抵达平壤，那边的天气很好，艳阳高照。朝方安排我们住在百花园迎宾馆，环境不错。本来此行应安排得早些，我们向朝方提出后，朝方表示希望待"非典"疫情过了以后成行。

当天下午3点，我与朝鲜副外相姜锡柱会谈。姜锡柱毕业于平壤国际关系大学，是朝鲜资深的外交官，从1986年起，就担任朝鲜外务省副相，深得金正日总书记的信任，是金正日在外交事务上的主要助手，后来他又被任命为内阁副总理。我先就中朝两国的双边关系做积极评价，然后从国际形势、战略策略讲起，讲社会主义国家如何在新的国际形势下保持发展的问题。

我说："国际形势对我们既有机遇也有挑战，关键是要有正确的政策和策略。我们完全理解朝鲜党和人民维护自己国家主权、政治制度、民族独立和尊严的决心，但经验告诉我们，同美国打交道比较好的办法是既坚持原则，又注意策略。我们现在最重要的任务，就是要发展自己，提高综合国力，在国内团结的人越多越好，在国际上把支持我们的人搞得越多越好，把反对我们的人搞得越少越好。"

姜锡柱开始主动谈起朝核问题。他谈到，朝鲜国家小，纵深浅，没有回旋的余地。朝方的基本目标还是要与美国和平共处。在会谈形式上，朝方主张举行完全的双边会谈。他希望中国帮助朝方推动朝美双边会谈。

我说，中方的判断是北京会谈进程如不尽快恢复，朝核问题存在脱离和平解决轨道的严重危险。美方可能利用朝鲜的强硬表态推动联合国介入，联合一些国家对朝鲜采取一定的强制措施。与此同时，国际上多数国家希望北京会谈能够继续下去，朝核问题得到和平解决。因此，朝核问题的发展无外乎两种前景，一个是经过各方努力继续和平进程，一个是脱离对话轨道，美国施压、封锁，直至在半岛发生冲突。朝核问题将向哪个方向发展，也取决于朝方下一步的应对措施。

我明确表明了中国政府的立场。我们认为发展核武器并不能保障朝鲜的安全，反而可能危及朝鲜自身的安全。朝鲜希望拥有核武器之后再同美国谈判，按1994年方式解决问题，这种想法不现实。我们认为，应以"弃核"换取安全保障，这是和平解决朝核问题的两大不可分割的要素。朝鲜弃核可以赢得广泛的国际同情和支持，自己的生存和发展空间将大为拓展，中方和国际社会也将更有理由要求美国提供安全保障和集体保障朝鲜的安全。

7月12日晚上，朝鲜外相白南舜举行招待会欢迎我们。7月13日是星期天。上午9点，朝鲜副外相金永日向我通报说："金正日同志表示要抽时间会见戴秉国特使一行。会见时，戴秉国同志可向金正日同志面交胡锦涛总书记的亲笔信。"入夜，我们几个人在大同江边散步。突然，有人来叫我们赶紧回去，说朝鲜最高人民会议常任委员会委员长金永南有重要事情和我们谈，还说要我们当晚去外地见金正日。

7月14日下午3点，金正日总书记会见了我们一行。此前，我曾数次与金正日见面，算上这回，是我与金正日的第五次会面。因此，我与他算是有一点交情了。他一见我的面，远远就向我伸出双手，握住后就是热烈的拥抱，并且一边拥抱一边说："你好像胖了一点儿。"我也接着说："您好像也比原来胖了点儿，气色挺好。"

我先向他递交了胡锦涛主席的亲笔信，然后就坐下来谈。我说："有好几次，在解决朝核问题上取得进展都是得益于您的果断决策，使得谈判进程能够进行下去。现在形势再次处于关键的时刻，局势有恶化的可能。是否可以再进行一次三方会谈？"金正日说："朝方对会谈的立场是，只要有实质内容，不管形式如何都可以接受，但问题是美国对朝鲜采取什么立场。半岛无核化旨在防止战争，捍卫朝自身安全，无核本身不是目的。"在谈话中，金正日表示，中国同志对形势的分析比较客观，同意再搞一次北京会谈。我赶快接下他的话说："金总书记的谈话非常重要，我将准确地报告给胡锦涛总书记和中共中央的其他领导同志。金正日总书记同意举行新一轮北京会谈，相信这是具有重大意义的决策。"

金正日接着问我："中方提出举行新一轮三方会谈，如果美方不同意，坚持搞五方，你们准备怎么办？"

我说："我们可以劝美方再举行一轮北京三方会谈。现在朝鲜同志同意继续北京会谈，我们就更有理由劝说美方。再次举行北京会谈后，如果将来朝鲜同志赞成五方会谈，中方不反对。只要朝方和各方同意，中方对四方、五方、六方都没意见，六方应包括俄罗斯。"

金正日表示："无论如何，北京会谈应以朝美会谈为主。"

我说："我们会尽力促进朝美接触对话。"

7月15日上午，我们回到北京。在回京的飞机上，我对同行的外交部亚洲司司长傅莹说："看来接下去要跑一趟华盛顿。"在我脑子里跑华盛顿应当由别的同志去了。

当天晚上，我们向胡锦涛主席汇报了访朝情况，他当即决定，要我接着再跑一趟美国。本来好几天没睡好觉了，非常累，但既然领导决定了，我坚决照办。

16日早上，肇星部长跟美国国务卿鲍威尔通电话，通知他中国政府拟派戴秉国副部长作为特使访问美国。鲍威尔在电话里表示欢迎，但是说布什总统这期间不在华盛顿。我们觉得，即使布什不在华盛顿也要去，关键是要把劝和促谈的意见及时传给美方。17日下午，我从北京出发，先飞芝加哥，再转机去华盛顿。

根据日程，7月18日上午会见美国总统国家安全事务助理赖斯，下午会见国务卿鲍威尔，7月19日到五角大楼会见国防部长拉姆斯菲尔德。

准备会见的这三个人，我事先都没来得及准备单独的会谈提纲。因此，一下飞机我就开始考虑和这三个人怎么谈。和每个人谈什么都得精心设计一下。本来，朝鲜之行已经把我弄得很疲劳了，到华盛顿的那天晚上，我又只睡了两个小时，躺在床上一直在琢磨这些事。想到哪句话有点意思，或哪些意见比较重要，就马上起床，记到纸上，免得忘了。我把要与这三个人谈话的内容，各写了两三页纸，都是要点，做到心中有数。这是十分重要的谈判，设计一下开头结尾，也都很有必要。另外，怎么把对方的情绪调动起来，怎么创造良好的气氛和条件，也是我必须考虑的。

按照日程，第一场会见赖斯。我们一行人进入白宫后，赖斯带路，领着我们向她的办公室走去。就在这时，我突然发现副总统切尼站在走廊里。我早已做好准备，胡锦涛主席致布什总统的信件也带在身边。一看见切尼在那里，我就马上走过去，把需要讲的最紧要的几句话赶紧讲了。我对切尼说："胡锦涛主席认为，目前朝核形势十分严峻，中方为推动对话做了一系列的外交努力。在此基础上，中方建议再举行一次北京三方会谈，谈起来对各方都是有利的，希望布什总统予以认真考虑和积极支持。"切尼专注地听完了我的话，然后作了两句反馈。我当即把胡主席的信交给他，然后，我才进到赖斯的房间里举行会谈。

我首先向赖斯介绍了访问朝鲜的情况。我对她讲："朝方表示，他们不想和美国对抗，而是想和平共处。见到金正日时，他明确表示可以同意参加第二轮北京会谈，希望届时美方能对朝方提出的方案作出回应。"紧接着我又说："朝方态度的变化为通过对话和平解决的进程带来了新的机遇，这来之不易，希望美方抓住机遇，共同努力推动和平进程向前发展。朝核这样一个如此复杂又困难的问题，如果能不放一枪一炮，不损一兵一

　　2003 年 7 月 18 日，在华盛顿与美国国务卿鲍威尔就朝核问题进行了两个半小时的会谈。图为会谈前与鲍威尔握手，互致问候

卒，通过大家耐心、艰苦的努力，实现和平解决，这对各方都是大有好处的，对美国包括布什总统的下一次竞选都是有利的，一定会受到全世界的欢迎。相信美国领导人能够审时度势，抓住机遇，推动对话和平解决进程。第二轮会谈的重要性不亚于第一轮，也许更加重要。"

赖斯说："今后几周，美中之间需要就此进行细致的磋商，鲍威尔在会见时会介绍美方的具体想法。关于朝鲜问题，希望今后我们双方能够进行更广泛的讨论。"

接着，我向她提供了胡锦涛主席致布什总统信的副本。我说，中方提议再举行一次北京三方会谈，否则局势进一步恶化对谁都不利，请她向布什总统说明中方的意见。赖斯也对我们说了一些感谢的话。总的来讲，谈得还可以。我慢慢感到踏实点了。

18 日下午 4 点，我和美国国务卿鲍威尔举行会谈。以前，在电视上经常看见他的镜头，这次是头一次见面，气氛不错。我先通报了一下访朝的情况。我对鲍威尔说："朝鲜并不想打仗，其基本目标是实现与美国和平共处。如美方与朝方同步采取行动，朝鲜可以谈弃核问题。金正日同意再进行一次三方会谈。但是，朝方还要通过纽约的渠道确认美方态度。"

我向鲍威尔强调："对朝方一味地施压解决不了问题，相反只会招致更加强烈的反弹，甚至使其彻底走上'拥核'的道路。继续僵持下去，麻烦会更多。现在，朝方已表示同意参加第二轮北京会谈，因此，不应对朝鲜采取强硬手段，中、俄、韩都不希望出现封锁、制裁的局面，更反对战争，亚洲绝大多数的国家都持这种立场。对朝鲜的封锁或军事行动将影响整个西太平洋航线，牵动亚太国家利益，也必然牵动美国利益。对话和平解决是唯一正确的道路，制裁、封锁、战争是一条对大家都带来巨大灾难的道路。"

鲍威尔看着我问，你同金正日会见时，眼睛对着眼睛，你看他真想解决问题吗？怎么回答这个问题？我的同事们都替我担心。我把身子往后一靠笑着说，朝方也向我提出了同样的问题，你看美方真想解决问题吗？在场的人都笑了。

鲍威尔说："我们同意再举行一次三方会谈。但是，三方会谈之后，是不是可以接着搞五方会谈？"我说："此事请允许我向中国领导人报告。同时，如果韩国和日本参加，希望能把俄罗斯吸收进来，搞成六方会谈。另外，是不是开完了三方会谈以后，能够间隔几天再开六方会谈？让大家都有一些准备的时间。"鲍威尔回答得不是那么痛快，但也不好反对，表示仍希望三方会谈以后紧接着就举行六方会谈。

7月19日，我会见美国国防部长拉姆斯菲尔德。原本没有安排这场会见，但我想，拉姆斯菲尔德是美国有名的强硬派，摸摸他的态度，对于我们比较准确地判断美方的立场有好处。我和他的会谈被破例安排在周六上午，在五角大楼拉姆斯菲尔德的办公室举行。

我首先表明态度："我们不赞成制裁，不赞成战争。朝鲜核问题要和平解决。"随后我介绍了访朝的情况。朝方称希望与美国和平共处。接着我直接问他："美国会不会对朝鲜进行先发制人的打击？朝核问题会不会走到爆发战争的地步？"拉姆斯菲尔德表示"似乎存在着外交解决的机会"。

我说："朝核问题确实有紧迫性。我们将继续保持与美方和其他国家的沟通合作，尽一切努力和平解决朝核问题。我们认为制裁、封锁、冲突和战争等手段不应成为解决朝核问题的选择。目前存在和平解决朝核问题的可能性，应尽最大的努力谋求和平解决。"我向他强调："中方在任何时候、任何情况下都反对战争。"

除了朝核问题，我们还谈了世界军事战略形势。会谈进行了差不多一个小时，涉及范围很广。

这次美国之行，总体来说，算是把话向美国人讲清楚了。我 7 月 19 日晚上回到北京，下飞机时，困得不得了，眼睛都睁不开了，一睁开就闭上，已经不听使唤了，实在是太累了！

回北京后，我们就以最快速度告诉朝方，说美国人愿意进行接触，愿意再搞一次三方会谈，但是紧接着要扩大至六方会谈。随后，朝方又通过纽约渠道证实了我们传递的信息是正确的。

朝方认为，既然美国人愿意跟他们进行直接接触，那就无须再搞三方会谈，可以直接进入六方会谈。直接进入六方会谈也是美国人愿意的。他们两家都同意直接进入六方会谈，其他几方也都没有意见，这样，经过穿梭外交，协调各方，确定了多边会谈框架内进行朝美双边接触的模式，打破了朝美双方在会谈形式上形成的僵局，最终促成六方会谈在北京举行。

启动实质性问题的讨论

2003 年 8 月，六方会谈正式启动，各方围绕半岛核问题及半岛局势展开了激烈的博弈，会谈历经起伏，迄今共举行了六轮。

2003 年 8 月 27 日至 29 日，第一轮朝核问题六方会谈在北京钓鱼台国宾馆举行。王毅副部长是中国代表团团长。在会谈中，各方均简述了解决朝核问题的立场，并进行了双边和多边会晤。朝方提出了"一揽子方案"，要求恢复向朝提供重油，帮助朝鲜建造轻水反应堆。美方未提出具体解决方案，而是坚持朝必须"先弃核"，然后再谈提供援助、解除制裁和安全保障问题，反映了布什政府初期绝不对朝方"错误行为予以奖赏"的强硬立场。

朝美立场尖锐对立，会谈进展并不顺利。我们沉着应对，多次长时间做朝美双方的工作，并充分调动俄、韩、日三方的积极性，大力劝和促谈，得到与会各方的积极评价。

这次会谈的重要收获是各方明确了存在的一些重要共同点：各方都愿致力于通过对话以和平方式解决朝鲜半岛核问题，维护半岛的和平与稳定，开创半岛的持久和平；各方都主张半岛应无核化，同时也都认识到需要考虑和解决朝鲜在安全等方面的合理关切；各方原则上赞同按照分阶段、同步或并行实施的方式，探讨并确定公正合理的总体解决方案；各方同意在和谈中不采取可能使局势升级或激化的言行；各方都主张保持对话、建立信任、减少分歧、扩大共识；各方同意继续六方会谈进程，并尽快通过外交渠道确定下一轮会谈的时间和地点。

会后，我们感到这次会谈是有益的，向和平解决朝核问题迈出了重要一步。

第一轮六方会谈后，朝方认为美国仍未放弃让朝先弃核的要求，对通过谈判解决问题的立场发生动摇，再次宣布启动核计划，六方会谈的进程遇到困难。从维护朝鲜半岛和东北亚地区和平与稳定的大局出发，为启动第二轮六方会谈，继续对话和平解决进程，防止朝鲜半岛核问题脱离对话和平解决轨道，我们又开展了新一轮的外交斡旋。我国领导人和外交部领导多次通过各种渠道做朝美双方的工作，努力促使他们重新回到谈判桌上来。

2003年11月，中方邀请朝鲜外务省副相金永日来华进行内部访问，就第二轮六方会谈进行磋商。我向他详细介绍了中方筹备第二轮六方会谈及与其他各方磋商的情况，特别介绍了做美方工作的情况。我告诉他，朝美双方首先要建立基本信任，表明各自政策意图，在此基础上，各方才能进一步讨论实质问题。为此，有必要推动六方发表一个共同文件。我特别强调：解决核问题只有和谈是唯一正确的选择，谈比不谈好，早谈比晚谈好，谈下去符合朝方利益，拥核并不有利于保障朝鲜的安全。

现在看来，这次与朝方进行的内部沟通效果不错，增进了中朝双方在有关问题上的共识，也为下一步推进六方会谈打下了较好基础。

2004 年 2 月，朝鲜外务省主管对美工作的副相金桂冠访华。2 月 9 日晚，我在钓鱼台国宾馆宴请了金桂冠一行。席间，我对他说，经过中朝双方的密切合作和有关各方以及国际社会的共同努力，先后举行了北京三方会谈和六方会谈，从而改善了朝鲜同志的外部环境。今后要做的事情更多、更不容易，但是，只要我们坚持谈下去，就可以推动形势朝着解决问题的方向进一步发展，最终为朝鲜自身的发展创造好的外部环境。朝核问题十分复杂，解决起来确实需要时间和智慧，不管今后前进道路上遇到多大困难，我们都要始终设法争取主动，始终保持冷静和耐心，始终高举和谈旗帜。希望朝方抓住机会，既坚持原则，又注意灵活，要设法使美方有兴趣继续谈下去。

金桂冠感谢中方所做的努力，朝方在继续进行和谈的态度上也有了积极变化。

经过多方努力，2004 年 2 月 25 日至 28 日，第二轮六方会谈在北京举行。在会谈正式开始前一晚，我在钓鱼台国宾馆为前来与会的各国代表团举行招待会。我在致辞时说，全世界都在注视着本轮会谈，期待着会谈能够取得成果。各方代表团从事的是艰巨而意义重大的工作。有志者事竟成。只要各方满怀诚意，保持高度耐心，以建设性的态度，进行平等、理性和平心静气的磋商，向同一方向共同努力，就完全有可能逐步建立信任，缩小分歧，扩大共识，使本次会谈取得进展，为朝核问题的最终和平

2004年2月24日晚，在钓鱼台国宾馆举行招待会，欢迎前来出席第二轮北京六方会谈的各国代表团。图为与朝鲜代表团团长、副外相金桂冠握手交谈

图为当晚与韩国代表团团长、外交通商部部长助理李秀赫握手交谈

解决打下坚实的基础。

招待会期间，各方均对中方为举行第二轮会谈所作的努力给予高度评价，对中方为会谈所做的精心准备表示感谢，并表达了对会谈的期待。美方代表团团长凯利向我表示，美中两国在朝核问题上合作得很好，美方希望本轮会谈开好。朝方代表团团长金桂冠说，朝鲜希望会谈取得实际效果，通过六方会谈与美国建立互信，改善关系。席间，朝美、朝日进行了双方团长直接接触。招待会结束以后，朝韩还举行了双边会谈。

招待会结束时，金桂冠特别对我说，从今天的情况看，本轮会谈的开端很好。在中方努力下，其他各方都行动起来了，刚才美方、日方都主动找朝方谈，朝方感谢中方所做的工作。

本轮六方会谈重点讨论了解决核问题的目标和弃核的第一阶段措施，启动了实质性探讨，标志着和平解决朝核问题的进程走向深入。朝方强调，只有美国放弃对朝敌视政策，朝方才能放弃核计划，提出"口头对口头"原则作为第一阶段行动措施，即朝鲜冻结核计划，美国相应放弃对朝敌视政策。美方重申，在关切的问题解决以后，美国最终愿意与朝鲜实现关系正常化。在弃核目标上，美重申"可核查、不可逆方式彻底放弃所有核计划"的概念，各方就此进行了讨论。

会谈发表了主席声明，这是六方会谈首次以书面文件形式确定会谈成果，其主要内容包括：各方一致认为，第二轮六方会谈启动了实质问题的讨论，这是有益和积极的，各方态度是认真的。通过会谈，各方增进了对彼此立场的了解，同时也存在分歧。各方表示将致力于半岛无核化，并愿本着相互尊重、平等协商的精神，通过对话和平解决核问题，维护朝鲜半岛和本地区的和平与稳定。各方表示愿和平共存，并同意采取协调一致的步骤解决核问题及其他关切。会谈还决定成立工作组，在六方会谈机制建设方面也迈出了重要一步。工作组分别于 5 月和 6 月在北京举行会议，为第三轮六方会谈做准备。

停滞后的说合

第二轮六方会谈之后大约过了四个月，也就是 2004 年 6 月 23 日至 26 日，第三轮六方会谈在北京举行。此时距美国大选只有四个月时间，朝美双方都着眼于营造于己有利的形势，争取国际社会和舆论支持，不太愿意实质性推动解决问题。

会谈期间，朝美两方各自提出了解决核问题的方案。朝鲜首次表示可透明地放弃一切核武器及相关计划，美国则提出了一项包括朝弃核且涵盖朝方安全关切、能源需求及取消封锁要求等内容的"转变性方案"。由于朝美双方在弃核的范围及方式、核冻结的范围和措施等方面分歧严重，僵持不下，最终各方同意"以循序渐进的方式，按照口头对口头、行动对行动"的原则寻求和平解决朝核问题的途径。

面对复杂局面，我们始终坚持客观、公正立场，积极斡旋，劝和促谈，推动会谈继续取得进展，并发表了六方会谈第二份主席声明。其主要内容包括：在第三轮会谈中，各方进行了建设性和务实性讨论。基于第二轮六方会谈主席声明中表达的共识，各方重申致力于实现朝鲜半岛无核化的共同目标，并强调有必要尽早采取实现该目标的第一阶段措施。中方的努力再次受到各方高度评价，中国在朝鲜半岛事务中的独特作用和地位进一步得到加强。

第三轮会谈后，由于朝美双方严重缺乏互信，特别是受美大选等因素影响，六方会谈进程陷入了一年多的停滞。

2005 年 1 月，美国国务卿赖斯在参议院对外关系委员会听证会上把朝鲜、古巴、缅甸、伊朗并称为"暴政前哨"国家。美国总统布什也先后两次公开表示，美国外交政策的最终目标是要在全球范围内推行民主，消除暴政。朝鲜很快作出反应。朝鲜外务省发言人 2 月 10 日发表声明，称朝方将无限期中断参加六方会谈，并宣布朝鲜已制造出核武器。

为缓解紧张，保持六方会谈进程，我们与美朝等有关各方保持密切沟通，做了大量斡旋工作。一方面敦促美方为推进会谈进程显示灵活、务实和诚意，另一方面推动朝方审时度势，重返六方会谈。在这段时间里，胡锦涛主席、温家宝总理分别通过各种渠道做朝美双方的工作。我也为推动六方会谈走出困境与各方多次接触，其中与朝方的两次接触让我记忆犹新。

2005 年 2 月 5 日，我以共庆新春佳节名义宴请朝鲜驻华大使崔镇洙，着重就六方会谈复谈问题做工作。宴会席间我对崔镇洙说："去年底我作为中国政府特使访美，就和平解决朝鲜半岛核问题做了美方工作。我向美方强调，朝鲜半岛核问题必须而且只能通过谈判和平解决；朝方坚持半岛无核化目标，坚持继续六方会谈；美方应采取具体行动和措施解决朝方合理关切，与朝方在六方会谈框架内进行务实、平等、认真的讨论，向朝方释放善意。"

我接着谈到："我们认为，目前可能是恢复六方会谈的合适时机，抓住时机复谈，对朝方有好处。我们相信在当前形势下，金正日总书记会再次作出决断，促成各方尽快回到六方会谈桌上来，使局势继续朝着朝鲜同志希望的方向发展。"

崔镇洙认真听取了我的谈话。他说，朝方感谢中方为促进美国改变立场做的大量工作。朝鲜内部正在认真研究和分析布什新政府的对朝政策，一有结果将首先通报中方。

为了进一步做朝方工作，4月2日，我在钓鱼台国宾馆与来访的朝鲜外务省第一副相姜锡柱举行会谈，并为他举行工作晚餐。

在会谈中，姜锡柱副外相谈到两点意见引起了我方重视。首先，他提出如果美国不改变对朝鲜的敌视政策，拥核就是朝鲜现阶段的战略选择。其次，他表示六方会谈应成为讨论全面实现半岛无核化"一揽子方案"的场所，即成为核裁军会谈。

姜锡柱说完以后，我谈了几点意见。第一，中方珍视中朝传统友谊，一直从战略高度发展中朝关系。中方十分重视朝核问题。我们始终抱着非常负责任的态度，坚持六方会谈，推动对话和平解决问题。

第二，六方会谈的根本出发点和任务，是解决朝鲜发展核武器问题和美国对朝政策或者说朝美关系问题。这是迄今为止中朝共同努力的方向，也是六方会谈各方的共识。

第三，作为朝鲜的友好邻邦，我们非常理解朝方对自己安全的关切。但是，为了朝鲜的长远发展和根本利益，我们认为，朝鲜弃核才有安全，才有发展。

第四，朝方要求六方会谈变成"核裁军会谈"。六方会谈的任务和目标很明确。两国领导人从维护中朝根本利益出发作出了战略决策，这是不能动摇的。尽快恢复六方会谈是紧迫和必要的。中方建议尽快恢复会谈。

第五，当前朝核问题错综复杂，朝方作出什么样的选择事关重大，关系到六方会谈的命运以及地区和平安全的大局，关系到朝鲜国家和民族的根本利益，也关系到中国的国家安全利益。我们希望朝方能认真考虑中方有关想法。

姜锡柱说，核武器是珍贵的东西，怎么舍得轻易放弃呢？我说："有时候你放弃了宝贵的东西，可能得到更加宝贵的东西。"

听了我的话，姜锡柱表示：朝鲜愿意在朝美秘密接触后尽快重返六方会谈；朝方重返六方会谈后，可与美国讨论双方关切的问题，寻求相互妥协；朝鲜不向外搞核扩散。

回顾这段时期与朝方的接触，我确实感到朝核问题高度敏感复杂，不可能在短时间内彻底解决。我们必须以高度的耐心和高超的智慧不断推动六方会谈的进程。

钓鱼台钓出"大鱼"

在中方的积极斡旋和推动之下，朝美立场逐步转圜。2005 年 7 月，朝、美双方在纽约进行了工作层接触，表露出复谈的意愿。双方初步商定，7 月底召开新一轮六方会谈，请求中方与各方协调会期等具体事宜。

2005 年 7 月 26 日起，第四轮六方会谈在北京举行。外交部副部长武大伟担任中方代表团团长。会谈开始后，我们积极居中调停，努力做各方特别是朝美两家的工作，推动各方一致同意达成一个积极的共同文件。

7 月 28 日中午，我在钓鱼台国宾馆小范围宴请与会各方代表团时说，朝鲜半岛核问题是当今世界最复杂的问题之一，六方会谈也是当今世界最艰巨和最受关注的会谈之一。大家肩负着艰巨而光荣的使命。越是困难的工作，如果做好了，解决了问题，就越有价值。相信通过你们的工作，会谈能取得圆满结果，历史会记录下你们辛勤的工作和卓越的贡献。

我强调，实践证明，通过对话和平解决核问题是一条正确的道路。通过对话和平解决核问题，在朝鲜半岛开创和平、发展、合作的新局面是大势所趋，人心所向。国际社会尤其是六国政府、领导人和人民都非常关注在钓鱼台举行的六方会谈，希望大家能在钓鱼台钓到"大鱼"。相信大家都会珍惜时隔 13 个月后重开会谈的机会和目前的良好局面，共同努力，扩大共识，缩小分歧，达成我们大家期待的目标。

第四轮会谈期间，各方通过全会、团长会、双边磋商等多种形式进行了广泛接触，表明各自立场并提出相关主张和设想。各方基本确定了朝鲜弃核并重返《不扩散核武器条约》，接受国际原子能机构保障监督，美朝实现关系正常化，各方向朝鲜提供能源援助及安全保障的解决框架。美方同意暂时搁置朝鲜铀浓缩问题，留待今后讨论解决。各方同意制定六方会谈共同文件，并就此进行了反复磋商。

由于朝美两家在共同文件涉及的朝鲜弃核范围问题上尖锐对立，导致磋商陷入僵局。双方均表示，目前的障碍不是文件措辞问题，而是双方立场仍然存在根本分歧，须回国向本国政府报告有关情况。到 8 月 6 日，会谈已进行了 12 天，各方都表示希望暂时休会。

8 月 7 日，第四轮六方会谈第一阶段会议宣布休会，期间，各方继续保持沟通与磋商。

2005 年 9 月 13 日至 19 日，第四轮六方会谈第二阶段会议在北京召开。会前召开了六方团长会暨复会仪式。会议在第一阶段会议的基础上继续进行双边和多边磋商，重点就共同文件的内容进行了深入讨论。"轻水反应堆"是各方争论的焦点问题。朝方表示，愿在弃核范围上显示灵活，同时要求将美方向朝鲜提供"轻水反应堆"写入共同文件。美方表示，理解朝鲜国内电力供应的困难，愿意考虑以符合朝鲜实际情况的适当方式向朝方提供援助，但"轻水反应堆"不是解决朝鲜能源问题的合适方式。

我们在综合各方特别是朝美立场的基础上，就各方关切的朝鲜弃核范围和轻水反应堆问题提出了折中草案，并且耐心做各方的工作，引导各方达成妥协。9 月 17 日，正好是中秋节的前一天晚上，我在钓鱼台国宾馆为前来参加第二阶段会议的与会代表团举行小范围晚宴及中秋赏月活动，共度中秋。整个活动轻松愉快，气氛友好，我借着这个机会重点就推动共同文件做了美方和朝方的工作。

晚宴伊始，我首先致辞说，明天是中秋佳节。中秋月最圆，在中国是家人团聚的好日子，也是期待丰收的时刻。我们来自不同国家，但都生活在同一个地球村里，共享一轮明月。很高兴今晚与各方代表团聚集在这里，共同迎接中秋佳节。今晚这个聚会很有意义。几天来，各方在第一阶段会议成果的基础上，继续进行了紧张、认真、务实和深入的磋商，为争取就朝鲜半岛无核化目标达成原则协议作出了积极的努力，取得了可喜的进展。中方作为主席国，在充分听取各方意见的基础上，以负责任的态度，经过慎重研究，以主席名义提出了一份兼顾各方利益和关切的共同文件草案。应该说，这是目前情况下各方能够达成的最现实的方案，是一个平衡、共赢的方案，也是各方共同努力的佳作。不能说这个方案十全十美，但它是全的、美的，况且世界上也并没有绝对理想的东西。

我说，六方会谈是一个创举。经过各方共同努力，我们先后举行了四轮会谈，取得了积极的成果。实践证明，六方会谈不仅是通过对话和平解决朝鲜半岛核问题的唯一现实有效的途径，而且也是有关各方增信释疑、扩大共识、促进合作、维护共同利益的重要平台。在推进会谈进程的道路上，无疑还会遇到种种困难，但从维护朝鲜半岛和本地区持久和平与稳定、实现半岛无核化目标的大局出发，我们只能也必须迎难而上，不断前进，不能后退，后退没有出路。

席间，我对朝方团长金桂冠说，本轮会谈一个很重要的成果是朝美两家谈起来了。这是一个重要变化，也符合朝方的想法和利益。如果本轮会谈能就共同文件达成一致，将是六方会谈的重要阶段性成果。当然，以后要做的事情还很多，但必须沿着这条路走下去，别的路是走不通的。对美方团长希尔，我重点提醒他，美方应珍惜第四轮会谈取得的积极成果，接受中方提出的共同文件草案。

经过反复而艰苦的磋商，最终会谈于9月19日达成共识，并对外发表六方会谈启动两年来达成的第一份共同文件，即"9·19"共同声明。其主要内容包括：六方一致重申，以和平方式可核查地实现朝鲜半岛无核化是六方会谈的目标。朝方承诺，放弃一切核武器及现有核计划，早日重返《不扩散核武器条约》，并回到国际原子能机构保障监督。美方确认，美国在朝鲜半岛没有核武器，无意以核武器或常规武器攻击或入侵朝鲜。韩方重申其依据1992年《朝鲜半岛无核化共同宣言》不运入、不部署核武器的承诺，并确认在韩国领土上没有核武器。六方承诺，根据《联合国宪章》宗旨和原则以及公认的国际关系准则处理相互关系。六方承诺，通过双边和多边方式促进能源、贸易及投资领域的经济合作。六方承诺，共同致力于东北亚地区持久和平与稳定。六方同意，根据"承诺对承诺、行动对行动"原则，采取协调一致步骤，分阶段落实上述共识。这项声明的达成相当不容易，是我们坚持不懈做各方工作和各方共同努力的宝贵成果。

"9·19"共同声明是六方会谈的重要成果，为和平解决朝鲜半岛核问题指明了方向，来之不易，值得各方倍加珍惜。然而正当国际社会为"9·19"共同声明的发表而欢欣鼓舞时，美朝关系再掀波澜，六方会谈又面临停摆的危险。

冬去春来新进展

"9·19"共同声明发表之后，美国财政部认定朝鲜利用澳门汇业银行账户从事洗钱和制造假美钞的活动，下令美国金融机构中断与这家银行的商业往来。澳门汇业银行随即中止了与朝鲜的业务，包括冻结朝鲜政府存在银行的资金。朝鲜则否认美国的指控。朝美围绕这一问题争执不下，六方会谈陷入僵局。

2005年10月28日至30日，胡锦涛主席访问朝鲜。在与金正日总书记的会谈中，胡主席着重就继续推进六方会谈的问题深入做工作。金正日总书记最终同意朝鲜参加同年11月举行的第五轮六方会谈。

2005年11月9日，第五轮六方会谈在北京举行。考虑到这轮会谈将触及难度较大的实质性问题，而且形势仍然受到汇业银行问题的影响，中方提议会谈分阶段进行，第一阶段的重点放在各方介绍本国履行在"9·19"共同声明中所做承诺的计划和措施，以及对如何落实共同声明的原则考虑，不进行实质性谈判。

会上，各方就研究和制定落实"9·19"共同声明的具体方案进行了探讨。朝方提出了落实共同声明的五点原则立场，包括明确各方承诺的具体内容必须体现"行动对行动"、"同步走"和"解决彼此关切"等原则。日、韩、俄也提出了各自的初步设想。

澳门汇业银行涉朝资金问题成为美朝两家争论的焦点。朝表示"9·19"共同声明发表后，美国即对朝鲜实施金融制裁，违背了共同声明的精神。在受制裁情况下，朝鲜无法讨论弃核问题。美方表示，金融制裁问题不应成为六方会谈议题。第一阶段的会谈共进行三天，于11月11日结束。在历时三天的会谈中，朝美一度紧张对立，火药味十足。但会谈仍然发表了主席声明，重申将根据"承诺对承诺、行动对行动"原则全面履行共同声明，早日可核查地实现朝鲜半岛无核化目标，维护朝鲜半岛及东北亚地区的持久和平与稳定。

为妥善解决涉朝金融问题，继续推进六方会谈进程，我国领导人分头出面做朝美高层的工作。然而，各方围绕重启六方会谈和解决汇业银行涉朝资金问题进行的磋商未能取得积极进展。朝鲜多次表示将采取报复措施。

2006 年 7 月 5 日，朝鲜连续试射七枚导弹，其中包括一枚"大浦洞 II 型"中远程弹道导弹，引起各方强烈反应。美、日、韩、俄纷纷谴责，美、日还试图推动安理会通过对朝制裁决议。

7 月 11 日下午，胡锦涛总书记在人民大会堂会见了来华访问的朝鲜最高人民会议常任委员会副委员长杨亨燮，并请他转达给金正日总书记的口信。同时，中央还决定派国务院副总理回良玉同志带着胡锦涛总书记的口信访问朝鲜。

当天晚上，我在钓鱼台国宾馆约见朝鲜驻华大使崔镇洙。我介绍了胡锦涛总书记会见杨亨燮副委员长的情况，请朝方以最快速度将胡锦涛总书记的口信如实报告金正日总书记，并希望朝方尽快作出积极回应。崔镇洙表示，朝方代表团和使馆已以最快速度将胡锦涛总书记给金正日总书记的口信报回国内。

回良玉副总理访朝期间，金正日总书记委托朝鲜最高人民会议常任委员会委员长金永南和国防委员会第一副委员长赵明禄共同会见回良玉副总理，并转达了致胡锦涛总书记的口信。口信重申朝鲜通过对话协商和平实现朝鲜半岛无核化的意志未变，同时表示半岛和东北亚地区出现复杂局势的责任在于美国对朝的敌视政策，是美国对朝鲜制裁压力和反朝阴谋不断升级的结果，朝鲜无法戴着"被制裁"的帽子参加六方会谈。

7月16日，联合国安理会一致通过关于朝鲜射导的1695号决议，要求朝鲜暂停所有与弹道导弹有关的活动。在我们努力下，决议最终删除了草案中有关援引《联合国宪章》第七章的内容，避免将朝鲜射导问题直接定性为威胁国际和平与安全，弱化了对朝鲜实施制裁的措辞，增加了中方提出的支持六方会谈、各方保持克制、不要采取加剧紧张形势的行动、继续通过政治和外交努力解决问题等内容。

安理会决议通过以后，朝鲜立即发表声明，拒绝接受决议。此后，形势继续激化，10月9日上午9时35分，朝鲜在咸镜北道吉州郡丰溪里进行了一次当量约4000吨TNT炸药的地下核试验。国际社会对朝鲜核试反应强烈。10月15日，安理会一致通过关于朝鲜核试验问题的1718号决议，对朝鲜核试表示谴责，要求朝鲜立即放弃核武器及核计划，无条件重返六方会谈。

10月下旬至11月，僵持着的朝美双方逐渐显示出转圜的意愿。我们抓住时机，两次促成中、朝、美六方会谈团长在北京举行非正式会晤。朝美在会晤期间多次进行直接接触。在中方的积极推动下，各方终于就圣诞节前重启六方会谈达成一致。

2006年12月18日至22日，第五轮六方会谈第二阶段会议在北京举行，六方会谈进程在中断13个月后再度激活，朝鲜核试后出现的地区紧张局势得以缓和，半岛无核化进程重新启动。12月19日晚，我在钓鱼台国宾馆再一次小范围宴请与会各方代表团。我说："我从同事们那里了解到这两天会谈的一些情况。令人高兴的是，第一，各方都重申坚持半岛无核化这个目标；第二，各方都重申全面履行'9·19'共同声明的庄严承诺，而且开始讨论落实共同声明的具体措施；第三，各方都表示要致力于维护半岛和平稳定，重申通过对话和平解决半岛核问题；第四，各方都希望这次会晤取得实质成果；第五，会谈中大家进行了坦率、认真、深入的讨论。可以说，谈判在深化，共同点在增加。我想打个比喻，现在大家共同拉着一辆车爬山坡，只能前进，不能后退，后退是没有出路的。希望并完全相信大家会劲儿往一处使，共同努力，好好谈判，谈出一个好的结果来。"

我还谈到，朝鲜半岛核问题可说是当今一个最为重大、复杂、艰难的世界性难题之一。几年来的实践证明，六方会谈是通过对话和平解决半岛核问题的唯一现实有效途径。在这一过程中，出现一些曲折和困难，是很自然的事。相信大家会以最大的诚意，尽最大的努力，发挥最大的智慧来解决这个难题，为东北亚以及世界的和平、发展作出贡献。

席间，金桂冠对我说，六方会谈复谈本身就是成果，希望这次大家能够取得共识，六方会谈能进行下去。当然，一下子解决所有问题不可能。但对话已经开始，朝鲜同美国的对话也在深化。相信事情会有好的进展。现在需要过这个难关，就如同要跨过黄河一样。我对他说，要争取此次会谈取得好结果，这样就可以此为基础继续向前走。此次美方似乎也在向前走，希望朝鲜同志抓住机遇。

希尔在向我告辞时说，看来他这次可能会空手而归。我对他说，要沉住气。最近两个月以来，朝美两家的频繁接触是好事，增进了双方的相互了解，功夫不会白费，越是艰难的时候越要努力。

接下来，各方在第五轮六方会谈第一阶段会议的基础上，围绕落实共同声明具体规划和起步阶段各方要采取的行动进行了深入探讨，并就设立相关工作组交换了意见。各方再次确认"9·19"共同声明精神，重申履行各自承诺，致力于以对话方式和平实现半岛无核化。由于朝美两家仍未能就澳门汇业银行涉朝资金问题达成协议，会谈未能形成具体成果文件，但会议再次发表了主席声明。在声明中，各方重申通过对话和平实现朝鲜半岛无核化是各方的共同目标和意志，重申将认真履行在 2005 年 9 月 19 日共同声明中作出的承诺，同意根据"行动对行动"原则，尽快采取协调一致步骤，分阶段落实共同声明。各方同意暂时休会并尽早复会。

2007 年 2 月 8 日至 13 日，第五轮六方会谈第三阶段会议在北京举行。美韩两国拒绝以无限期对朝能源援助来换取朝鲜暂停运行核设施，坚持将对朝能源援助同朝弃核步骤挂钩。

面对复杂形势，我们在朝方与美韩之间反复做工作，推动朝方在弃核方面迈出更大步伐，敦促美韩在能源援助方面体现灵活，强调中方也愿承担责任。在美韩与朝方讨价还价陷入僵局时，我也出面积极斡旋，促使有关方达成妥协。

2 月 9 日晚，我在钓鱼台国宾馆会见与会各方代表团时说："去年 12 月 19 日我曾在这里与大家见面，当时正是隆冬时节，我来给大家加油、助威。50 天过去了，虽然冰雪尚未完全消融，但已经能够感受到春天的气息。50 天来，各方为推动六方会谈进程做了大量工作。这两天大家谈得很深入，也很辛苦。为落实'9·19'共同声明开好头，起好步，是六方的共同需要，也是国际社会的强烈期待。希望六方团长心往一处想，劲往一处使，抓住当前的难得机遇，克服困难，推动会谈取得积极成果。六方会谈机制是一个非常值得珍惜的、管用的好机制，相信大家只要满怀诚意，坚持不懈谈下去，与时俱进地用好六方会谈机制，就一定能够实现我们的目标，把东北亚地区建设成为持久和平、共同繁荣的和谐地区。"

其他五方代表团团长先后发言。朝鲜代表团团长金桂冠和美国代表团团长希尔都认为会谈充满了不确定性，对会谈结果没有把握。希尔认为朝方斤斤计较，而金桂冠则表示朝鲜下决心关闭宁边核设施，理应获得补偿。

我对金桂冠建议，朝方务必抓住机遇，灵活运用策略，把能够拿到手的成果先拿到手。比如这一阶段如果就共同文件达成了协议，朝鲜就能争取到尽早解决澳门汇业银行问题，其影响远不止于拿回被冻结的资金。

经过激烈折冲，会议在 2007 年 2 月 13 日下午最终通过了《落实共同声明起步行动共同文件》（简称"2·13"共同文件）。根据这个文件，朝方同意以最终废弃为目标，关闭并封存宁边核设施，包括后处理设施。朝方邀请国际原子能机构（IAEA）人员重返朝鲜并进行 IAEA 和朝方同意的一切必要的监督和验证。朝方同意在下一阶段对其所有核计划进行全面申报，并实现核设施的去功能化。美方将启动不再将朝列为支恐国家的程序，并将推动终止对朝适用《敌国贸易法》的进程。美国将与其他各方一道向朝提供相当于 100 万吨重油的经济、能源及人道主义援助。首批相当于 5 万吨重油的紧急能源援助将在 60 天内开始。各方还同意设立朝鲜半岛无核化、朝美关系正常化、朝日关系正常化、经济与能源合作以及东北亚和平与安全机制五个工作组。

"2·13"共同文件的发表，标志着六方会谈进入落实"9·19"共同声明的"行动对行动"阶段，半岛无核化取得新进展。

难以弥合的分歧

"2·13"共同文件发表后一个多月，即 2007 年 3 月 19 日至 22 日，第六轮六方会谈第一阶段会议在北京举行。会议原拟讨论落实起步阶段行动的具体措施和下一步行动，但是，由于汇业银行涉朝资金问题未能解决，朝鲜拒绝参加六方会谈有关具体问题的讨论。六方最终同意于 3 月

22 日休会，并于汇业银行涉朝资金问题解决后再复谈。

为尽快解决汇业银行涉朝资金问题，继续推进六方会谈进程，我们做了大量推动工作，最终使该问题得到解决。这为继续推动六方会谈创造了良好的条件。

2007 年 7 月 18 日至 20 日，各方在北京举行六方会谈会间团长会。7 月 19 日晚，我宴请了六方会谈各方代表团团长。我说，很高兴时隔四个月再次与各位相聚。此次团长会是在汇业银行涉朝资金问题得到解决，各方采取具体措施迈出起步行动步伐的新形势下召开的。目前看，此次会谈开得好，有成果，气氛也融洽。现在我们做到了两年前难以想象的事，这是大家共同努力的结果。人们常说万事开头难，我们已迈出重要步骤，值得庆贺。只要我们好好运用几年来积累的经验，坚持和平对话解决问题，有诚意、决心和耐心，不怕困难和挫折，心往一块儿想，劲往一处使，本着"行动对行动"的原则不断攀登，就一定能够取得成果。希望各位团长坚持不懈，继续勇担重任，做成这件具有历史意义和世界性影响的大事。

各方团长均对中方热情、周到的接待工作表示由衷的感谢。美方团长希尔表示，涉朝资金问题已经解决，过去一周的形势发展非常重要。我们应有一个时间表，共同努力加快往前走。

朝方团长金桂冠发言表示，每次六方会谈戴副部长都要在百忙之中抽出时间来会见大家，体现了中国政府对六方会谈的关心和重视。在过去四个月中，各方均以自己的方式为六方会谈作出了努力，这有力地回击了那些持怀疑态度的人。通过今天的会谈，我备感"9·19"共同声明和"2·13"共同文件是两个好文件，一个指明了方向，另一个则为我们提供了方法。只要我们认真履行这两个文件，就一定能够实现朝鲜半岛无核化。

我说，正如各位团长所言，如果不回头看的话，我们似乎还在原地踏步，但是一回头看，就知道我们已经走了很长的路，已经为继续前行奠定了很好的基础。不能以为我们的面前是一马平川，我们仍需要有耐心。中国的大文豪鲁迅先生讲过，这世界上原本没有路，走的人多了，也就成了路。因为有越来越多的人在走，我们的路就会更加好走。

2007年9月27日至30日，第六轮六方会谈第二阶段会议在北京举行。此次会议的背景微妙复杂。会前，落实共同声明起步行动已全面完成，五个工作组相继举行会议并不同程度取得了进展。另一方面，美国抛出了朝叙（利亚）核合作问题并借机炒作。日本福田康夫组建新内阁，朝日关系步入相互观望和调整的新时期。围绕即将召开的朝韩第二次峰会，美、日、朝、韩四国进行了外交博弈，关系微妙。

会议期间，我们按照既定方针，充分做好会议应对方案，紧紧抓住会议主题，有针对性地做各方工作，促成朝美两家"静悄悄"地处理朝叙核合作问题，排除了干扰，妥善解决了朝方与美日之间的争执，保证了会议取得积极进展。

9月29日晚，我会见各方代表团团长，继续做各方工作。我说："六方会谈备受世界各国人民和领导人的关注，全世界的人都在看着我们交上什么样的答卷。几年以来，这一机制运作得比较好，与各方的共同努力分不开。我们迄今所做的大量工作和所取得的各项成果充分证明，六方会谈机制是现实有效的，而且具有强大的生命力，平等对话和协商是解决问题的唯一途径。"

我进一步表示，本次会议已开了三天，大家工作得很辛苦，谈得很深入。天道酬勤，只要付出辛勤劳动，就会有相应的回报。各位围绕下一阶段行动进行了很好的沟通，已就绝大部分内容达成了共识。现在还存在一些小的难题，与两三年前相比，当时困难要大得多。我相信，只要各方坚定意志，发挥智慧，就一定能克服剩下的一点点困难，推动本次会谈取得积极成果。我最后强调："不能允许六方会谈进程停滞，应不断将会谈推向前进，各方可以共同做更多实事，使本次会谈取得成功。"

席间，我与金桂冠进行了交谈。我问他，这次能否克服困难，达成协议。金桂冠说，现在矛盾焦点在于朝鲜承诺在2007年12月31日之前完成去功能化和申报，美国却不肯把将朝鲜从"支恐"名单中除名和终止适用《敌国贸易法》的内容写入本次会谈的共同文件，也不肯设定时限。我对他说，各方要共同努力，克服困难。不要因小失大，从而影响无核化进程，小不忍则乱大谋。

在接下来的会议期间，各方听取了各工作组的工作报告，确认"2·13"共同文件规定的起步行动落实情况，重点就落实共同声明下一阶段行动的具体内容进行了讨论。美、日、韩三方仍要求设定下一阶段行动时限，明确朝鲜申报和去功能化的具体技术细节。而朝方则要求把美国将朝鲜从"支恐"名单除名和停止对朝鲜适用《敌国贸易法》写入本次会议的共同文件。各方围绕上述问题争执不下。中方在综合各方立场的基础上，及时提出文件草案并耐心做各方工作，最终引导各方就案文达成一致。

10月3日，会谈正式对外发表经各国政府批准的《落实共同声明第二阶段行动共同文件》（简称"10·3"共同文件）。根据文件，朝同意在2007年12月31日以前完成对宁边5兆瓦实验性反应堆、后处理厂（放射化学实验室）及核燃料元件制造厂的去功能化，并于2007年12月31日前对其全部核计划进行完整、准确的申报。美将按照朝美关系正常化工作组会议的共识，根据朝方行动并行履行关于启动不再将朝列为"支恐"国家程序及推动终止对朝适用《敌国贸易法》进程的承诺。各方继续向朝方提供经济与能源援助，同意适时召开六方外长会。

第六轮六方会谈第二阶段会议后，朝美双方围绕朝核申报问题进行了反复较量。经我们做工作，朝美两国的六方会谈代表团团长于 2008 年 3 月中旬和 4 月上旬分别在日内瓦和新加坡进行了两次会晤，就朝核申报和美国将朝鲜从"支恐"国家名单中除名等问题交换意见，达成一定共识。4 月下旬到 5 月上旬，朝美双方在平壤进行了两次工作层磋商，朝方向美方提交了长达 18000 页的核设施运行日志。解决朝核申报问题的条件和时机渐趋成熟。

2008 年 6 月 26 日，朝方通过中方正式向六方会谈提交核申报。申报内容涉及核计划、核设施和核材料，未包括核武器。美国总统布什同日宣布终止对朝鲜适用《敌国贸易法》，并通知国会他有意将朝鲜从"支恐"国家名单中除名，除名将在 45 天后生效。中方则在接受朝鲜申报前发表了一份介绍落实共同声明第二阶段行动最新进展的六方会谈主席声明。6 月 27 日，朝鲜炸毁了宁边核设施标志性建筑冷却塔，这标志着半岛无核化进程再次迈出实质性步伐。

2008 年 7 月 10 日至 12 日，第六轮六方会谈第二次会间团长会在北京举行。会议建立了验证和监督机制，确定了有关机制的指导原则和落实第二阶段行动的时间框架，并发表了新闻公报。

此后，朝美双方在对朝鲜申报进行验证问题上的矛盾日趋尖锐。美方将解决验证问题作为将朝鲜从"支恐"国家名单除名的前提条件，双方在验证的范围、方式等问题上存在分歧，僵持不下，致使第二阶段行动的落实受到影响。

8 月中旬，朝方以美方未如期履约为由中断了宁边核设施的去功能化。为防止六方会谈成果付诸东流，我们利用各种场合反复做朝美两家的工作，重点推动他们尽快举行会晤。在我们的努力推动下，美国助理国务卿希尔于10月初访问朝鲜，双方就验证措施文件内容和美国将朝鲜从"支恐"国家名单除名问题达成原则共识。10月11日，美国宣布将朝鲜从"支恐"国家名单中除名。次日，朝鲜宣布恢复宁边核设施去功能化工作。

2008年12月8日至10日，第六轮六方会谈第三次会间团长会在北京举行。会议就落实第二阶段行动、验证问题及东北亚和平与安全指导原则等议题进行讨论。验证问题是会议讨论的焦点和最大难点，由于各方分歧较大，会议未取得实质性进展。会后发表了基调积极的主席声明，但此次团长会未能确定下一轮六方会谈的会期。

第六轮六方会谈第三次会间团长会后，由于朝美双方在验证问题上的分歧难以弥合，六方会谈陷入了停滞。

总的看，经过六轮会谈，六方会谈的确达成了一些重要共识，但是，朝美双方的根本分歧仍然没有获得解决。美方坚持在向朝方提供安全保障之前，朝方必须采取实质性的行动先放弃核计划。朝方则提出了"同步走、一揽子"方案，坚持要先得到可靠的安全保障。朝美双方缺乏应有的相互信任，使六方会谈达成的共识无法得到落实。随后，六方会谈重启不断遭遇挫折，朝核问题的解决变得愈发艰难了。

核试危机软着陆

2009年4月5日，朝鲜宣布成功发射卫星。4月14日安理会通过主席声明，谴责朝鲜发射卫星的行为，要求朝鲜遵守联合国安理会1718号决议。同日，朝鲜外务省发表声明，宣布退出六方会谈，驱逐国际原子能机构驻宁边工作人员。

2009 年 9 月，在平壤与时任朝鲜第一副外相的姜锡柱握手

5月25日，朝方在咸镜北道吉州郡丰溪里进行第二次地下核试验。5月27日，朝鲜人民军发表声明，宣布不再受《朝鲜停战协定》的约束。6月13日，安理会一致通过1874号决议，最严厉谴责朝鲜再次核试，扩大对朝制裁措施。朝鲜随即发表声明，谴责和抵制安理会决议，但也未进一步采取实质性对抗行动。

为防止局势进一步恶化，中方利用各种时机，多层次、多角度做各方工作，敦促各方保持冷静克制，妥善应对，切实维护地区和平与稳定。

2009年9月16日至18日，我作为胡锦涛主席特使访问朝鲜，希望就朝核问题面见金正日等朝鲜领导人。朝鲜最高领导人、朝鲜劳动党总书记金正日在百花园迎宾馆会见了我，我还简短会见了朝鲜最高人民会议常任委员会委员长金永南，并与金正日的主要外交顾问、朝鲜外务省第一副相姜锡柱和副外相金永日举行了会谈。经过坦诚沟通，朝方表示不会放弃无核化目标，愿意通过朝美谈判推进这一进程，必要时也可启动多边谈判，包括中、朝、美三方或中、美、朝、韩四方会谈。

9月16日，我一抵达平壤，就在万寿台议事堂与朝鲜第一副外相姜锡柱就朝核问题交换了意见。我和他是老相识，交谈起来也就比较坦诚和直截了当。

在谈话中，姜锡柱着重强调了三点：首先，在朝美关系持续紧张的情况下，朝鲜必须有自己的生存方式。拥核才是唯一有效的途径。第二，半岛无核化是金日成主席的遗训，朝鲜渴望实现半岛和世界的无核化，从来没有说过要放弃半岛无核化目标。但美国的真实意图并非在全世界销毁核武器，而是希望强化防扩散体系，保持有核国家的核垄断地位。朝鲜不会在美国完全销毁核武器之前弃核。第三，联合国安理会应先取消对朝制裁，然后朝鲜才可以考虑是否重返六方会谈。

在听取了姜锡柱的谈话后，我也阐述了中方的三点立场：第一，中国党和政府坚定不移地坚持中朝友好的大政方针。新中国成立 60 年来，不管国际风云如何变幻，不管朝鲜同志如何看待我们，我们党和国家始终坚持中朝友好的方针不动摇。第二，中国党和政府坚定不移地支持你们坚持金日成主席半岛无核化的遗训，集中力量建设强盛国家。朝核问题是国际和地区重大问题，是一个世界性问题。这个问题关乎朝鲜安危，关乎地区和平发展，关乎中国的重大利益，两国人民高度关注，世界人民广泛瞩目。我们必须处理好这个问题。半岛无核化是金日成主席的遗训，是金日成主席作出的战略选择。金正日总书记继承了这一遗训。当前半岛局势并未发生根本变化，没有理由改变和放弃这一战略。拥核与当今时代潮流相悖，不能保障朝鲜的安全，还会严重制约朝鲜的发展。拥核只会恶化而不会改善朝美关系。第三，为实现半岛无核化，中方作出了巨大努力，尝试了各种办法。从三方会谈到六方会谈，我们与朝鲜同志探索出了一条通过和平谈判解决朝核问题的途径，我们始终认为这是一条对朝鲜有利的路，是一条能够走通的路。六方会谈不是没有用。相反，它至少为你们争取了六年的和平环境，为朝鲜与美、日、韩三方改善和发展关系提供了机会。应该说，朝鲜是六方会谈的受益者，而决不是受害者。六方会谈是目前唯一现实有效的解决问题的途径。

我表示，我们是真心想帮助朝鲜同志营造一个好的外部环境来发展自己，使自己的国家更强盛。现在的国际和地区形势有利于你们想办法把工作重心转移到经济发展上来，实现建设强盛国家的目标。目前是朝鲜以弃核换安全、换和平、换发展的重要机遇。如果朝鲜同志能够审时度势，抓住机遇，正确决断，妥善施策，就可能使形势朝着你们希望的方向、好的方向发展，营造有利于朝鲜发展的外部环境。

在随后举行的晚宴上，我对姜锡柱说，中国坚持六方会谈，也支持朝美接触对话，多年来一直为此积极做美方工作。不久前我赴美参加中美战略对话时，还专门就此做了美方工作。姜锡柱表示，中方的作用十分重要，促成六方会谈也很不易，朝方对此很清楚，也很感谢。如果美方愿意谈，朝方随时可以谈。

访朝期间，我还会见了朝鲜外务省副相金永日。我说，中方在朝核问题上完全是一片善意。我们一直坚决反对美国对朝敌视政策。我本人曾反复对美方讲，朝鲜拥核是因为他们感到安全得不到保障。特别是伊拉克战争后，朝鲜的安全关切更为强烈，美方必须解决好这个问题。同时，中方也认为，拥核不是朝鲜维护社会主义制度的好办法。但是，金永日仍然表示，如果朝鲜不发展自己的防卫力量，不搞核武器，就根本无法消除美国的军事威胁，也无法集中精力来发展经济。但他同时也强调，朝鲜的目的是要解决问题，永远对峙下去对朝鲜没有什么好处。

9月18日，我见到了金正日总书记。我和他的会见一共进行了两个小时。谈到朝核问题，金正日说，半岛核问题的元凶是美国，所以我们自始至终主张同美国解决这个问题。同美国会谈时我们将主张，如果美国实现无核化，我们也有决心实现无核化。朝鲜半岛无核化与美国对朝政策有密切关系，所以我们要同美国讨论这个问题。在谈到六方会谈时，金正日说："我们打算先与美国讨论，听听美方立场，了解美方在六方会谈中的意图是什么，然后再跟中方讨论。如果有继续谈的价值，就进行中方也参加的三方会谈。根据三方会谈的情况，可以考虑吸收南朝鲜参加，变成四方会谈。"

我说，中方感觉，六方会谈机制并非十全十美，但可以善加利用，与朝美对话也不矛盾。六方会谈不够完善的地方可以通过适当方式加以完善。如果完全抛弃六方会谈，不利于朝方运筹外交全局。很多问题的解决都离不开六方的参与。双边对话、三方会谈、四方会谈各有各的功能，都可以放在六方会谈框架下，也是相互联系的。即使从策略上考虑，保留六方会谈也有好处。

金正日表示，在了解了美方的态度后，朝鲜还会考虑利用六方会谈这个平台。我问道："我可不可以这样报告胡锦涛主席，朝鲜同志坚持无核化目标，坚持通过双边、三方、四方，也不排除六方会谈等对话方式解决问题。"金正日点头表示可以，但也强调，关于六方会谈，还要先跟美国人谈一谈，然后才能考虑。

从 2009 年下半年起，朝核形势趋向缓和。朝鲜邀请美国前总统克林顿访朝以后，派高级别代表团赴韩出席了韩前总统金大中的葬礼，显露出希望打破僵局、缓解制裁的强烈愿望。我们立即抓住时机，通过温家宝总理访问朝鲜等机会，直接做朝鲜最高领导人的工作，推动朝方就重启六方会谈作出积极表态。在中方的积极推动下，美国国务院对朝政策特别代表博斯沃思于 2009 年 12 月访问了平壤，同朝方进行了高级别接触。双方就六方会谈的必要性和履行"9·19"共同声明的重要性达成共识。朝鲜第二次核试引发的危机实现了软着陆。

"简直就是个奇迹"

就在六方会谈举步维艰的时候，半岛局势又节外生枝，在 2010 年先后发生"天安号"事件和延坪岛炮击等比较大的危机，一时间，战争阴云密布。

2010 年 3 月 26 日晚，韩国海军"天安号"巡逻舰在黄海朝韩争议水域执行军事任务时，因舰尾底部发生爆炸而沉没，104 名船员中有 46 人丧生。

"天安号"事件本与中方无直接关系，但事件发生在我们的家门口，韩朝双方围绕此事尖锐对立，半岛紧张局势持续升级，如果处置不当，局势失控，将引发重大危机，危及我国安全利益。并且，随着美国深度介入，我们无法置身局外，必须积极主动地加以应对。

我们对"天安号"事件的应对过程大体可分为几个阶段。

第一阶段是 3 月 26 日至 4 月底事件的初始阶段。当时，事态相对平静，韩国没有贸然将事件与朝鲜直接挂钩，对外表态比较慎重。美国、日本等一些西方国家率先向韩国表示慰问，国际社会更多表示震惊，表态都很谨慎，没有先入为主地作出判断。美方对事件真相也无定论。

鉴于"天安号"沉没原因不明，我们未急于公开表态，仅在内部向韩国方面表示哀悼和慰问。此后，朝方于 4 月 17 日公开否认与"天安号"沉没有关。同时，我们向朝方探询情况，得到的答复也是他们与事件毫不相干。在初步了解情况的基础上，中国外交部首次公开表态，强调"天安号"沉没是一起不幸事件，相信有关方面能够妥善处理。

随着事态发展，韩方对中方立场的关注开始上升。我们在最初表态的基础上进一步显示了善意的姿态。李明博总统 4 月底出席上海世博会开幕式，胡锦涛主席会见他时，开门见山就对"天安号"事件表示了哀悼和慰问，希望有关问题能在查明原因的基础上获得妥善处理，避免影响半岛和平稳定大局。胡锦涛主席的这一表态使现场气氛一下子显得轻松起来，取得了很好效果。李明博当场向胡主席致谢，表示韩国政府对"天安号"事件十分慎重，正在对事件原因进行科学客观的调查，如有新进展会提前向中方通报并同中方协商。特别值得一提的是，胡主席的表态是宾主刚刚落座后，当着双方记者的面说出去的，韩国媒体立即做了大量报道，有力地引导了韩国舆论，在中韩之间增信释疑方面发挥了重要作用。由此可以看出，在外交场合表态内容固然重要，时机同样不能忽视，拿捏好了可以取得事半功倍的效果。

通过一番"以逸待劳"的稳妥处理，我们在这一阶段平衡照顾了朝韩双方的关切，在国际社会上树立了客观、公正、负责的形象，占据了道义制高点，保持了灵活和主动。

第二阶段是 5 月至 6 月初事件逐步发酵的阶段。进入 5 月，韩方主导的联合调查层层深入，把矛头逐渐指向朝鲜。5 月 20 日，韩方正式公布调查结果，直接将肇事者锁定为朝鲜，并在双边层面宣布多项对朝制裁措施。韩国还持续放出风声要求安理会介入，开始为今后采取行动预作铺垫。美国态度趋向强硬，日本对事件大肆炒作，其他西方国家在安理会介入问题上与韩国、美国、日本持相同观点。与此同时，朝鲜对各方的指责严词反驳，坚决否认事件与自己有关，还宣布许多反制措施。朝韩对峙升级，形势剑拔弩张。

5 月 20 日，韩国一公布调查结果，我就立即召集会议，研判最新形势，商讨下一步工作。当时，我们预见到，"天安号"事件已被高度政治化，如果韩方将事件提交安理会，美国等肯定会推动安理会讨论并作出针对朝鲜的决议，朝方也势必会强烈反弹，导致形势轮番升级。

我们当时的判断，下一步事态发展存在着三种可能：一是韩朝两家各执一词，大打口水战，一段时间后逐渐平息。二是南北出现一定时期的严重对峙，半岛形势持续紧张。三是一方或双方把握不当，擦枪走火，酿成军事冲突。

基于这一判断，我们认为在处理这一事件上，中方要始终高举维护半岛和平稳定旗帜，保持客观、公正的立场，避免激化矛盾，统筹处理好与韩国、朝鲜、美国等几组关系，积极主动施加影响，尽可能引导事态逐步降温。

我们首先选择利用第二轮中美战略与经济对话在北京举行的机会，对美国国务卿希拉里·克林顿做工作。5月23日，我在会见克林顿国务卿时讲了以下几个观点：

第一，无论如何都要维护半岛和平稳定，别的事情都应该服从这个大局。中国决不允许自己家门口出乱子。不管是谁，只要做破坏半岛和平稳定的事，中方都坚决反对，我们不会偏袒任何一方。

第二，目前南北双方情绪都很激动，这时候应该降温，而不是火上浇油。如果任由南北双方发泄情绪，温度就会不断升高，半岛局势紧张就会轮番升级，最后可能造成新的危机，甚至引发冲突和灾难性局面。这就好比两个人在打架，都很激动，这时最要紧的是先把人分开，冷静下来，然后再讨论其他问题。

第三，这件事能给我们带来什么启示和教训。为什么半岛不断出现紧张局面？虽然南北双方已经停战几十年了，但从法律意义上讲还处在战争状态，双方严重对峙和对立，仇恨越积越多，越积越深，一不小心就可能出现爆炸性局面。因此，要让半岛真正结束敌对状态，走出战争阴霾，就必须构建半岛和平机制，这个问题变得越来越紧迫了。

第四，中美双方应该加强协调合作。中美双方在很多国际和地区问题上进行了很好的沟通、协调和合作，应该本着对半岛和平稳定高度负责任的态度真诚合作，争取化挑战为机遇，变坏事为好事。

为发挥俄方的积极作用，我们也积极与他们协调立场。6月4日，我在中南海会见俄罗斯外长拉夫罗夫时说，朝鲜半岛局势事关中俄的战略安全环境，中俄在这个问题上要加强协调。拉夫罗夫说，俄方愿同中方在对美关系和半岛局势等共同关心的重大国际和地区问题上保持密切沟通和协调。

第三阶段是 6 月 4 日至 7 月 9 日各方激烈博弈的阶段。6 月 4 日，韩国致函联合国安理会主席，要求安理会就"天安号"事件进行审议，并向安理会提出决议草案，核心是承认韩国联合调查结论，将朝鲜的行动定性为对国际和平与安全的威胁，谴责朝鲜的攻击行动。美国、日本等西方国家对韩国的草案表示支持。

这一阶段的核心更多是大国间的协调博弈。我们认为，如按上述草案定性，并谴责朝鲜，将后患无穷。6 月下旬二十国集团多伦多峰会期间，胡锦涛主席集中做了韩国、美国和俄罗斯总统的工作，强调要低调、稳妥处理好这一事件，避免处理不当激化矛盾，尤其要避免发生冲突，安理会处理结果还是软着陆为好。这使韩美两家对我们的立场、态度和决心有了深入了解，我们与俄方的协调十分有效，促使事件向快速、低调解决方向发展，成功避免了矛盾激化和形势恶化升级。

在这一阶段的应对过程中，我们也很重视与朝鲜的沟通与协调，及时通报相关情况，敦促朝方保持冷静克制，不要采取过激举措，同时建议朝方主动对外发声，向安理会介绍自身立场。朝方总体保持了克制，应对也比较得当，向安理会主席递交信函进行了申诉，一场激烈较量遂得以始终保持在"打嘴仗"的水平上。

7 月 8 日，通过与美方协调，安理会各国就"天安号"事件安理会主席声明草案达成初步一致，案文未认可韩国联合调查结论，未点名谴责朝鲜，未将事件定性为对国际和平与安全的威胁，未对朝鲜实施新制裁，并按中方要求写入了朝方声称此事与其无关及维护半岛和平稳定、鼓励南北双方对话等措辞，内容总体平衡。7月9日晚，主席声明得以发表，"天安号"事件得到妥善了结。

安理会发表主席声明后，有关各方均表示欢迎，高度评价中方发挥的建设性作用。朝方称安理会主席声明是其"取得的外交胜利"，感谢中方付出的大量努力和辛劳。韩方表示国际社会发出一致声音，意义重大。美方称美中两国就"天安号"事件开展的沟通与合作对美中关系和两国在国际事务中的合作具有重要意义。俄方表示，俄中双方在磋商过程中展示了战略互信与战术合作，有效维护了共同利益，对此予以高度评价。联合国秘书长潘基文对中国常驻联合国官员说，最后各方能够达成一致发表这样一个安理会主席声明，简直就是个奇迹！国际舆论普遍认为，声明是各方协调、妥协的产物，是当前形势下对"天安号"事件较为妥当的处理办法，中方在此过程中发挥了关键作用。"天安号"事件就此得到妥善解决，有效地维护了半岛的和平稳定大局，避免了可能发生的巨大灾难。但"天安号"事件究竟是怎么发生的，仍然是一个谜。

平息延坪岛炮火

"天安号"事件之后，2010年11月又发生了延坪岛炮击事件。延坪岛是西海（即黄海）五岛之一，这五个岛屿是白翎岛、大青岛、小青岛、延坪岛、隅岛。朝鲜战争期间，美韩两家凭借海上优势占领了西海五岛。这五个岛屿地理位置偏北，远离韩方一侧海岸，与朝方海岸咫尺相隔。1953年7月签署的《朝鲜停战协定》仅划定了朝韩陆地军事分界线，同时规定上述五岛置于"联合国军"控制之下，但未划定海上军事分界线。1953年8月，"联合国军总司令"克拉克单方面宣布，在西海五岛与朝鲜西部海岸线间划定"北方限界线（NLL）"作为临时海上分界线，而朝方则认为这条分界线是非法无效的。自1999年以来，韩朝双方多次在该区域发生冲突，造成人员伤亡。

韩国军队从2010年11月22日起举行"护国军演"，在延坪岛进行炮击训练，于23日13时向该岛附近海域发射了多枚炮弹。14时30分许，朝鲜海岸炮兵部队向延坪岛发射了180余发炮弹，其中80余发击中韩军炮兵阵地及公共场所，造成韩国军人2死15伤、平民2死3伤。韩军随即向朝鲜炮兵阵地还击80余发炮弹。这一事件使得朝鲜半岛形势再度被推向危险的边缘，引起国际社会高度关注。

炮击事件发生后，韩国上下群情激奋，民众对政府及军方应对不力多有批评。韩国当局采取强硬姿态，撤换国防部长，对外释放强硬声音，同时采取了包括军事演习在内的一系列强硬措施。朝鲜方面表示，是韩国首先发炮，朝鲜随即予以反击。朝方还警告称，如果韩国再继续挑衅行为，朝鲜将予以无情的打击，并在"北方限界线"以北海域多次进行炮击训练。就在炮击事件发生前不久，朝鲜还公开展示铀浓缩能力。此事与炮击事件相互交织，形成叠加效应，半岛局势愈发复杂敏感。

事件初起时，我们首先积极做朝韩两个主要当事方的工作，强调这次延坪岛炮击事件进一步表明推动半岛实现从停战机制到和平机制的转换和建立东北亚安全机制已变得更加紧迫，呼吁和着力推动朝韩接触对话，改善关系，避免再次发生类似事件。我们劝韩方谨慎行事，不将事件提交安理会。与此同时，我们敦促朝方保持冷静，不再采取过激举措。对于美国，我们敦促其发挥负责任大国作用，不要火上浇油。我们还与俄方协调立场，与日方保持必要沟通。

从11月下旬至12月初，形势又有了一些新变化，针对韩美开始在黄海举行大规模联合军演，美国的航母战斗群等大量先进武器装备参加演习，朝鲜反复发出强硬言论，公开宣称将彻底粉碎韩美两家的挑衅。事态呈发酵之势，如果处置不当可能引发新的不测。在这种形势下，中央决定派我紧急赴韩国做工作，推动事态尽快平息，缓和半岛紧张局势。

11 月 27 日至 28 日，我访问韩国，进行了一场坦诚深入的外交沟通。为准备 28 日同李明博总统的谈话，27 日我一直工作到夜里 3 点。韩方对我此访高度重视，金星焕外长 27 日与我交换意见到深夜，李明博总统 28 日和我的谈话超过两小时。中韩双方谈得都很坦诚，也很深入。

我对金星焕外长说，南北海上交火事件是一起很不幸的事件，我们对事件造成人员伤亡和财产损失深表痛心和惋惜，对死难者表示哀悼，对伤者和死难者家属表示慰问。金星焕外长希望中方多做朝方工作。我对金星焕说，南北兄弟之间的问题归根结底要靠两兄弟自己解决。中方一直在提供建设性的、善意的协助，只要能做的、该做的，中方都做了。我们对朝鲜做的工作，一是劝和促谈，劝朝方与韩方对话，改善和发展关系；二是劝朝方集中精力发展经济，改善民生。我强调，南北是手足兄弟，本是同根生，相煎何太急！相信你们有智慧、有能力处理好相互关系。

会见李明博总统时，我重点谈了几点意见：

第一，半岛一定要和平，不要冲突，更不要战争。中方反对任何一方扩大事态。当前形势下，有关各方首先要保持高度冷静、克制和理性，南北双方要坐下来谈。形势发展往往不以人的意志为转移，小的摩擦可以演变为大的冲突甚至战争。此外，南北双方要消消气，尽快坐下来谈，包括最高领导人进行对话。最高层对话效果最好，往往可以实现突破。

第二，中韩关系一定要更好地发展，不要让它受到任何折腾、干扰。中方珍视中韩关系，坚定不移地致力于不断扩大深化两国关系，从没有因

2010 年 11 月 28 日，在首尔会见韩国总统李明博

为一时一事的曲折而发生动摇。

第三，一定要下大功夫推动解决影响半岛和平环境的问题。这些问题持久无限期地存在下去，对半岛和平繁荣不利。解决这些问题，只能靠和平、对话、合作、发展。中国反对任何人制造紧张，挑起冲突，竭尽全力维护半岛和平稳定，坚持对话，在六方会谈框架内实现半岛无核化和朝与有关各方关系正常化，尽快实现半岛停和机制转换，建立和完善区域合作机制，促进区域经济合作，推动共同繁荣发展。

李明博在头一个小时谈话中一直表情严肃，后半段才露出微笑，会见结束后还单独向我表示，他本人愿意超越交火事件，同北方进行对话，包括最高层对话，希望我们提供帮助，并向金正日转达他的想法。

12月8日至9日，我又紧急赴朝鲜做工作。这样的连续出访真称得上是"穿梭外交"了。在访朝期间，金正日总书记会见我的时间超过两小时，我与姜锡柱副总理的会谈超过三小时。

我与姜锡柱副总理会谈时很坦率地谈了三点主要意见：

第一，要保持高度冷静克制，避免局势失控，不能给对方任何扩大事态甚至挑起战争的借口，要防止出现朝鲜无法承受的局面。

第二，要千方百计维护和平。中朝两国当前的核心任务是通过发展壮大自己，这需要和平稳定的外部环境。如果因为处置不当导致局势失控甚至引发新的战火，不符合我们的根本利益。我们要审时度势，审慎把握，防止出现灾难性后果。

第三，要坚持对话解决问题。我们一贯支持朝方同美国、南朝鲜接触对话，改善关系。我们建议朝鲜同志要高举对话的旗帜。

我还对姜锡柱说："当前朝鲜同志高举对话旗帜有助于保持主动。对话也是斗争。中国有句话叫'不战而屈人之兵'，这是上上策。还有一句

2010 年 12 月 9 日，在平壤会见朝鲜劳动党总书记金正日

话叫'小不忍则乱大谋'。战争一开始常常都是小小的星火，星火一旦燃起来就不以人的意志为转移，最终可能酿成大祸。"

下午，双方谈了几个小时，谈得很艰难。晚上，朝方举行欢迎宴会。席间，姜锡柱突然赞赏起我下午的发言来。

12月9日，金正日总书记在百花园迎宾馆会见我。我向他详细介绍了中方在半岛问题上的立场和看法，重点了解朝方的意图，促使朝方保持冷静和克制。我强调中方重视中朝关系，双方应增进战略沟通和政治互信，重视彼此重大关切，加强在半岛事务上的相互协调与配合，维护共同利益。我向他建议，当务之急一是保持高度冷静克制，防止擦枪走火，避免事态扩大升级甚至失控。二是抓紧推进北南、朝美对话，宣布愿意无条件参加六方会谈团长紧急磋商，进而重返六方会谈。三是高举无核化和维护半岛和平稳定的旗帜。

金正日总书记进行了一些解释，也做了一些积极表态。他表示，朝方也希望半岛和平稳定，无意激化半岛紧张，事发当时他就发出了相关明确指示。金正日总书记还说，朝鲜要集中精力搞经济建设，需要和平的外部环境。朝方不会使局势升级。金正日总书记还对我说："每到重要关头，你都来见我，对此十分感谢，我会参考、借鉴中国同志的意见。"

当日下午6时许，我回到北京，随即向胡锦涛总书记做了汇报。金正日关于"不会使局势升级"的积极表态使得解决延坪岛炮击事件有了一个良好的基础。

就在我们的积极斡旋取得初步成果的当口，韩国军队联合参谋本部于12月16日宣布，韩国海军将在本月18日至21日期间的某一天在延坪岛海域举行海上实弹炮击训练。

朝韩将军级军事会谈朝方代表团团长17日向韩国发出通知书，要求韩方立即取消在延坪岛海域举行海上实弹炮击训练的计划。通知书说，如果韩国不顾朝鲜的事前警告，执意举行实弹炮击训练，朝鲜将为保卫自己神圣的领海而进行第二、第三次"难以预测的自卫反击"，其反击强度和范围将比上次更强和更大。通知书要求韩国对朝鲜发出的警告进行"深思熟虑"。

18日，朝鲜外务省发言人在平壤发表谈话，抨击美国唆使韩国进行挑衅，表示将向美国清算由此引起的极端事态及其后果。这位发言人说，韩国声称将在延坪岛再次进行实弹炮击是对朝鲜克制力的"不可容忍的戏弄"，是"完全不正当的好战性挑衅行为"。这一举动一旦越过界线，将给朝鲜半岛带来不可避免的灾祸。同时，朝鲜军方也已经发出警告，将对侵犯朝鲜主权和领土完整的挑衅者进行"坚决的、无情的惩罚"。

我深知，如果朝韩双方发生冲突，特别是爆发战争，将使我国特别是东北地区的安全环境急剧恶化，也会使我们与美国等国的关系紧张、复杂，势必对我国经济发展和战略机遇期带来巨大冲击。我们应该充分认识形势的严重性和敏感性，争取最好结果，又做好应对最坏局面的准备。

12月18日，我向韩国外长金星焕传去口信，主要内容是：打炮与战争之间并无明显的界限，半岛局势处于一触即发的危险状态。中方对此深感忧虑。作为南北双方共同的邻居和朋友，我们真诚希望半岛保持和平稳定，真心希望你们南北兄弟尽早和解，不希望半岛再发生手足相残的民族悲剧。对抗和战争不符合半岛全体人民的利益，也不符合包括中国在内的半岛周边国家的利益。为防止对抗和战争，中方强烈呼吁南北双方冷静、冷静、再冷静，克制、克制、再克制，以对半岛人民和历史，也对本地区周边国家负责任的态度，停止一切可能激化矛盾、恶化局势的行为，尽快通过对话接触缓和形势、改善关系。中方希望韩方以半岛7000多万同胞的安危福祉为重，以切实维护地区和平稳定为重，防止上演"一失足成千古恨"的历史悲剧。如果有情绪需要表达，可以通过非军事的，政治、和平的方式，动武绝不是好的选项。

同一天，我也向朝鲜副总理姜锡柱传去口信，主要内容是：中方已经重点做了韩方工作，明确反对他们在敏感海域举行炮击训练，要求他们务必冷静克制，不要采取任何使事态恶化升级的行动，通过对话协商解决问题。作为半岛近邻和北南双方共同的朋友，中方真心希望半岛保持和平稳定，真心希望北南双方改善关系，尽早和解，不希望半岛再发生手足相残的民族悲剧。对抗和战争不符合半岛 7000 多万人民的利益，也不符合包括中方在内周边国家的利益。当前形势下，我们希望朝鲜同志冷静、冷静、再冷静，克制、克制、再克制，不要给对方采取进一步行动提供口实，避免半岛人民遭殃，避免朝方集中精力发展经济、打开建设强盛国家之门的努力付之东流。小不忍则乱大谋！

韩方最终决定于 12 月 20 日在延坪岛举行海上实弹炮击训练，并在训练前一天向中国进行了通报，表示将在炮击训练弹的方位上显示灵活，尽可能不刺激朝方。在听取了韩方的通报之后，我们表明了自己的严正立场：中方对韩方执意在有关敏感海域进行炮击训练深感失望，表示强烈关切。我们还在第一时间向朝方通报了韩方拟调整炮击训练弹方位的情况，同时表示，当前半岛形势十分危险，稍有不慎，很可能爆发流血冲突，导致严重后果。希望朝方最大限度保持冷静克制，避免作出不当和过度反应。

为了进一步加大工作力度，我们还与美国方面进行了沟通协调。12 月 16 日，我在北京会见美国常务副国务卿斯坦伯格时专门进行了一对一的沟通，强调在半岛问题上进行赌博是极其危险的，中美双方应共同想办法维护半岛的和平与稳定，防止半岛局势紧张升级，防止战争。我向他反复强调，中美两国的共同任务是一定要确保朝鲜半岛不会发生战争，并促请美方做好韩方的工作。

在我们的不懈努力下，韩方 20 日下午在延坪岛海域进行炮击训练的弹着点确实进行了调整，朝方也相应保持了克制，未采取武力应对措施。朝鲜人民军最高司令部当晚发表新闻公报，在谴责韩美军事挑衅的同时，宣称有关挑衅无逐一应对价值。由延坪岛炮击事件引发的朝鲜半岛紧张局势至此出现拐点，逐渐转向缓和，最终告一段落。

我们在处理延坪岛炮击事件的整个过程中一直坚持的思想就是推动事件软着陆，防止事态失控，以保持半岛和平稳定大局，从而维护我国安全和发展的重大战略利益。这是我们应对处理这类事件的最大关切。同时，维护我国与有关国家双边关系和树立负责任的大国形象也是重要的工作目标。我们绝不希望半岛 7000 多万人陷入战争的灾祸之中。

金正日突然去世

2011 年 12 月 19 日，朝鲜中央通讯社发布消息称，朝鲜最高领导人金正日于 12 月 17 日在视察地方途中，因过度疲劳发生重度急性心肌梗塞并发重度心脏休克，经抢救无效于是日上午 8 时 30 分在列车上逝世。

我与金正日总书记见面不下 10 次，和他结下了深厚的个人友谊。他逝世的消息让我深感悲痛，也使我回忆起与他交往的很多片段。金正日总书记是朝鲜的最高领导人，我个人在与他交往的过程中，始终对他保持应有的尊重。

朝鲜战争期间，金日成主席为了金正日的安全，专门把他送到中国来读书。他对中国有感情，也明白中朝关系的重要性。在他生命的最后几年，金正日到中国来过很多次，亲眼目睹了中国发生的巨大变化，中国改革开放取得的巨大成就对他还是有触动的。

金正日总书记对于中国领导人也是尊重的。金正日担任朝鲜最高领导人后首次访华是 2000 年，当时我任中联部部长，负责接待工作，曾去车站迎接他，那是我们第一次见面。记得在我陪同他去钓鱼台国宾馆途中，当汽车开到离国宾馆不远的高架桥时，我发现他将黑眼镜换了下来，他显然不想戴着黑眼镜同等候着他的胡锦涛同志会面。在访问过程中，他并没有提出邀请中国领导人访朝。金正日第二次来访是 2001 年 1 月，首先访问了上海。他再见到我时说："去年我来时没邀请江泽民主席访问朝鲜。后来，我的同事们都向我提出这个问题，问为什么不邀请，说应该邀请。说实话，当时我不是不想邀请，而是觉得江主席是前辈，基本上算是我父亲那一辈的老革命家、老政治家，觉得由我提出邀请有些冒昧。这次我想向他发出正式邀请，你能不能先帮我疏通疏通？"我说："没问题，我相信，只要你提出来，江主席会非常高兴地接受邀请。"从上海到北京后，金正日总书记与江泽民主席见了面，并邀请江主席访问朝鲜，江主席愉快地接受了他的邀请，并于当年 9 月访问了朝鲜。

金正日是一个很勤奋的人，他经常下基层，下连队。他来华访问期间，花了很多时间来考察中国的企业发展、基础设施建设以及市场情况。他也有柔情的一面，在艺术上很有造诣。他亲自改编和指导了朝鲜版歌剧《红楼梦》和《梁祝》，很有艺术水准，在我国巡回演出时深受中国人民的欢迎。

2009 年 9 月，我作为胡锦涛主席的特使访问朝鲜，见到了金正日总书记，当时就感到他明显消瘦和衰老了。2011 年 8 月，金正日总书记访问俄罗斯后途经我国东北地区回国，我奉命前往会见并宴请了他，还陪同

2011 年 12 月 27 日，前往朝鲜驻华大使馆吊唁金正日总书记逝世，与朝鲜驻华大使池在龙交谈

他参观。我当时感觉他的健康状况比原来要好，他也说自己身体很好，除了累的时候有点心慌外，没有其他毛病。他还是大意了。没想到这次访问以后四个月，他就突然去世了。想来，这次会面也是我见到他的最后一面了。

我是在前往缅甸首都内比都的飞机上得知金正日总书记去世的消息的，那一瞬间我简直不敢相信是真的。飞机一降落，我就口述了几点应对建议报国内参考，内容包括要求各方不应干涉朝鲜内政，要做有利于朝鲜半岛稳定的事情，以及派中方高级别领导人前往朝鲜吊唁等。后来，由于朝方宣布不接受外国派团赴朝吊唁，我们也就顺其自然，尊重朝方安排，没有派人赴朝。

金正日总书记逝世后，中方处理此事的总目标是争取朝鲜政权平稳过渡，确保半岛局势稳定，并作出了一系列具体部署。

12 月 19 日傍晚，中共中央、全国人大常委会、国务院、中央军委联名向朝方发出了唁电。电文中强调："我们相信，朝鲜人民必将继承金正日同志的遗志，紧密团结在朝鲜劳动党的周围，在金正恩同志领导下，化悲痛为力量，为建设社会主义强盛国家，实现朝鲜半岛的持久和平继续前进。"唁电向国际社会明确发出了我方助朝、稳朝的政治意愿。晚上 6 时，杨洁篪外长约见朝鲜驻华使馆临时代办，转交了唁电。

12 月 20 日和 21 日，全体中央政治局常委同志分两批前往朝鲜驻华使馆吊唁。12 月 27 日，我也前往朝鲜驻华使馆吊唁金正日总书记。我对朝鲜驻华大使池在龙说："金正日总书记生前，我有机会多次受到他的亲切友好的接见，进行过许多坦诚深入、很有意义的谈话，我终身难忘。我于本月 19 日在赴缅甸的飞机上听到金正日同志突然逝世的消息，实在无法相信。我曾多次陪同他访华。今年陪他访华时，我对他讲还有一年多我就退休了。他说，今后再访华时无论我在哪儿都要找我。现在他离开了我们，我会永远怀念他。"池在龙大使对我前去吊唁表示感谢，并对我说："金正日同志生前与您结下特殊友情，我们都十分清楚，永远不会忘记这份情谊。"

我们在高规格悼念金正日逝世的同时，也主动与美、韩、日、俄等各国进行沟通，及时向各方表明我方的重大关切，努力维护朝鲜半岛局势的和平稳定。

12月19日晚，张志军副外长分别约见美、韩、日、俄驻华使节，表明了中方的基本立场：

金正日逝世是一个重大事件。中方同有关各方一样，高度关注此事对朝鲜国内形势及半岛形势产生的影响。朝鲜保持稳定发展，朝鲜半岛保持和平稳定，符合各方共同利益。这个时刻，各方更应保持冷静克制，谨言慎行，避免刺激朝方，影响朝鲜及半岛和平稳定。

中方在维护朝鲜半岛和平稳定方面有重要战略利益和关切。我们坚决主张维护半岛和本地区和平稳定，认为要坚持对话，不要对抗；要缓和，不要紧张；要和平，不要战争。我们不愿看到也决不允许家门口生乱。中方反对任何一方借机挑起事端或干涉朝鲜内政。朝鲜主权和朝鲜人民的自主选择应得到尊重。

12月20日，杨洁篪外长又同上述四国外长通电话，强调中方在维护朝鲜和半岛稳定上的坚定立场：

首先，中方致力于维护半岛和平稳定的立场是坚定不移的。中方不愿看到也决不允许在自己的家门口出乱子。金正日逝世不应影响各方致力于实现半岛无核化和维护半岛和平稳定的长远目标。我们愿同各方继续共同努力，通过对话协商，以和平方式解决半岛有关问题，实现半岛无核化和本地区的长治久安。

其次，有关各方均应保持冷静克制，慎言谨行。目前，朝鲜正处于特殊敏感时期。外界的任何刺激性言行，都可能引起朝方强烈反弹，对半岛和平稳定大局造成影响。我们始终认为，一个稳定、发展的朝鲜有利于解决半岛有关问题，有利于维护半岛和地区和平稳定。在朝鲜举国哀痛之际，有关各方应表现出必要的善意和同情。这有助于增进朝方同各方的相互信任，有助于巩固当前来之不易的半岛局势缓和势头。

第三，朝鲜主权和人民的自主选择应该得到尊重。朝鲜的社会制度和发展道路，是朝鲜人民的自主选择。各方应尊重朝鲜人民的选择，多做有利于维护朝鲜稳定和发展的事，不应介入朝鲜内部事务，干涉朝鲜内政。

12月20日晚，外交部部长助理刘振民向朝鲜驻华大使池在龙通报了中方做各方工作的情况。池在龙大使表示，在金正日逝世，朝鲜举国哀痛的重要时刻，中国党和政府及时向朝方发唁电，作出一系列悼念安排，表现了最大诚意。特别是胡锦涛总书记等中国党和国家领导人最先来到朝鲜驻华使馆吊唁，温家宝总理等其他中央领导同志也将前来吊唁。中共中央政治局全体常委同志均来吊唁，令我们无比感动，对此深表谢意。

金正日逝世后，朝鲜半岛局势又出现了一些新动向。2012年4月13日，朝鲜发射了"光明星3号"卫星，卫星未能进入预定轨道。4月16日，联合国安理会发表主席声明，强烈谴责朝鲜射星行为。5月，朝鲜将拥核写入了本国宪法。12月，朝鲜发射了"光明星3号"2号星。联合国安理会于2013年1月通过2087号决议，对朝鲜发射活动予以谴责。此后，朝鲜宣告终结六方会谈、"9·19"共同声明和半岛无核化对话。

2013年2月12日，朝鲜在丰溪里核试验基地进行了第三次地下核试验。3月7日，安理会通过2094号决议予以严厉谴责，全面强化对朝制裁。

朝鲜反应强烈，宣布全面废弃关于朝鲜半岛无核化的共同宣言，宣布要使朝鲜拥核国地位永久化，确立"并行推进经济建设与核武力建设"新战略路线，并据此宣布重启宁边核设施。

自 2013 年 5 月以来，朝方开始不断释放愿进行对话的积极信息。美、韩、日三国态度谨慎，强调不会为对话而对话，坚持朝鲜必须首先履行国际义务，采取实质性弃核举措，显示诚意。各方围绕朝核问题的明争暗斗依然尖锐复杂，重启六方会谈困难重重。

峰回路转待来日

由于朝鲜半岛问题事关我国的安全、稳定、经济发展等重大利益和关切，多年来，我们十分关注半岛局势的发展演变，高度重视妥善处理半岛问题，努力保持主动有利地位。

朝鲜这个国家总体来说基础还不错，而且朝鲜人民的文化素质也比较高。他们非常注重教育，朝鲜战争结束后，政府把最好的房子都留给学校，要求国家机关都得把房子先让出来，优先满足教育的需要。朝鲜的雕塑绘画艺术水平也很高。朝鲜再穷的人家里也是很干净的。由于朝鲜人民具有较高的教育水平和国民素质，这个国家的发展潜力是很大的。长期以来，我们重视发展同朝鲜的关系。我们与朝鲜打交道的时候，该说的话一定要说，重大问题上决不含糊。但坚持不干涉他们的内政，也不把中国改革开放的做法强加给他们。我们总是努力做有利于他们国内稳定、经济发展、民生改善和改善对外关系的事情。对于金正日等朝鲜领导人来华参观访问，我们都始终热情欢迎接待。

金正日去世后，令人欣慰的是，朝鲜保持了稳定。外部世界要做好长期与一个稳定的朝鲜打交道的准备，不要成天为它"算命"。朝鲜不能乱。它自己要把主要精力转到发展经济、改善民生上来，而不要搞核武器。大家要多做有利于朝鲜稳定、发展以及有利于它和外部世界沟通的事，这样有利于朝鲜半岛问题逐步得到妥善的解决。

朝核问题是一个很难一下子解决的世界性难题，一个老大难问题。但这一难题必须加以解决。我们说过三句话：一是坚持维护半岛和平稳定，二是坚持实现半岛无核化，三是坚持通过对话协商解决问题。就是说，朝核问题必须也只能在确保半岛和平稳定的条件下和平地加以解决。朝鲜必须弃核，同时，朝鲜合理的安全关切也必须得到尊重和解决。为了解决朝核问题，我们创造性地建立并推动了六方会谈这一对话机制。现在，虽然六方会谈遇到困难，我们仍然要正确地评价它的历史性作用和战略价值，用好这一无可替代的对话机制。我相信，六方会谈迟早会重启。

六方会谈是六国领导人高度关心和世界各国十分关注的重要对话平台。纵观历次会谈，中方在整个会谈进程中发挥了其他国家无法代替的主导作用。每次启动新一轮会谈，我们都要费很大劲儿，就算我们想把主办会谈的机会让给别人，也没人愿意接这个差事。他们认为，只有中国能主办这样的会谈。推进六方会谈的确太艰难了，但正因为难，才更需要去做，外交就是要解决难题，所以我们一直都在很耐心地做各方的工作。直到现在，我们还在积极推动。从一开始的三方会谈到后来几轮六方会谈的成功运作，搞出了好几个具有重大政治意义的共同文件，特别是"9·19"共同声明是一个难得的纲领性文件。六方会谈对维持朝鲜半岛十多年来总体和平稳定的局面发挥了独特作用，单就这一点就是一件很了不起的事情。

六方会谈对中国外交来说也是一个标志性的转折事件。从六方会谈开始，伴随着中国国力的快速发展，我们的国际影响力明显扩大，国际地位不断提高，而且通过六方会谈，中美关系也找到了新的契合点。朝美双方实际上通过六方会谈也开始展开接触。起初，朝美双方互不见面，处于敌对状态。后来朝美双方自己也开始接触，还在一块吃饭，六方会谈为他们创造了接触的条件。骂归骂，吵归吵，紧张归紧张，但他们终于开始沟通了。

有人觉得我们费那么大的劲搞六方会谈值得吗？我认为，很值得。人们常说，新闻越短，事情越大。地缘战略与大国之间的博弈，远非人们所看到的新闻通报那样简单，尤其在涉及到国家战略安全的问题上，如若缺乏足够的战略智慧和处理复杂国际关系的能力，则会使局势失控，危及国家利益。就朝鲜半岛十余年来围绕朝核危机的多国博弈来看，如果没有六方会谈，半岛局势会有今天这样总体平稳的局面吗？东北亚会有今天这样总体和平稳定的局面吗？中美关系能总体稳定地步入构建新型大国关系的阶段吗？六方会谈功不可没。要衷心感谢参与并为推进会谈进程作出贡献的所有人们。

朝鲜会不会弃核呢？我以为朝鲜拥核之路走不通，非弃核不可。但要看朝鲜合理的安全关切是否得到解决，朝鲜生存和发展所必需的条件是否得到保障。在弃核问题上，我们不能替朝鲜人做担保，但我过去跟美国人说过多少遍，朝鲜最在乎你们美国对他们的态度，如果在政治上、安全上、发展上你们让他们感到很安心了，他们还有什么理由要核武器？所以，问题的解决关键在朝美双方。他们应当回到"9·19"共同声明上来。

第七章
龙象共舞

纳拉亚南对我说，我和你见面的次数不比希拉里和你见面的次数少，我们印中特代会晤也是战略对话。

中国和印度是世界上人口最多的两个国家，互为重要邻邦，两国友好交往的历史源远流长。远的不说，在中国的抗日战争时期，印度人民就对中国人民提供了无私的帮助。参加缅甸抗战的中国军队在印度境内得到了很好的休整，为大反攻做好了充分准备。印度国大党还派出医疗队来华支援我们，柯棣华大夫就是其中杰出的代表。20世纪50年代中期，在周恩来总理、尼赫鲁总理和吴努总理联合推动下，中、印、缅三国共同提出和倡导了和平共处五项原则，成为国际关系史上的一段佳话。然而不幸的是，由于边界问题，中印两国也曾兵戎相见。直到中国改革开放以后，两国关系才逐渐走向正常化。

中印边界共分为东、中、西和锡金段，除锡金段已由历史界约规定外，其他每一段都存在争议。这些争议是由复杂的历史原因导致的。对于世界上任何国家来说，边界领土问题都直接涉及国家主权和民众情感，因此，解决起来非常困难。自 2003 年起，我担任了中印边界问题特别代表会晤机制中方特别代表，为解决边界问题与印度同事进行了漫长而艰苦的谈判。我们初步确定了解决中印边界问题的政治指导原则，但是，前路漫漫，由于两国立场的差异，中印边界问题在短时间内获得完全解决困难还比较大。尽管如此，我仍然坚信，中印两国作为世界上两大文明古国，也是两个最大的发展中国家和新兴市场国家，都处在实现民族复兴的历史关头，两国的战略契合点很多，边界争议并不是两国关系的主流和全部，我们两国终能克服困难，走向一个更加美好的未来。

接手难题

说起来很有意思，我是从外交部简报上看到自己被任命为新设立的中印边界问题特别代表会晤机制中方特别代表的，那是 2003 年 6 月。这个消息来得有点突然，令我有些意外。那时，我刚从中联部调回外交部不久，兼任国务院防治"非典"办公室外事领导小组组长，又作为中法军事和战略小组中方牵头人跑了一趟法国，还要作为中国政府特使出访朝鲜去谈朝核问题，手上的事情已经很多了，每天都要工作到很晚才回家。有位老同志碰到我时，拉着我的手很关心地说："你还嫌手头的事少吗？担任中印边界问题特别代表，这件事多难啊！"

确实，中印边界问题是一个令人头痛的老大难问题，是制约中印关系发展的最大因素。不过，到 2003 年的时候，中印关系出现了一些积极的变化。6 月 22 日至 27 日，印度总理瓦杰帕伊对中国进行了正式访问。这次访问很不寻常，因为自拉奥总理 1993 年访华以来，印度这个我们重要邻国的总理已经 10 年没来过中国了。瓦杰帕伊访华是中印关系史上的一件大事，期间，双方发表了《中华人民共和国和印度共和国关系原则和全面合作的宣言》，强调："双方致力于在和平共处五项原则、相互尊重和照顾彼此关切以及平等的基础上，发展两国长期建设性合作伙伴关系。印方承认西藏自治区是中华人民共和国领土的一部分，重申不允许西藏人在印度进行反对中国的政治活动。"这次访问推动中印关系的发展进入了快车道。

《宣言》规定："双方同意各自任命特别代表，从两国关系大局的政治角度出发，探讨解决边界问题的框架。"瓦杰帕伊三次出任印度总理，是印度老资格的政治家。他 1979 年作为外长访华时就曾提出两国设立边界问题特别代表的建议，可见他对这个问题已经考虑很久了。6 月 23 日，瓦杰帕伊在温家宝总理为他举行的欢迎晚宴上再次提议双方任命特别代表。他强调，特别代表要从现有的边界问题谈判机制中超脱出来，在政治层面探讨解决边界问题的框架方案，然后各自直接向总理报告。瓦杰帕伊随即任命他的首席秘书、国家安全顾问米什拉担任印方特别代表。温总理也当场拍板，任命我担任中方特别代表。据说，瓦杰帕伊不了解我的情况，但印度驻华大使梅农熟悉我，他告诉瓦杰帕伊："戴秉国不错。"就这样，没来得及征求我本人的意见，我就当上了中印边界问题特代会晤机制中方特别代表，并且一干就是 10 年。

"难!"这是我接手这项工作时最初的印象。中印边界从未正式划定过，但有一条两国人民在历史上形成的传统习惯线。我们讨论中印边界问题时，首先需要澄清的就是中印边界是未定界。实际上，中印两国从来没有形成过公认的、法定的边界线。后来，中印之间又增加了锡金段边界，这段边界虽已由 1890 年《中英会议藏印条约》规定，但也未正式勘定。

从 19 世纪下半叶起，英国殖民当局在西段先后单方面炮制了所谓的"约翰逊线"等界线。1914 年，英国通过胁迫、利诱等方式与西藏地方政府代表背着中国中央政府的代表在东段炮制了臭名昭著的"麦克马洪线"。中国历届政府均不承认英方上述非法行径。

1947 年印度独立后继承了英国殖民者的侵略遗产。1951 年至 1953 年期间，印方逐步侵占了"麦克马洪线"以南的中国大片领土。1954 年，印度单方面修改了中、西段边界地图的画法，并且将整个中印边界由未定界改标为已定界。从此，中印边界形成了面积相当大的争议地区，涉及到 12.5 万平方公里的土地。其中西段为 3.3 万平方公里，主要在阿克赛钦地区；中段有 2000 平方公里；东段有 9 万平方公里，包括"麦克马洪线"以南至东段传统习惯线之间的广大地区。

对中印双方在边界问题上的分歧，中方真诚希望并一贯主张彼此都以两国友好的根本利益为重，采取不带偏见和互谅互让的态度，考虑历史的背景和当时的实际情况，根据和平共处五项原则，有准备有步骤地通过友好协商，全面地加以解决。

但当时的印度政府拒绝谈判，坚持其在中印边界问题上的片面主张，并继续向中国境内"蚕食"。在中印边界西段，截至 1962 年 12 月 20 日止，印度已在中国境内建立了 43 个据点；在中印边界东段，仅 1962 年上半年，印度就沿所谓"麦克马洪线"建立了大约 24 个新哨所，并对中方不断进行挑衅。中方忍无可忍，被迫进行自卫反击，双方在 1962 年爆发了大规模边境武装冲突。我们在自卫反击作战中拔掉了印度在西段侵入设立的 43 个据点，恢复到实际控制线，在东段攻打到传统习惯线附近地区后撤回到实际控制线。

这场战争在印度国内造成巨大震动，两国关系跌入低谷。印方虽然自知边境武装冲突爆发的缘由和真相，但难以正视事实，在很长一段时间内一直坚持如果不解决边界问题，中印关系就不能改善。直到 20 世纪 70 年代末，印度才从自身利益出发开始和中国恢复接触，并同意通过谈判解决边界问题。

中印边界谈判谈了很多年。几十年来，中国几代领导人都一直在积极寻求尽快解决中印边界问题。我们的一贯立场是要和平解决，主张照顾历史背景、现实情况和两国人民的民族感情，通过友好协商，互谅互让，求得对双方来说都公平合理的解决。

早在 1960 年，周恩来总理就曾亲赴印度与尼赫鲁总理会谈，推动举行了 3 轮官员会晤。中印关系开始改善以后，从 1981 年到 1987 年，双方共举行了 8 轮副外长级的官员会谈，主要讨论解决边界问题的指导原则，但双方未能达成任何协议。

1988 年，印度总理拉吉夫·甘地访华后，从 1989 年至 2005 年，双方又举行了 15 轮副部级联合工作小组会谈，但是，因为印方一直坚持原有的立场不松动，边界问题的解决还是未能取得积极进展。

中印边界问题特别代表会晤机制就是在这个非常复杂的背景下成立的，希望能够为解决中印边界问题另辟蹊径。这件事看似突然，其实一方面是顺理成章，另一方面也是顺势而为。首先，印度最终意识到它单方面的领土主张不可能通过武力强加到中国头上，也无法通过要求中方单方面让步来解决两国边界问题。印度接受了通过和平谈判解决边界问题的办法。

其次，随着全球化的加速推进，印度开始认真研究中国的发展经验，集中精力发展经济，改善民生，努力实现自身崛起，并认识到为确保自身的发展必须首先营造良好的外部环境特别是周边环境，认识到"任何有可能偏离这个方向的障碍都应被清除"。

第三，进入 21 世纪后，以瓦杰帕伊总理为首的印度人民党政府发展对华关系的意愿上升，解决边界问题的紧迫感增加了。

另外，还有一点和瓦杰帕伊总理本人有关。他是印度人民党的领导人，德高望重，地位强势。他执政期间，印度经济快速发展，国家实力上升。当时，瓦杰帕伊在印度的威望很高。他有政治资本，也有魄力，而且年事已高，有意愿在任内解决中印边界问题，青史留名。

良好开局

建立特代会晤机制是印方主动提出来的，这个机制的工作方法和以往的边界谈判机制相比有什么特别之处呢？印方通过外交渠道向我方转达了一些看法：一是特代的职责主要是探讨解决边界问题的指导原则，不涉及具体的划界谈判和图上作业。二是双方应以解决问题为目标频繁接触和会谈，希望通过四五轮会晤完成特代的任务。三是印方将以建设性的态度与中方进行会晤。我们向印方表示，中方基本同意印方意见，双方应从政治和战略的高度，从双边关系大局出发对待特代磋商，不要停留在就事论事的水平上；对会晤的轮次和间隔时间，可根据实际情况和工作需要商量。

印方设想中的特代会晤还有一个特别之处，就是要超越常规官僚体制，寻求解决问题的新思路。特代机制的核心是双方特代，特代人选对实现上述意图至关重要。瓦杰帕伊总理亲自选定的首任印方特代是他自己的首席秘书米什拉。米什拉是老资格的职业外交官，早在 20 世纪六七十年代就曾出任过印度驻华使馆临时代办。1970 年 5 月 1 日，毛主席曾在天安门城楼上握着他的手说："印度是一个伟大的国家，印度人民是伟大的人民。中印总是要友好的，不能老是这么吵下去嘛。"米什拉担任过印度人民党的对外事务召集人，与瓦杰帕伊私交甚好，深受信任，作为国家安全顾问和瓦杰帕伊的首席秘书，是印度外交政策的主要决策者之一，可谓位高权重。有媒体说，米什拉是瓦杰帕伊的眼睛和耳朵，他知晓印度的任何核心机密，同时也具有足够的判断力。任命米什拉为印方特代在一定程度上显示了瓦杰帕伊对解决中印边界问题的信心和意愿。瓦杰帕伊曾在首次会晤期间对我和米什拉说："你们两位特别代表责任重大，我觉得应该让你俩放手去干。"

综合考虑了上述情况后，我们分析认为，解决中印边界问题有利于中印关系的全面发展，稳定我们的周边环境，增强我们的国际地位，促进西南边陲的稳定和繁荣。特代机制为推动边界问题的解决提供了一条新的高层次渠道，我们应认真对待，抓住机遇，善加利用。当时，我们确实做了争取谈成的充分准备。但另一方面，我们要把困难和问题想足，不要急于求成。

特代机制成立后，印方很快向我发出了赴印度举行会晤的邀请。2003年10月23日至24日，我与米什拉在新德里举行了中印边界问题特别代表首次会晤。会晤中，我首先向印方强调了解决边界问题的重要性和必要性，促使对方用更加长远和战略的眼光看待边界问题的解决。

我说，首先，尽早解决边界问题不仅符合两国人民的共同利益，也是两国关系发展的现实需要，不能再让我们的子孙后代继续背上这个历史包袱。其次，进入21世纪，两国都面临着应对激烈的国际竞争、发展国家经济、改善人民生活的繁重任务。发展是硬道理。早日解决两国间的边界问题，可以使我们集中力量进行国家建设，把有限的资源用在发展国家经济、改善人民生活上面，促进两国的共同繁荣发展。第三，尽早解决中印

2004 年 1 月，同中印边界问题印方特别代表米什拉在
贵州黄果树瀑布参观

边界问题将对地区和世界形势产生重大影响。中印两国人口占了全球人口的三分之一强，如果边界问题得以解决，我们可以更好地携手合作，为亚洲和世界的和平发展作出重要贡献。

米什拉赞同我所讲的，他提出了印方的六点指导原则，较为系统、全面地阐述了印方的想法。我肯定了其中的积极因素，又本着坦诚友好的态度请米什拉对有关问题做出澄清，但不与之展开争论，而是将问题带回来进行研究。2004 年 1 月 12 日至 13 日，我邀请米什拉来北京举行第二次会晤。在会谈中，我通过提出中方修正方案的方式对印方在上次会晤中提出的六点指导原则做了系统反馈，同时提出了中方的看法。

这两次会晤为特代会晤开了个好头，奠定了良好基础。印方虽然在基本立场上迈出的步伐还不算大，但谈判态度确实较前更务实、更灵活。对于指导原则，米什拉首次提出了"有取有予"原则，表示印方持开放态度，如中方不接受其指导原则建议，可以先搁在一边，欢迎中方提出更好的建议。

此外，印度国内公开报道了瓦杰帕伊 2003 年 11 月在印度三军高级将领联合年会上的讲话，表示印度乐于为解决边界问题作出某些务实的决策。这是印度总理第一次公开表示需要在边界问题上作出调整，在舆论上做了一些准备。沉闷已久的中印边界谈判出现了一些新气象、新希望，受到两国民众和媒体的广泛关注。

在第一次和第二次的会晤中，我说要经过三到五年的谈判，争取中印边界问题能够谈出结果，得到妥善解决。米什拉听后立马澄清说，如果按你说的那么多年，我估计都看不到了。在第二次会晤的大范围会谈结束后，米什拉叫住我，说有几句话要单独同我说，并请我向中方领导人报告。米什拉说，瓦杰帕伊总理已经 79 岁了，非常关心印中边界问题，他本人也 75 岁了，希望能尽快解决这个问题。当前的会晤，应该交换一些实质性的想法。考虑到当前的国际形势和战略利益，我们应让两国公众认识到，尽早解决边界问题是有利于我们的国家利益的。

我 1997 年陪同中央纪委书记尉健行同志访问印度时第一次见到米什拉，后来共同参加 2003 年瓦杰帕伊总理访华时与胡锦涛主席的会见，也算是老朋友了。米什拉在两次会晤中的表现与以往印度外交部谈判官员照本宣科的做法形成了鲜明的对比，我感到与他有谈头，对特代会晤早日取得成果抱有希望。

按计划，2004 年下半年印度要举行大选。当时印度人民党政府内外施政都很有建树，提出了"印度大放光芒"的竞选口号。瓦杰帕伊总理自感胜券在握，米什拉也筹划着连任后加快特代会晤谈判进程，但是，万万没想到印度人民党在提前到 5 月举行的大选中竟然出人意料地败北了，瓦杰帕伊总理黯然离职，米什拉也很不甘心地被迫辞去了印方特别代表等职务。后来米什拉曾对我说："我真不情愿把中印边界谈判交给下一任，这太遗憾了！"中印边界问题特代会晤开头不错，却势将面临曲折，这真是一件令人非常遗憾的事情。

后来我去印度的时候，曾不止一次地同米什拉见了面。他也曾去过我的家乡贵州，看过黄果树大瀑布。可惜的是，前两年他离开了这个世界。

第一个政治指导原则的产生

此后几轮会晤，尽管外部形势发生了一些变化，但中印边界问题特别代表会晤机制仍然取得了重要的进展，双方代表在 2004 年和 2005 年先后举行了三次会晤。

2004 年 5 月，印度国大党在大选中击败印度人民党，组建了以辛格总理为首的联合政府。与印度人民党政府相比，国大党在中印边界问题上背的历史包袱比较重。而且，国大党在大选中未能取得过半数议席，只好与盟党组成一个弱势政府，受各方牵制较多，决策能力有限。新政府把施政重点放到处理国内问题上，力求首先维护政权的稳定，在外交上优先考虑与南亚邻国的关系，对解决中印边界问题缺少紧迫感。特代会晤刚要往前迈步，便面临新的挑战。

2004 年 6 月，印度新政府任命迪克希特为新的国家安全顾问及印方特代。迪克希特在 20 世纪 90 年代曾担任印度外交国务秘书，多年主管中国事务，在 1992 年和 1993 年曾以团长身份参加中印边界问题联合工作小组第四、五、六轮会谈，并草签了《中华人民共和国政府和印度共和国政府关于在中印边境实际控制线地区保持和平与安宁的协定》。

中印边界问题特别代表第三次会晤于 2004 年 7 月 26 日至 27 日在新德里举行。我对迪克希特表示，双方应以新的思维和态度，紧紧抓住历史赋予的难得机遇，充分利用好特代会晤机制，推动边界问题早日得到公平、合理、双赢的解决。

我与迪克希特重点讨论了解决边界问题的指导原则。我问迪克希特，米什拉先生曾表示希望在四至六个月内谈成指导原则，印方现在对谈成指导原则的时间有什么考虑呢？迪克希特当时表示，希望第四次会晤能够就指导原则达成协议。后来，温家宝总理计划 2005 年 4 月访问印度。双方进一步明确了在温总理访印以前达成指导原则协定的谈判目标，相应地加快了谈判步伐。

在关于指导原则的谈判进程中，印方对先谈指导原则还是先谈解决框架存有疑虑。针对印方的立场，我们考虑可以采取渐进方式，分两步走，

2004 年 7 月 26 日，中印边界问题特别代表第三次会晤在印度首都新德里举行，与印度国家安全顾问、印方特别代表迪克希特会晤前与媒体见面

先制定一个政治原则，再商谈具体的技术原则。这些原则虽然较虚，但可以表达双方的政治意愿，对边界问题的解决也会起到一定的政治指导作用。

2004年11月18日至19日，中印边界问题特别代表第四次会晤在北京举行。在会晤中，我向迪克希特介绍了中国与俄罗斯、越南解决边界问题的经验和做法，指出双方都是从商定政治指导原则开始的。我建议，中印边界问题的解决大体可分为三个步骤：第一，用不长的时间制定政治指导原则，同时就解决边界问题的框架非正式交换意见；第二，用必要的时间就解决框架达成一致；第三，再用一些时间完成具体的划界工作。迪克希特对此表示赞成。

经过一段时间的酝酿和与印方沟通意见，双方就我提出的解决边界问题的三个步骤达成了一致，后来被称为"三步走"路线图。即先确立解决边界问题的指导原则，然后确立落实指导原则的框架协定，最后在地面上划界立桩。"三步走"路线图确定了解决中印边界问题的路径，锁定了边界谈判的方向，对双方不偏离建立特代会晤机制的初衷，沿着特代会晤开辟的道路坚定不移地走下去具有重要意义，这成为前五轮会晤取得的一项重要成果。

迪克希特参加了第三、四次特代会晤后，不幸于2005年1月因心脏病突发去世。我还记得在北京与迪克希特举行完第四次会晤后，他离京回国之前，我专门到他下榻的国际俱乐部饭店去和他话别。通常情况下，我不会去外宾的住处专门话别，那天也是临时动意，觉得不管谈判进展如何，迪克希特这个人还是不错的，不管谈判成败与否，双方的情谊还在。我在分别时还握着他的手说，双方要继续努力，克服最后的分歧。他告诉我，他回到新德里后会向辛格总理直接汇报双方取得的积极成果。谁知他回国不到三个月就去世了,那次饭店话别就是我们俩最后一次见面了,想起来真是有些伤感。

2005年3月,印度政府任命新任国家安全顾问纳拉亚南继任印方特代。纳拉亚南长期从事情报工作,曾负责对内安全事务。而且,纳拉亚南与拉吉夫·甘地关系密切,深受索尼娅·甘地和辛格总理的信任,被认为是辛格总理与索尼娅·甘地之间的重要联系渠道。他成为我此后打交道的主要对象,我和他从第五次会晤一直谈到第十三次会晤,一共进行了九次。

2005年4月10日至11日,第五次中印边界问题特别代表会晤在印度新德里举行。这次会晤是在中印关系继续全面深入发展、温总理正式访印的大背景下进行的。

4月11日,我和纳拉亚南就解决边界问题的政治指导原则达成一致,并在两国总理的见证下签署了《中华人民共和国政府和印度共和国政府关于解决中印边界问题政治指导原则的协定》。主要内容包括:"双方应本着和平共处五项原则,从两国关系大局的政治角度出发,通过平等协商,寻求公平合理以及双方都能接受的解决边界问题的方案。双方应本着互相尊重、互相谅解的精神,对各自在边界问题上的主张作出富有意义的和双方均能接受的调整,一揽子解决边界问题。边界问题的解决应该是最终的,包括中印边界各段。双方将适当考虑彼此的战略的和合理的利益以及相互同等安全的原则。双方将考虑双方的历史证据、民族感情、实际困难、合理关切与敏感因素,以及边境地区的实际情况等。边界应沿着双方同意的标识清晰和易于辨认的天然地理特征划定。在解决边界问题的过程中,双方将维护边境地区双方定居人口应有的利益。"

这一协定的达成标志着双方特代成功完成了确定解决边界问题指导原

则的任务，取得了重大阶段性成果。这个协定是两国间就解决边界问题达成的第一个政治文件，为今后的边界谈判提供了政治指导。两国持续20多年的边界谈判迈出了坚实的一大步，具有重要历史意义。

解决框架的艰难探讨

从第六次会晤开始，中印边界谈判进入了一个新的阶段，开始着手进行"三步走"中第二步即解决框架的谈判。从2005年9月至2009年8月，我同印方特代纳拉亚南举行了八次特代会晤（第六次至第十三次），期间我们就中印边界问题的解决框架反复交换了意见。

2005年9月24日至28日，第六次会晤在北京举行。这是双方首次实质性触及解决框架。俗话说："万事开头难"，"良好的开始是成功的一半"。我们对这次会晤非常重视，力争开好头，起好步。会晤中，我开门见山地指出，双方在本阶段的任务，是根据两国领导人的指示和双方商定的政治指导原则，探讨解决边界问题的框架。我们应在指导原则的基础上，商定一个可操作的、大的解决框架，为第三步具体划界奠定基础。

2006年3月11日至14日在新德里举行的第七次会晤中，我向纳拉亚南提出了中方解决边界问题的初步框架设想。我明确指出：中印边界东、中、西段都存在争议，双方应作出富有意义的和彼此都能接受的调整，一揽子解决边界问题。中方对东段传统习惯线以北地区长期行使管辖。无论是中方的，还是英印政府保存的大量历史文献都证实了这一点。中国政府和人民坚决反对英国殖民主义者炮制的"麦克马洪线"。中国历届政府都不承认这条非法的"麦线"。目前东段边境的现状是中国的行政管辖被强迫改变后的产物，中方对此不能接受。

2006年6月24日至28日，中印边界问题特别代表第八次会晤先后在西安和北京举行，双方继续就有关问题进行探讨。第八次会晤前后，中印关系快速发展。2006年11月，胡锦涛主席成功访问印度，此访是中国国家元首10年来首次访印。两国领导人签署《联合宣言》，制定了深化战略合作伙伴关系的"10项战略"，解决边界问题是其中之一。胡主席提出，两国特别代表应从战略高度和大局出发，遵循政治指导原则精神，和平友好，平等协商，互相尊重，互相谅解，早日谈成一个公平合理和双方都能接受的解决框架。辛格总理对此表示赞成。两国领导人的这一重要共识为边界谈判注入了新的正能量。

中印边界问题特别代表第九次会晤于2007年1月17日至18日在新德里举行。在会晤中，我直言不讳地对纳拉亚南讲到，中方有决心和诚意寻求公平合理的解决框架，进而实现最终划界。现在是第九次会晤，我不希望我们一直谈到第九十九次，也不想把这个问题留给子孙后代。我想坦白告诉你，中方对政治解决中印边界问题是有充分准备的。我真心希望与你共同努力，早日谈出一个好的解决框架，最终双方划定一条友好的边界。历史给我们提供了难得的机会，机遇往往稍纵即逝，如果现在不抓住，再找回来就不容易了。

我重点阐述了中方对于政治解决中印边界问题的看法，指出中印边界争议面积巨大，并且涉及历史背景、现实情况、两国人民民族感情、双方实际困难等各种因素，情况错综复杂，解决起来本身就是件困难的事。在众多因素中，如果只抓一点，不计其余，那就会无限期地扯下去，一百年一千年恐怕也找不到解决办法。要达成公平合理的解决办法，只能是综合考虑各方面因素，双方都站得高一点，看得远一点，互相谅解对方的利益和困难，从政治、战略和全局的高度，确定一个双方都能接受的大体框架。特代的任务，是探讨出一个兼顾双方利益和关切的政治解决的框架方案。中印两国是世界上两大文明古国，应有足够的智慧和勇气解决好边界问题。我还指出，解决框架应建立在政治指导原则的基础上，又为最终划界提供支撑，应比政治指导原则更具体，又应当比划界方案简明。

2007 年 4 月 20 日至 22 日，我再次飞赴新德里举行第十次会晤。这是不符合特代会晤轮流在两国举行的惯例的。但在印方的极力邀请下，也是出于对印方诚意的期待，我同意了这个特殊安排。会晤中，我有针对性地做了印方的工作。指出讨论边界问题不能割断历史、甩开历史，要实事求是地认识历史，公平合理地对待历史因素，充分考虑中国人民对东段地区的历史和民族感情。

总结这五次会晤，我从不同角度全面、深入地阐述了中方立场，但谈判进程历时近两年仍无进展。2007 年 9 月和 2008 年 9 月，中印边界问题特别代表第十一、十二次会晤在北京举行。在这两次会晤中，我们主要着眼于保持谈判渠道，维护良好气氛。

第十二次会晤后，外部形势又发生了一些变化。2009 年 5 月，印度国大党在大选中以较大优势胜出，新政府执政地位相对稳固，决策能力较前增强，并表示将把印中关系置于最优先地位。纳拉亚南向我转达印政府口信，称"印方希望在三四年内解决印中之间所有问题"，并提出，下次特代会晤除边界问题外，双方还可以讨论其他共同关心的国际和地区问题。

2009 年 8 月 7 日至 8 日，中印边界问题特别代表第十三次会晤在新德里举行。这次会晤，我和纳拉亚南共见面九次，举行了三次小范围会谈，两次大范围会谈，用了 12 个小时进行讨论，应该说谈得比较深入，

2009 年 8 月 7 日，在新德里会见印度团结进步联盟、国大党主席索尼娅·甘地

效果还不错。当时恰逢首轮中美战略与经济对话举行后不久，纳拉亚南对我说，我和你见面的次数不比希拉里和你见面的次数少，我们印中特代会晤也是战略对话。

在会晤中，我积极评价中印关系在印度新政府成立后的良好开局，强调中国的发展不对任何国家构成威胁，反而为包括印度在内的世界各国带来了发展与合作的机遇。我们一直以积极的眼光看待印度的发展壮大，不仅不害怕，而且欢迎并支持印度发展并在国际事务中发挥更大积极作用。中国无意同印度在南亚争夺什么"势力范围"。一个和平、稳定、繁荣的南亚符合中印两国和本地区所有国家的共同利益。我引用邓小平同志1988年会见印度总理拉吉夫·甘地时说过的一句话："中印两国不发展起来就不是亚洲世纪。真正的亚太世纪或亚洲世纪，是要等到中国、印度和其他一些邻国发展起来，才算到来。"同时，我敦促印方恪守在涉藏问题上的承诺，坚决制止"藏独"分子利用印度领土从事反华活动。我还向纳拉亚南通报了首次中美战略与经济对话的情况。

纳拉亚南表示，印方把发展对华关系置于最优先的位置并作为外交政策的支柱和关键。印方禁止达赖在印度进行任何形式的反华政治活动。印度本届政府有解决边界问题的政治意愿，而且有能力、有人民授予的权力来实践这一政治意愿，印方希望在本届政府任期内达成双方都满意和可以接受的解决方案。纳拉亚南也向我通报了克林顿国务卿访印的情况，并表示印美保持良好关系不针对任何第三方。纳拉亚南强调，印中是邻国，而且文化相近，印中关系对印度不寻常。

这次会晤虽然在边界问题上并未取得实质进展，但双方谈到了很多双边、国际和地区热点问题，确有一些战略对话的性质。

在边界谈判原地踏步的同时，中印关系却取得了全面快速发展，两国

2009 年 8 月 7 日，中印边界问题特别代表第十三次会晤期间，在新德里会见印方特别代表纳拉亚南

领导人在各种场合密切接触，各领域务实合作逐步开展，双边关系气氛较前大为改善。在边界问题上，印度政府口头上对两国边界谈判不断展示积极姿态。2010年2月，辛格总理致口信给中国领导人称，关于印中边界问题，双方应以合适的速度，尽快找到合理、相互可以接受的解决办法。当年7月，印度总理特使梅农访华时，再次表示印方对推动边界问题尽快解决有强烈政治意愿。

功夫没有白费

第十三次会晤后，纳拉亚南调任其他职务。2010年3月，印度新任国家安全顾问梅农被任命为第四任印方特别代表。梅农曾担任印度外交国务秘书。他还是一个中国通，通晓汉语，当过驻华大使，多次参加中印边界问题联合工作小组会谈和特代会晤，非常熟悉情况。我和他早在20世纪80年代就相识了。

第十四次和第十五次会晤于2010年11月29日至30日和2012年1月16日至17日分别在北京和新德里举行。梅农在这两次会晤中阐述了他对解决边界问题的看法。他的表态和印方过去的立场相比没有什么实质变化。

第十五次会晤是我最后一次以中方特代身份参加的正式会晤，算是收官之作了。双方经过协商，会晤于2012年1月16日至17日在新德里举行。这又涉及中印关系中的另一敏感问题，因为2012年正好是中印1962年边境武装冲突50周年。很显然，这是中印关系中一个敏感的年份，不仅两国政府注意到了，一些对中印友好感到不舒服的势力也注意到了。虽然2012年是两国领导人共同确定的"中印友好合作年"，两国关系保持着

2012年1月16日，中印边界问题特别代表第十五次会晤在印度首都新德里举行，与印方特别代表梅农握手

良好的发展势头，但印度国内一些学者、媒体仍旧连篇累牍地发表不负责任的言论，渲染中印冲突，炒作"中国威胁论"，甚至散布"中国要进攻印度"的谣言。这些言论引起了两国民众的关注。为此，我们和印方事先做了一些沟通。去印度之前，我接受了印度报业托拉斯驻京记者的采访，阐述了中印关系的重要性，重申早日解决中印边界问题符合两国和两国人民的根本利益。访印期间，我还在《印度教徒报》上发表了题为《中印携手合作，共创美好未来》的署名文章。在印方举行的欢迎宴会上，我也即兴作了一番比较动情的讲话，印度媒体纷纷刊登，形成了一个较好的舆论氛围。

由于是最后一次参加特代会晤了，所以，我回忆了自担任中方特代以来的工作。我说，2003 年以来的八年间，作为边界问题中方特别代表，我已经与印方四位同事共举行了 14 次特代会晤。回忆起来，当初两国总理指定我和米什拉先生作为双方特代，启动会晤之时，我们两人大概都没料到经历了八年时间仍未谈好，八年来我的头发已由黑变白了。不过令人欣慰的是，我们也没有白费功夫。这 14 次会晤有力推动了边界问题谈判进程，取得了一些重要成果，为边界问题最终解决和两国关系发展创造了良好条件。我们不仅制定了"三步走"路线图，而且用两年时间就走完了第一步，即 2005 年签署了政治指导原则协定，确立了通过富有意义的和双方均能接受的调整，一揽子解决边界问题的原则办法。此后，双方进入了第二步，即重点开展解决框架谈判。经过九轮意见交换，我们积累了一些共识，取得了一些进展。遗憾的是始终未能就解决框架达成一致。

我回顾总结了两国 30 年来的边界谈判历程，指出，持续 30 年的中印边界谈判，虽然未最终解决边界问题，但给两国和两国人民带来了巨大福祉。30 年来，我们始终将两国间最敏感、最复杂的边界问题牢牢控制在

A brighter future when China and India work hand in hand

Dai Bingguo

FOR STRONGER TIES: Panchsheel principles evolved by India and China in mid-1950s are still shining with strong vitality, says Dai Bingguo, State Councillor of the People's Republic of China. The Chinese leader arrived in New Delhi on Sunday for boundary talks. Chinese Ambassador Zhang Yan is also seen. – PHOTO: SANDEEP SAXENA

I am delighted to come back to the beautiful metropolis of New Delhi and join my Indian colleagues for the 15th meeting of the Special Representatives on the China-India boundary question. Every time I return, I am deeply impressed by the strong economic growth and remarkable progress India has achieved.

In the mid-1950s, China and India, in response to the call of the time, jointly initiated the Five Principles of Peaceful Coexistence, or the Panchsheel. Today, these five principles are still shining with strong vitality. The world is undergoing drastic and profound changes. China and India, both ancient civilisations and major developing countries whose combined population accounts for nearly two-fifths of the world's total, once again responded to the call of our time. Our two countries have seized the historic opportunity of economic globalisation and achieved fast development. We are now the two largest emerging countries in the world and play increasingly important roles in regional and international affairs.

I am happy to note that since the beginning of the new century, the China-India Strategic and Cooperative Partnership for Peace and Prosperity has continued to grow rapidly, and our friendly cooperation has yielded fruitful results. The trade volume between our two countries has grown from $2.9 billion in 2000 to $61.7 billion in 2010, a 20-fold increase in 10 years. We speak with one voice and enjoy increasingly closer coordination and collaboration in multilateral mechanisms and in tackling global challenges. The year 2011 was the 'Year of China-India Exchanges.' The first bilateral Strategic Economic Dialogue was held, and 500 Indian youths visited China. Once again, these diverse exchanges got our relations off to a good start in the second decade of the 21st century. China-India relations have entered a fast track of growth.

Our Indian friends may have confidence in China's tremendous sentiment of friendship towards India. While working hard to develop itself, China is fully committed to developing long-term friendship and cooperation with India. It is our genuine hope that India will enjoy prosperity and its people, happiness. There does not exist such a thing as China's attempt to "attack India" or "suppress India's development." China will remain committed to the path of peaceful development. It will develop itself by upholding world peace and contribute to world peace through its development. We will grow on the basis of our own efforts, reform and innovation; at the same time, we will remain open to the outside world and learn from other countries. We will fully embrace economic globalisation and seek mutual benefit and common development with other countries. We will continue to work with the international community to promote the building of a harmonious world of enduring peace and common prosperity.

China's conviction to peaceful development is not without foundation. It is rooted in the fine Chinese culture and tradition. Peaceful development is not an act of impulse. It came into being in the course of reform and opening-up and is firmly supported by China's state policy and strategy. It is not a policy of expediency. Peaceful development is a rational, strategic choice made in line with the trends of our time and China's basic condition. Even when China becomes truly developed in the future, it will remain committed to the path of peaceful development.

Back in 1988, Deng Xiaoping told Prime Minister Rajiv Gandhi that no genuine Asia-Pacific century or Asian century would come without the development of China, India and other developing countries. Prime Minister Manmohan Singh also observed that when India and China speak with one voice, the world will listen. These analyses of insight point to the tremendous importance of, and necessity for, China and India developing ourselves well and advancing relations between us. For, this is crucial not only to our two countries but also to Asia and the whole world that we both live in. We need to guide and promote the growth of China-India relations with the concept of peaceful development. We need to view each other's development in a positive light and regard each other as major partners and friends, not rivals. We always need to be each other's good neighbour, good friend and good partner. As a man in his seventies, I truly hope that our children and children's children will forever live in peace, friendship and cooperation.

We are now in the second decade of the 21st century. Looking ahead, China-India relations have huge potential and broad space for cooperation. What we face is a golden period to grow China-India relations. The world has enough space for China and India to achieve common development, as there are so many areas for us to work together. As neighbours and two big countries with a combined population of 2.5 billion, China and India can join hands, seize the historic opportunity, and work together to further advance our friendship and cooperation. Together, we will bring benefits to our two countries, two peoples and the whole mankind.

(Dai Bingguo is State Councillor of the People's Republic of China.)

2012 年 1 月 16 日，《印度教徒报》（The Hindu）发表了作者的署名文章

和平谈判轨道上，增进了两国战略互信，为两国关系的恢复、改善和发展创造了有利条件；30年来，我们坚持平等协商、理性对话，使双方在边界问题上的相互了解不断加深，扩大了共识，减少了分歧；30年来，我们坚持把边界谈判和维护边境地区和平与安宁联系在一起，成功实现了边境地区未放一枪一炮，争取到了稳定和安宁的良好局面。以上这些话既是我对特代工作的总结，是我对中印边界谈判历史的交代，也道出了我喜忧参半的复杂心声。

此次会晤期间，在我和梅农的见证下，外交部部长助理刘振民和印度驻华大使苏杰生分别代表两国政府正式签署协定，建立中印边境事务磋商和协调工作机制。该机制由两国外交部门司局级官员牵头，双方外交和军事官员组成，主要任务是处理与边境地区和平与安宁有关的重大边境事务。这是这次会晤的重要政治成果，也是双方致力于共同维护边境地区和平与安宁的又一重大举措。

在第十五次会晤中，我提议双方对2005年以来框架谈判中形成的共识进行一次系统的梳理和归纳，形成阶段性书面成果。梅农对此表示赞同。受我和梅农委托，双方工作层经过紧张工作，完成了共识的梳理工作。

2012年12月，在党的十八大胜利闭幕不久，我与梅农在北京举行了一次非正式会晤。我在会谈中说，过去10年是中印边界问题特别代表会晤机制从建立到发展的10年。这一机制是两国领导人高瞻远瞩，着眼于两国和两国人民福祉，建立起的边界谈判新机制，实际上也已成为中印间的高级别政治对话渠道。事实上，这些年特代会晤已经大大超出边界问题的范畴，某种程度上变成了战略对话，而且我们的对话越来越深入。在两国几十年的边界谈判中，特代会晤达到的广度和深度是前所未有的。事实

　　2012 年 1 月 17 日，中印边界问题特别代表第十五次会晤期间，在作者和梅农的见证下，中国外交部部长助理刘振民与印度驻华大使苏杰生分别代表两国政府签署协定，建立中印边境事务磋商和协调工作机制

证明，特代会晤机制是有效率和有成效的。

对两国今后如何处理边界问题，我提出了几点想法：

第一，要保持和用好特代会晤机制，使其在解决边界问题、促进双边关系、增进两国互信方面取得更多成果。特别代表可以更换，但特代机制不能中断，不能废弃，而且要越用越好。

第二，要始终坚持友好协商。双方要相互尊重，平等交流，经常换位思考，照顾彼此关切，对各自主张作出富有意义和双方均能接受的调整。

第三，要牢牢抓住历史机遇。当前，解决边界问题面临有利时机，我们要有解决问题的自觉性和紧迫感，进一步求同化异，找到解决办法。

第四，要勇于作出战略决断。我们只有下定决心，勇往直前，才能走完"三步走"方案中的第二步。

第五，要不断巩固和培育民意基础。要多做合民心、顺民意的事，为边界问题的最终解决夯实民意基础，铺平道路。梅农表示同意我的看法。

非正式会晤期间，我和梅农确认了双方梳理形成的共识，同意各自向两国领导人报告。共识文件以书面形式明确了双方历经艰辛达成的一系列共识，包括"三步走"路线图，双方均无意按现状解决边界问题，双方将作出富有意义和双方均能接受的调整，一揽子解决边界问题等，确认了双方在框架谈判中形成的最重要和基础性的工作成果，为下一步深化框架谈判提供了指导。这是特代会晤框架谈判取得的重要阶段性成果，也是我和印方四任特代在两国领导人指导下多年努力和心血的结晶，值得倍加珍惜。

这是我作为中印边界问题中方特别代表同印方的最后一次会谈，为我的特代工作画上了一个句号。会谈结束时，梅农说希望保持与我的个人友谊，并邀请我方便时访问印度。后来他来北京还专门通过电话向我表示问候，这让我感动。2013 年 5 月，我正式卸下中印边界问题中方特别代表的重任，将它交给新任国务委员杨洁篪同志。我给他最美好的祝福！

友邻相望

过去 10 年，在 15 次中印边界问题特代会晤和一次与梅农的非正式对话中，我先后五次传递两国领导人的信件或口信，经历了三届印度政府，可以说亲身参与和见证了新世纪以来中印关系的发展历程。

印度扼守南亚次大陆和印度洋交通要道，战略位置十分重要。近年来，印度经济快速发展，已崛起成为重要的新兴大国，国际影响也日益上升。同时，印度是我们西南方向最大的邻国，直接关系中国的国家安全和西南边陲的稳定。印度国内市场巨大，也是我们扩大对外开放的重要合作对象。中印同为文明古国和新兴的发展中大国，在国际和地区问题上有着一致或相似的立场。巩固和发展双方面向和平与繁荣的战略合作伙伴关系，是我们营造和平稳定的周边环境的重要环节，符合中印两国共同的利益。

当然，我们也要看到，印度有一些人对我们的疑虑也还是很深的，把我们看作潜在对手。中印关系中长期以来存在的种种问题错综复杂，有些问题难以很快解决，需要一个比较漫长的过程。尽管中印之间还存在复杂难解的问题，但我个人对印度和中印关系有几个基本看法。

首先，印度是一个具有巨大发展潜力的大国，我们必须不断地推进中印友好合作关系。坦率地讲，印度自身的问题也不少，但是从长远看，它的发展前景不容忽视。印度这个国家有其自身的特点，这些特点比较有利于释放社会的负面能量，使得印度社会能够在总体上保持基本的稳定，不易发生全局性动乱。印度人口众多，资源丰富，耕地条件好，潜力巨大，从某种意义上说，他们发展的有些客观条件实际上比我们要好。印度在地缘环境上四通八达，海上交通十分方便。印度国内有15%的国民会讲英语。印度的经济总量现在已经跻身世界前列，可能成为21世纪世界的主要强国之一。

中印两国山水相连，邻居之间存在一些矛盾不足为奇，但化解矛盾的空间还是很大的。我们要把中印关系置于中国外交全局的一个重要位置来考虑，要超越一般意义上的周边外交，把印度当作亚洲大国乃至世界大国来看待。现在国际上有些人在炒作"龙象之争"，不排除其中一些人是别有用心的。中印合则两利，分则两伤，双方应该是真诚的合作伙伴。我们之间虽然存在竞争，但仍然要想办法来不断扩大双方的合作面。特别是决不可忽视中印关系的战略性。目前，中印务实合作的水平还不高，与两国本身具有的巨大潜力和相互需要还很不相称。我们双方要千方百计地增进信任，增加往来，发展合作，尽可能减少发展双边关系的阻力和干扰。

其次，中印边界特别代表会晤机制已经成为双方战略沟通交流的重要平台，要善加利用。我们通过这个渠道深入交流，加深相互了解，促进双边关系的发展和双方在国际问题上的合作，是有重要战略意义的。在我后来参加的几轮边界谈判过程中，印方一再强调，印度决不与其他国家联手遏制中国。印方说这个话是有其背景的。自2005年布什政府第二个任期开始以来，美国就逐渐调整对印度的政策，与印度发展战略伙伴关系，印美关系迅速升温。有人猜测，这是美国拉印制华的战略图谋。但是，印度坚持了自身的独立立场。印度是一个伟大的、能够独立自主的国家，用印度人的话说，他们坚持"战略自主"，知道自己应该做什么，不能做什么。印度看重中印关系，客观上也需要稳定和发展中印关系，在这一点上，我认为印度的战略思想是明确的。

第三，在目前的阶段，在边界问题最终解决前，双方一定要管控好边界，不要发生冲突，不要因此影响双方的战略合作伙伴关系的发展。通过10年的中印边界问题特别代表会晤，我们已经打下了一些基础，给后人最终解决边界问题进一步创造了条件。令人欣慰的是，中印双方已经形成了一种良性互动的处理中印关系的有效模式，就是在边界问题没解决之前，双方都尽力维护边境地区的和平、安全和稳定，同时大力发展双边合作，扩大双方在国际和地区热点问题上的协调与合作。我相信，只要我们正确把握中印关系的本质特点，只要中印双方坚持携手努力，就一定能够推动两国关系不断往前发展。

第八章

艰难历程

小泉首相会见我时表示，他一直主张中国的发展对日本不是威胁而是机遇，他是一个"日中友好论者"。我当时就明确对他说，你要是不去那个地方（靖国神社）就好了，这个困难如能克服，中日两国关系的发展一定会插上飞翔的翅膀。

中日战略对话始于 2005 年，在推动中日关系转圜和构筑中日战略互惠关系方面发挥了重要和特殊的作用。截至 2013 年 7 月，这个机制共举行了 13 轮对话，比中美的 11 轮、中欧的 10 轮、中俄的 8 轮、中法和中英的各 5 轮都多，可以说是同一时期我国同主要大国之间举行频率最高、次数最多的战略磋商机制。

风雨如晦

中日战略对话的产生有重要历史背景。进入 21 世纪，中日关系经历

2003 年 11 月 13 日，会见日本内阁官房长官福田康夫

邦交正常化后 30 多年发展，取得了巨大成就，两国在各领域的交流与合作都达到前所未有的深度和广度。但在另一方面，中日在政治上的摩擦与矛盾也明显增加，主要表现在日本对华政策的消极面越来越突出。令人不好理解的是，日方好像很多事都在有意识地与中国对着干，比如历史教科书问题，允许李登辉窜访日本，公然宣称台湾是日美安保合作对象，恶意炒作我们在东海无争议的中方海域油气开发，等等。当然，在这段时间里，中日之间最突出的还是日本首相小泉纯一郎连续参拜靖国神社，这给两国关系带来的冲击是巨大和深远的。

小泉纯一郎是 2001 年 4 月出任日本首相的。他竞选期间为争取日本保守阶层的支持，公开宣称当选以后将每年都去参拜靖国神社。小泉出身于政治世家，受保守政治的熏陶很深，思想意识偏右，民族主义色彩相当浓厚，特别是他的性格在日本人中显得十分叛逆而固执，对自己提出的政策主张又异常执着，在日本素有政坛"怪人"之称。小泉上台以后，为履行竞选"承诺"，不顾日本国内外的强烈反对，顽固坚持每年参拜供奉有二战甲级战犯的靖国神社，严重损害了中日关系的政治基础，严重伤害了中国人民的感情，导致两国关系陷入政治僵局。

我在中联部工作时期，结交了许多日本朋友，但一直没见过小泉先生。回到外交部工作后，我在 2004 年 3 月见到小泉首相，当时我以中国政府特使身份访问日本，就台湾问题做工作。小泉首相会见我时表示，他一直主张中国的发展对日本不是威胁而是机遇，他是一个"日中友好论者"。我当时就明确对他说，你要是不去那个地方（靖国神社）就好了，这个困难如能克服，中日两国关系的发展一定会插上飞翔的翅膀。

那一次，日本内阁官房长官福田康夫还为我搞了一个小范围宴请。我们就靖国神社和日本当前社会思潮等问题进行了深入交流。我说，双方关系在许多领域都不断取得进展，但小泉首相执意参拜靖国神社，这是两国政治关系的一个严重障碍，你们要重视这个问题，尽快妥善处理。福田说："最近日本大阪地方法院认定首相参拜靖国神社不违宪。从目前形势看，这一问题在短时间内很难解决。日中双方就此继续讨论下去，或许可以提醒日本人不忘记日中之间还有那段历史。"我说："中国老百姓对此不满，常问我为什么小泉执意要参拜供有甲级战犯亡灵的靖国神社？"他说："小泉首相过去一直参拜，担任首相后继续参拜，没料到问题会发展到如此程度。他本人现在也感觉很棘手，但既然表了态，就不好不去。去难，不去也难。"福田认为目前寻求解决这个问题的难度很大，但日中交流与合作不应该受到影响。两国政府首脑有必要保持接触，通过推心置腹地交换意见，增进相互理解，争取妥善处理这一问题。他说："我本人愿为此尽可能拿出智慧。"我向他强调："这个事情事关日本政府对军国主义侵略战争的基本态度和中国及亚洲近邻人民感情，日本领导人应该着眼大局，作出不参拜的决断。我们也不愿看到两国务实合作受到影响，发展和扩大合作对双方有利。"

在谈到日本当前社会思潮时，福田说，日本目前正处在一个敏感时期，民族情绪很浓，值得警惕。有人主张把防卫厅升格为防卫省，进一步增强军事力量，甚至核武装化，我们对此不能同意。另外，中国军事力量急剧增强，在日本国内也出现了很多担心。我说："我不理解为什么日本要把中国当作对手看待，根本不存在所谓对日本刺激的问题。日本军费总开支居世界第二，人均军费开支世界第一，比我们多得多。而且你们和美国还签订了安保条约①，有美国的核保护伞，已参与了战区导弹防御系

---

① 指 1960 年日美签署的新《日美安全条约》，即《日美共同合作和安全条约》。该条约取代了第二次世界大战后日本与美国签订的第一个军事条约，即 1951 年日本与美国在旧金山签署、1952 年正式生效的《日美安全保障条约》。

统①。真正令人担心的是你们军力的发展和军国主义思想的抬头。中国国土辽阔，边境线漫长，又有'台独'问题，搞一点有限的国防完全是出于自卫和保护国家主权的需要，不对任何国家构成威胁。"对此，他也无话可说。

针对日方在中日关系上的种种消极动向，我们一边进行坚决斗争和耐心的工作，一边也在思考如何才能使中日关系克服困难，重新回到健康稳定发展的轨道。2003 年年底，中方通过中日外交磋商渠道向日方提出举行中日战略对话的建议，希望双方通过深入沟通交流，能对彼此的长远战略利益有更加清楚的认识，增加战略互信，消除政治障碍，争取实现两国关系转圜。

最初，日方内部对举行中日战略对话的意见并不统一，他们虽然感觉到两国就中长期战略性问题交换意见是一件好事，但担心这样一来会影响中日之间的外交磋商、安全对话等既有对话机制的正常运作。此外，日本当时只与美国有战略对话，担心这样做会冲淡日美同盟的特殊关系。双方此后就此多次沟通，日方的态度逐渐趋向积极，但仍不愿在与中国的对话机制上使用"战略"一词。我们表示可维持既有机制，在对话名称上也可灵活处理。

2005 年 3 月，温家宝总理在"两会"记者会上提出，中日双方的外交部门可共同着手加强中日关系的战略性研究。

在几经反复后，双方商定于 2005 年 5 月在北京举行首次常务副外长级的中日战略对话，日方使用的名称是"高级别综合政策对话"。我当时

---

① 英文名 Theatre Missile Defense System，简称 TMD。由美国总统克林顿于 1993 年提出，是"弹道导弹防御计划"（BMD）的组成部分。TMD 用于保护美国海外驻军及相关盟国免遭导弹威胁。

2006年5月，第五次中日战略对话期间，与日本外务省事务次官谷内正太郎在贵州黄果树瀑布合影留念

作为外交部负责常务的副部长参与这项工作。我做这项工作有些优势，就是我在中联部工作的八年期间，曾多次与日本朝野各党打交道，积累了一些人脉资源，如中曾根康弘、海部俊树、羽田孜、桥本龙太郎、小渊惠三、森喜朗等日本前首相，以及河野洋平、野中广务、野田毅、二阶俊博、加藤纮一等一批老朋友，我都与他们有过愉快的交往。

对话谷内

日方对话伙伴是谷内正太郎，当时是日本外务省的事务次官。我从2005年5月至2007年1月不到两年的时间里，与他共同主持了七轮中日战略对话。可以说，那段时间谷内先生是我接触最多的外国人。听说他出版回忆录了，有时间我要找来好好看看。谷内是一个外表温文尔雅的人，有绅士派头。他儿时家境贫寒，因此磨砺出了坚毅的性格，这是一个不会轻易被说服的谈判对手。日本外务省事务次官的任期一般是两年，但谷内从2005年1月至2008年1月担任该职务长达三年。特别是2012年安倍晋三再次当选日本首相后，谷内被任命为内阁官房参与，相当于首相外事顾问，进而担任了日本国安局长。

2013年6月，谷内先生到北京来访问，我已经退休了。但他仍然提出想见我一面，我作为老朋友会见并宴请了他，他是我退下来后会见的第一位日本客人。席间，我们聊起共同主持中日战略对话的难忘经历，谷内特别提及首次战略对话时我们在两天时间里连续谈了16个小时的情景，两人都十分感慨。

2005年我和谷内举行了三次中日战略对话。5月13日至14日，首次中日战略对话在钓鱼台国宾馆举行。5月的北京时值晚春时节，钓鱼台春意盎然，景色宜人。我特意请工作人员将日方的座位安排在面对大玻璃窗的一边，以便日本客人能够欣赏到窗外的美景。

当时的中日关系却谈不上"春意"，反令人感到寒意阵阵。小泉首相连续四年参拜靖国神社，导致中日两国领导人的互访中断了，各领域交流合作也在不同程度上受到了影响。我国国内民众的反日情绪高涨，我和谷内见面前的一个月，国内以反对日本"入常"①为发端，爆发了大规模涉日抗议活动，个别地方发生了打砸抢行为。

2005 年恰好又是第二次世界大战结束 60 周年，对中日关系来讲是一个非常重要和敏感的年份。我国民众涉日抗议活动发生后，日方也受到了很大的触动，日本国内反对小泉参拜靖国神社、要求改善对华关系的呼声也渐渐高了起来，日本政府感到压力。日本外相町村信孝访华时向中方提出，小泉首相恳切希望在雅加达亚非峰会期间与胡锦涛主席举行会晤，就中日关系交换意见。小泉首相本人也多次在公开场合称自己是"日中友好论者"，表示要着眼未来，发展日中友好，不煽动对立，以此向中方显示姿态。

胡主席在雅加达亚非峰会期间的日程十分紧张，我们本未打算安排中日领导人会晤。在接到日方希望举行会晤的建议后，我们进行了认真的研究，从中日关系和两国人民友好的大局出发，同意在这个多边场合举行领导人会晤。

4 月 23 日晚，胡主席会见小泉首相。小泉首相在会晤中说，他就任以来曾反复强调中国的发展对日本不是威胁而是机遇，日中两国应着眼未来发展睦邻友好关系。胡主席严肃指出了日方在历史、台湾等涉华重大敏

---

① 指日本加紧外交运作，力图加入联合国安理会常任理事国行列一事。

感问题上的错误态度和做法，强调如果两国政治家搞不好中日关系，不仅对不起两国老一辈领导人长期的艰辛努力，也必将损害两国人民的根本利益。两国领导人应登高望远，本着对历史、对人民、对未来高度负责的态度，从维护中日友好、维护亚洲的稳定和发展大局出发，深刻反思和妥善处理。

胡主席还从长远战略角度出发提出了推动两国关系健康稳定发展的五点主张：严格遵守三个政治文件[①]；坚持"以史为鉴、面向未来"；正确处理好台湾问题；坚持通过对话，平等协商，妥善处理中日之间的分歧；进一步加强双方在广泛领域的交流与合作，加强民间友好往来，增进相互了解，扩大共同利益，使中日关系健康稳定地向前发展。小泉首相对此作了积极的回应。

那么，在上述大背景下，首次中日战略对话应该谈什么，怎么谈，确实是一个需要仔细思考和研究的问题。如果一上来就谈靖国神社等问题，双方很可能一下子就陷入无休止的争论之中，也就很难谈出什么成果来，这显然违背了战略对话的初衷。

对话前，我们多次开会进行研究。不少同志指出，日本对华政策日趋消极的背后隐藏着更深层的原因，而归根结底就是日本能不能正确看待中国发展的问题。为此，我们决定先重点讨论如何看待中国的发展，如何建立和发展长期稳定的中日友好关系，这也是为了落实两国领导人雅加达会晤的成果。

5月13日是对话第一天，我在开场白中说，此次战略对话是中日关系中的一件大事、新事、好事，具有特殊意义。你们叫"高级别综合政策

---

① 指《中日联合声明》（1972 年 9 月 29 日）、《中日和平友好条约》（1978 年 8 月 12 日）和《中日联合宣言》（1998 年 11 月 26 日）。

对话"，不管名字怎么叫，重要的是内容和效果。既然是战略对话，我们就应当想得深一些，站得高一些，看得远一些，就事关中日两国关系发展的重大的、全局的、深层次的问题坦诚深入、推心置腹、平心静气地交换意见。

我对谷内说，此时此刻中日两国千千万万双眼睛都在盯着我们，都对这次对话寄予希望，我愿意同谷内次官通力合作，不辱使命，把我们的对话搞好，从而为中日关系的长期稳定健康发展作出贡献。谷内点头表示赞同。

随后，我结合中日关系发展的历史，详细论述了中国对日睦邻友好方针，指出日本近年来对华政策的消极面，违背了其一贯坚持的对华友好政策。我还坦率地介绍中方对这个问题的分析、看法，并全面阐述了中国的和平发展战略，引导日方正确看待中国发展，奉行积极的对华政策。

我最后说，中日关系的主流是好的。但是，从小泉首相参拜靖国神社开始，中日之间不断出现麻烦，一件一件地积累起来，就代表了一种倾向、一种力量，这是一种有害于中日两国人民友好的力量，如果我们不认真对待、不及时解决，那将贻害中日友好大局，也是中日两国人民所不容的。

从现场反应看，日方可能没有想到中方会谈得如此的深入和坦诚。我讲完后，谷内先是简单作了回应，表示对中方立场和想法加深了理解，愿将中方所谈带回日本仔细研究。随后，他开始脱稿谈了一些他对日中关系的看法和感触，表示日中关系对双方而言都是最重要的双边关系之一，双方应通过频繁对话，准确了解和把握对方的政策，加深相互理解。看得出来，我的一番话触动了日方，会谈气氛变得轻松了。

在那次对话中，双方虽在靖国神社、日本"入常"等问题上有争论和

交锋，但会谈始终在坦率、真诚的气氛中进行，双方商定继续利用战略对
话的渠道就消除中日关系政治障碍进行磋商。

会后，日方官员在闲聊中向我方人员透露，谷内次官对此次对话感到
满意，日方起初心里没底，不知道对话应该怎么进行，但从对话效果看，
谷内很受启发，他虽与戴秉国副部长是头一次见面，但感觉很谈得来。

首次对话为我和谷内此后的交流定下了坦率、真诚的基调，也为中日
战略对话打下了一个较好的基础。我们商定对话在中日两国轮流举行，不
设时限间隔，根据需要随时可以"你来我往"，而且为了更好地交流，对
话范围可大可小，必要时也可一对一谈。双方同意尽快在东京举行下一次
对话。

急转直下

2005 年 6 月 23 日至 24 日，第二次中日战略对话在东京举行，距首
次对话仅相隔一个多月。大范围磋商很顺利，日方用了很长时间对中方首
次对话所谈内容作出回应，论述了日方对发展中日关系的基本认识和主
张。我则详细阐述了胡锦涛主席对发展中日关系提出的"和平共处、世代
友好、互利合作、共同发展"16 字方针。双方还就许多具体问题进行讨
论，涉及政治、经济、安全等各个领域，取得不少共识。

我和谷内在小范围交流时，就改善中日关系的途径坦率、深入地交换
了意见。我们一致认为中日战略对话是有益和必要的，随着磋商内容不断
深入，有助于双方增进信任，减少误解，扩大共识，将对改善和发展两国
关系发挥积极作用。

访日期间，我会见了日本内阁官房长官细田博之、外务副大臣逢泽一

郎、民主党党首冈田克也等朝野政要，向他们阐明了中方在靖国神社问题上的立场，强调日本领导人参拜供奉有二战甲级战犯的靖国神社绝不仅仅是"个人心情"问题，日方应就中日关系进行反思，并为改善两国关系采取积极行动。那段时间，中日关系总体平稳。特别是4月份胡锦涛主席在雅加达与小泉首相会晤后，日方在两国关系上展现出一些积极姿态。

小泉未在8月15日前后参拜靖国神社，并在8月15日就历史问题发表谈话，表示日本过去的殖民统治及侵略行为给亚洲及其他国家造成了巨大破坏和伤害，日本虚心接受历史事实，愿意深刻反省和诚挚道歉。日本希望与其他国家在互谅互信的基础上建立着眼未来的合作关系。日本将不忘战争的惨痛教训，永不再走战争道路，为世界和平与繁荣作出贡献。

9月3日，胡锦涛主席在纪念抗日战争暨反法西斯战争胜利60周年纪念大会上发表重要讲话，强调坚持中日友好，希望日方以严肃态度处理好历史问题。胡主席的讲话在日本国内引起巨大反响。

日本国内反对小泉首相参拜靖国神社的声音也逐渐多了起来。在众议院议长河野洋平的召集和推动下，日本八位前首相一致敦促小泉作出决断。据日方在五六月进行的一项民意调查显示，不支持小泉参拜的日本民众超过半数。我们在前后方也抓紧做日方工作，全力劝阻小泉不要再去参拜靖国神社。

在平稳度过8月和9月外界普遍认为的小泉可能参拜的几个时间节点后，谷内于10月14日访华。我们在北京举行第三次中日战略对话，重点探讨解决困扰两国关系的靖国神社问题。

对话开始时，我对谷内说，自5月中旬以来不到半年时间，我们进行了三轮对话。中国和一个国家如此频繁地进行这样的对话，好像还没有过。我说，靖国神社问题是我们几轮对话的主题。中方坚决反对小泉首相参拜靖国神社，如果在我们这次对话结束不久他就去参拜，那就白谈了。

然而事与愿违，小泉于 10 月 17 日上午 10 点（北京时间 9 点）悍然参拜靖国神社。他的这一举动再次严重伤害了包括中国在内的亚洲人民的感情，给中日关系带来巨大冲击。我对此感到震惊和愤怒。小泉这次参拜恰逢中日战略对话期间，也正值双方就解决靖国神社问题进行探讨的时候，日方究竟想干什么呢？我紧急约见谷内。谷内可能也得到了小泉参拜的消息，觉得不好向我们交代，就推说交通太拥堵了，是不是就不见了？后来在我坚持下，谷内还是来了。见面后，我狠狠地批评了日方一通，表明中方严正立场并提出交涉。我对谷内说，中方对这次战略对话很重视，本来希望与日方认真磋商，寻求解决方案。但我们一边对话，小泉首相却在一边参拜。他究竟把中日战略对话置于何地？我们今后还怎么和你们打交道？还怎么谈呢？

当时谷内无言以对，表情十分尴尬，看得出来他似乎对小泉要去参拜也不知情。但不管怎么说，第三次中日战略对话已经没法继续搞下去了，只好被迫中断。

由于小泉首相冥顽不化的态度，他一而再、再而三地采取错误行动，此后中日两国领导人的接触也完全中断了，中日关系陷入了严重的政治僵局。

落入温泉的雪花

第三次中日战略对话不欢而散之后，谷内曾多次写信给我，邀请我访日，希望双方早日重启对话。小泉五次参拜靖国神社，致使中日政治关系陷入邦交正常化以来最困难的局面。两国政治互信严重受损，国民友好感情明显下滑，对立情绪加剧，有人形容两国关系是"政冷经热"。实际上，靖国神社问题的消极影响已开始向经贸领域蔓延，2005年中日双边贸易额从多年的两位数增长降了下来，增幅较前一年大幅收窄。这种情况显然不符合两国人民的根本利益，也不利于亚洲的繁荣与发展。

进入2006年，随着小泉首相任期届满，我们开始着眼于在他下台后推动中日关系尽快转圜。而要改善两国关系，不能回避靖国神社的问题，重点是防止小泉的后任也步其后尘。中日战略对话是双方探讨解决靖国神社问题的主要外交渠道，因此重启对话很有必要。

2月9日至13日，我访问日本，与谷内举行第四次中日战略对话。那次对话是在日本政坛开始角逐小泉后任的情况下，两国外交当局的首次高层接触，备受关注，也相当敏感。抵日后的头两天，我广泛接触日本各界人士。当时，小泉后任的几个热门人选分别是内阁官房长官安倍晋三、前内阁官房长官福田康夫、外务大臣麻生太郎和财务大臣谷垣祯一，其中安倍晋三的呼声最高。

安倍晋三出身政治名门，他的外祖父岸信介、叔外祖父佐藤荣作均出任过日本首相，而他的父亲安倍晋太郎曾担任日本外相和自民党干事长。安倍的童年是在外祖父岸信介身边度过的，深受其保守思想的影响。安倍承蒙父荫，1993年当选众议员，一路平步青云，2005年10月出任小泉内阁的官房长官。2006年9月，安倍作为小泉接班人高票当选自民党总裁，出任日本首相，时年只有52岁，是日本战后最年轻的首相。当然，这些都是后话了。

在我的访日行程中原本没有安排会见安倍。2月10日，安倍主动提出希望见我。我感到这可能是安倍想向中方传递什么信息，就调整日程应约前往会见了他。简单寒暄后，我开门见山地问他，能让我带什么回北京？

安倍表示，日中两国是近邻，很容易发生政治问题，需要不断加强沟通。

我说，去年的第三次中日战略对话，由于你所知道的原因而中断。因为上次的对话没有搞完，本来应该谷内先生再去北京的，但从中日关系大局出发，我还是来了。安倍先生应该能看到中方希望加强对话、改善关系的诚意。我将同谷内次官坦诚交换意见，着重讨论如何消除两国关系中目前存在的政治障碍。

安倍说，日中两国在政治上存在着这样那样的问题，这是客观事实。我们应该拿出智慧来防止其进一步恶化，努力维护两国关系的长期稳定。无论发生什么情况，日中对话都要保持。

这次会见的时间不长，我清楚地表明了中方立场，同时感到安倍也在认真地思考中日关系。

我也见了其他三位热门候选人福田、麻生和谷垣。记得见麻生时，我们都没拿稿子，我一上来就对他说，听说你很喜欢"放炮"，希望你今后多放些有利于中日友好的"好炮"。麻生听了哈哈大笑，谈话气氛一下活跃了。他还恭维我说，我是他见到的第一个谈话不带稿子的中国人。我说，你也没带稿子嘛。

2月11日，我和谷内开始举行第四次中日战略对话。那次对话分成两个阶段，下半段移师到新潟县举行。新潟是日本著名的温泉胜地，也是日本前首相田中角荣的故乡，日方如此安排意在缓和对话气氛。此外还有一层含意，谷内对我说，在日本文化传统中，一起喝酒的朋友不一定是交心的朋友，只有一起泡温泉的朋友才是真正的"坦诚相见"。谷内希望双方能够坦率、真诚地交流。

　　本来谷内提议一起泡温泉，但因双方工作到很晚，后来还是各泡各的。日本的露天温泉非常有特色。我们到新潟的那天夜里下起了大雪，漫天飘落的雪花洋洋洒洒地飞落到热气腾腾的温泉里，令人印象深刻。

　　第二天正好是中国的元宵节，我们虽然身在日本，却对祖国欢腾的节日景象充满憧憬。此刻的新潟却是异样的安静，一片银装素裹，洁白的世界非常美丽。我们还去新潟市内眺望了佐渡岛，那里有中国赠送给日本的朱鹮。当时，中国在新潟还没有设立领馆，当地政府向我提及此事，强烈要求我们在新潟设馆。回国以后，我做了一些推动工作，中国驻新潟总领馆建成后，日方特地给我写了一封感谢信。

　　温泉各泡各的，暖融融的感觉却没有消磨双方的锐气，双方在那次对话中围绕靖国神社问题进行了激烈的交锋。我在对话中再次全面阐述中国对日政策，强调中国政府历来重视中日关系，从战后历史看，两国人民特别是两国历届领导人和各界有识之士共同努力，克服重重困难和阻碍，重建中日友好，开创了两国关系大发展的新局面。双方还以法律形式郑重地宣告中日两国要发展持久和平的睦邻友好关系，要以和平手段解决两国间的一切争端。这也是两国老一辈政治家给我们这些后人留下的重要政治嘱托。如果中日关系在我们这代人手里搞砸的话，上愧对先人，下愧对子孙。

　　我说，中国欢迎日本战后几十年走过的和平发展道路，也真诚地感谢日本对中国改革开放和经济建设给予的积极支持，希望日本能够正确地看待中国的发展。中国不会因为自己国力的增长而改变中日友好的立场，同时，我们坚决反对日本领导人参拜靖国神社的立场也不会改变。谷内则基于日方立场作了辩解。

　　针对谷内的辩解，我严肃地指出，靖国神社问题事关中日关系的政治基础。中国有一句俗话说"基础不牢，地动山摇"。日本领导人参拜靖国神社毫无疑问是一种国家行为，体现出的是日本的国家意志，根本不是什么"个人心情"的问题。

我最后说，只有弄清是非曲直，才能平心静气地探讨问题的解决；也只有把这个问题解决好，消除症结，才能使中日关系好起来，这是我们举行中日战略对话的根本目的。

当然，那次对话除靖国神社问题外，我们还就台湾问题、东海问题、中日共同历史研究等问题进行了交谈，取得不少共识。日方承诺将继续本着中日之间三个政治文件的精神处理台湾问题，同意努力使东海成为中日"友好合作之海"，愿与中方共同努力为东海问题的磋商营造良好环境。

我在这次访日行程中广泛接触日本朝野各界，感到日本国内对中日政治关系持续僵冷普遍感到忧虑，都有打开政治僵局的意愿。

2006年3月30日，日中友好七团体负责人联袂访华，由日本前首相、日本国际贸易促进协会会长桥本龙太郎带队。七大团体的负责人一起来访，这在中日交往史上还是首次，引起两国社会广泛关注。大家关注的焦点是中国领导人将发出何种信息。31日，胡锦涛主席在人民大会堂会见了七团体负责人，他们分别是日本贸促会会长桥本龙太郎、日中友好议员联盟会长高村正彦、日中友好协会会长平山郁夫、日中文化交流协会会长辻井乔、日中协会会长野田毅、日中友好会馆会长林义郎、日中经济协会会长千速晃等。

胡主席推心置腹地对他们说，近年来中日关系出现困难局面，中国人民担忧，国际社会关注，是我们不愿看到的。之所以如此，坦率地讲，责任并不在中方，也不在日本人民，症结在于日本个别领导人坚持参拜供奉有甲级战犯的靖国神社，因此伤害了包括中国人民在内的各受害国人民的感情，损害了中日关系的政治基础。胡主席强调，我愿明确表示，只要日本领导人明确作出不再参拜供奉有甲级战犯的靖国神社的决断，我愿就改善和发展中日关系与日本领导人进行会晤和对话。

日本媒体广泛报道了胡主席的重要谈话，并配发评论，在日本引起强烈反响。日本各界人士认为，中方在靖国神社问题上发出了明确和坚定的信息，同时也面向日本民众显示了重视和改善中日关系的强烈愿望。

为推动日方与我们相向而行，中方提议5月7日至8日在华举行新一轮中日战略对话。

第五次对话同前次对话一样，分两阶段进行，8日移至贵州省贵阳市举行。贵州省是我的故乡，如此安排是对谷内安排在日本新潟举行对话的回应，也期待双方在相对宽松的环境下能更加坦诚务实，谈出好的结果。

在贵州期间，谷内提出想去看一看阳明祠。阳明祠位于贵阳城东扶风山麓，是为纪念明代著名哲学家、教育家王守仁（号阳明）而建。大殿享堂正中塑有王阳明先生汉白玉雕坐像。祠内环境清幽，古色古香，诗文碑刻很多，文物荟萃，引人注目。王阳明被贬至贵州修文，曾在一个山洞里住过。在他前途渺茫之时，在山洞里进行了深刻的哲学思考，产生了那么多哲学思想，很了不起，同孔子、孟子、朱子一道被后人称为"四大圣人"。王阳明及其学说在日本有着重要影响，日本人十分看重王阳明哲学中强调人的精神力量、知行合一和重视实践的观点。这些虽是题外话，但从一个侧面说明中日交往的悠久历史和深厚文化底蕴。

在战略对话中，我对谷内说，中日战略对话从去年5月启动至今，在短短一年内举行了五轮。温家宝总理今年3月在"两会"记者招待会上提出，要继续进行两国政府间的战略对话以消除影响中日关系的障碍，这既是对迄今我们对话的肯定，也是对我们的期待和要求。

随后，我重点阐述了胡锦涛主席3月会见日中友好七团体负责人时就中日关系发表的重要讲话精神。我说，近年来中国领导人为克服中日关系的政治障碍、改善两国关系花费了很多心血，作出了巨大努力。胡主席的重要讲话，是中方推动改善中日关系的重大举措。讲话站在历史和战略的高度，体现了对历史、对人民、对未来高度负责的精神，既与新中国三代领导人对日政策一脉相承，又有很强的现实针对性，通篇贯穿着中方改善和发展中日关系的诚意和善意。希望日方认真研究胡主席讲话，体会其中的诚意和善意，作出积极、负责任的回应。

谷内说，日方高度评价胡主席的重要讲话，体现了中方重视两国关系的姿态。日方愿从大局出发，与中方共同努力，拿出智慧，寻求打破日中关系僵局的办法。

那次对话进行得比较顺利，看得出日方也已开始着眼于小泉之后的中日关系了。

破冰之旅

为推动中日关系在小泉卸任后尽快实现转圜，我们做了大量工作，简言之就是"以经促政、以文促情、以民促官"，即通过广泛开展中日间各领域的交流活动，为改善中日关系营造良好的社会和舆论环境。

2006年3月，中日财长对话机制启动。5月首届中日节能环保综合论坛在东京召开。两国议会、政党交流相继启动，通过与日本政界的直接对话，增信释疑。我们建立了两国青少年友好交流机制，组织高中生互访，增进双方国民间的友好感情。我们还决定于下半年在日本举行"中国文化节"，增进日本民众对中国文化的亲近感和认同感。

9 月，温家宝总理会见访华的日本日中经济协会代表团，强调中方重视发展两国经贸关系，希望进一步拓展合作领域。进一步向日方释放积极信息。

我们的一系列动作取得了明显效果，可以说为小泉之后中日关系转圜创造和积累了有利条件。

此时，进入政权末期的小泉则选择了"破罐子破摔"，于 2006 年 8 月 15 日日本战败纪念日这天再次参拜靖国神社，并署名"内阁总理大臣小泉纯一郎"，完全自绝于中国人民和中日友好事业。

小泉在靖国神社问题上的一意孤行，不仅激起中、韩、新加坡等亚洲邻国的强烈愤慨和抗议，也引起了国际社会的强烈反应。美国、英国、法国、德国、澳大利亚、俄罗斯、阿尔及利亚等国家的主流媒体纷纷予以强烈谴责。靖国神社内的战史陈列室"游就馆"，公开宣扬美化侵略战争的"靖国史观"，同样引起美国的警惕和反对。美国对日本的压力明显增大，要求其在历史问题上谨言慎行。

日本国内批评小泉的声音也空前增多，多名政要表示小泉首相的参拜行为难以原谅，日本和平遗族会也要求小泉首相停止参拜。日本各主要媒体均对小泉参拜予以批评。首相参拜靖国神社在日本已越来越不得人心。

这期间，日本政坛围绕小泉后任的竞争也进入白热化阶段，靖国神社问题和对华政策成为争论的焦点之一。随着 9 月 20 日自民党总裁选举日期的日益临近，前景逐渐明朗起来，安倍晋三的支持率最高，遥遥领先于其他候选人，当选几乎没有悬念。

到了这时，大家对安倍在靖国神社问题和中日关系上的立场和主张更加关注。安倍此前每年都前往靖国神社参拜。但自宣布参加自民党总裁选举之后，开始在是否参拜问题上采取模糊策略，既不说去，也不说不去。

安倍在选前出版了《迈向美丽的日本》一书，全面阐述自己的内外政策主张。关于中日关系，安倍表示这是最重要的双边关系之一，与中国保持友好合作关系，在经济上和安全上对日本非常重要。两国领导人应直接见面，坦率对话，解决两国关系中的问题。为开辟日中关系未来，日本应接纳更多的中国青年访日。

8月3日，安倍出席由中日媒体主办的"东京—北京论坛"并发表演讲，强调日中双方应扩大共同战略利益，翻开两国关系新的一页。政治、经济两个车轮都应强有力运转，使日中关系迈向更高层次。应探讨建立不怕矛盾和摩擦、进行正面对话的新型伙伴关系等。安倍的谈话表明他重视中日关系，认识到要改善两国关系，绕不开靖国神社问题。中方敏锐地捕捉到了安倍谈话中积极的信息。

9月初，日方在东京通过外交渠道提出希望9月22日至23日在日本举行第六次日中战略对话。日方所提时间非常微妙，颇含深意，它恰逢20日自民党总裁选举之后，又在26日国会选举首相之前。看来，日方应是希望新首相发挥主导作用，在其正式上台前就改善中日关系与我们达成共识。

9月22日至27日，我再次访问日本，在东京与谷内共同主持第六次中日战略对话。此时，安倍已顺利当选为自民党新任总裁。我赴日的任务就是代表中国政府同日方就如何消除中日政治障碍、实现两国关系转圜进行磋商，责任十分重大。我感觉肩上的担子很重，同时也为能承担如此重要的任务感到光荣。

从当时的形势看，要想顺利完成任务非常困难。9月22日，我出家门时对我夫人说，此行可能凶多吉少。我夫人宽慰了我一番。到了北京机场，日本驻华大使宫本雄二前来送行，他半开玩笑地跟我说，这次你要是谈成了，我给你塑像。他的言外之意是不看好谈判结果，这也说明磋商的难度，不光中国人，日本人也觉得很难。我对宫本说，我不需要塑像，只要能谈成，中日两国人民高兴就行。

那次磋商谈得异常艰苦，双方都打出了各自的方案，反复交锋，往往一个措辞、一句话都要争论半天。第一天，我就建议取消其他议题，以便集中精力解决最紧迫、最重要的问题。那次磋商前后谈了一个星期。我和同事们每天都工作到很晚，有一天甚至是凌晨6点才休息。谈判后期，我生了带状疱疹，衣服一碰就痛，苦不堪言，只能咬牙坚持。当时不知道是怎么回事，回国后才确诊，过了两三个月才好。10月8日安倍来华访问那天，有同事见到我说，你的脸色不好啊，我说，带状疱疹疼着呢。

25日晚，我应约与谷内再次进行小范围会谈。谷内先拿出一份方案，声称是经安倍同意的。这份方案与我们的方案差距非常大，根本不能接受，我坚决驳回。我说，中方根本不可能接受这样的方案，如果我把这样的方案报告北京意味着结果会更糟糕。我们九个人（政治局常委）的方案你们都不接受，而你们的方案只是安倍一个人的。

谷内见状就说，他料到中方不会接受，但安倍要求他提交中方，他只能走这一步。随后，谷内又拿出一份方案说，这虽未经安倍认可，但如中方同意，他愿当面做安倍工作。

我看了看，第二份方案虽在核心问题上与中方立场有所靠近，但仍存在严重问题。我据理力争，毫不退让。我再次全面阐述了我方立场，驳斥了日方谬论。

双方讨论进行得非常激烈。当时任日本外务省亚大局局长的佐佐江贤一郎甚至一度激动地站了起来，完全失去了外交官的冷静，两眼通红地说，在东京你们到哪儿能找到像谷内次官这样耐心的人?! 我也很不客气地说，你要是到北京去找找，有谁能够像我姓戴的这样耐心地跟你们谈这个问题?! 谷内说，那我们只好一起向记者宣布谈判破裂。我说："破裂就破裂吧!"那个时候不能怕破裂啊!

现在回想起来，第六次中日战略对话是在中日关系不同寻常的历史时刻举行的，意义重大。稍有闪失，两国关系可能就会失去难得的改善和发展的历史机遇。中日两国人民、亚洲乃至国际社会都在密切地关注着对话能取得什么成果，十分关注中日关系今后向何处发展。

我原计划 26 日回国，谷内希望我再延长一天。经请示，我将回国时间推迟到 27 日。26 日下午，我到外务省与谷内进行第六轮战略对话的最后一次磋商。

我向日方通报了中方立场。我说，中方坚定地认为，在我们共同工作基础上，中方提出的方案是解决问题的最佳办法。中方已没有作出其他选择和任何灵活的余地。谷内说，那样的话，日方将在今天会谈后向媒体宣布此轮战略对话告一段落。我说，就算日方不说，我也准备提这个建议，宣布谈判结束。这实际上意味着双方谈判破裂。

那场谈判可以说是双方意志、胆略和毅力的较量。当然，对话能几度峰回路转，最重要的还是双方对中日关系的高度重视和解决问题的积极意愿。而磋商往往越是在艰难的时刻，越是孕育着希望和突破。

我最后说，我此次怀着诚意和希望来东京与你对话，并作出了最大努力，迄今虽未有实质性进展，但感觉到中日双方都有改善关系的愿望，我仍对解决问题的前景抱有信心。如日方有意继续谈，随时欢迎谷内次官到北京去。

谷内说，我同样没有放弃希望，愿努力到最后一刻。明天上午 9 点，我们另找一个地方，再搞一次恳谈会吧，与这次磋商不挂钩。我敏锐地感觉到，事情还有回旋的余地，于是同意在回国前与谷内再见一面。

27日上午9点15分，我去外务省别馆会见谷内。谷内拿出一张纸，是日方的新方案，是经过安倍认可的东西，我听后对谷内说，你这次有新东西，我要马上回去报告北京，以后或者我再来，或者你去北京。

我们27日下午到北京后，立即做了汇报。中央觉得日方这个方案基本可以，让我第二天再跑一趟日本。当天深夜，王毅大使接到国内指示后立即给佐佐江打电话，当时已经是28日凌晨。佐佐江被从梦中吵醒，开始很恼火，对王毅说，你们怎么回事！又不是发生战争了！后来一听王毅说的，立马起身，两人一起去找谷内。他们到谷内家里时是凌晨4点，双方开始就方案的细节进行沟通，为我和谷内见面做好铺垫和准备工作。

28日中午，我再飞日本。考虑到此事十分敏感，要尽量保密，为避免被媒体认出来，我生平第一次戴了墨镜，一起去的同事也都称呼我老板。到了中国驻日本大使官邸，我下车马上见到了谷内，他先到了。日本记者追踪的本事非常厉害，我和谷内会面还是被他们照了相。在大使官邸，我和谷内各自发表了一点意见，相互交换了一个东西，双方关于参拜靖国神社问题达成了谅解。

几经周折，在两国领导人的直接指导和决策下，中日双方最终就克服影响两国关系的政治障碍和促进两国友好合作关系的健康发展达成一致，促成了安倍首相10天后对中国的闪电式访问。

2006年10月8日至9日，日本首相安倍晋三正式访问中国，这是安倍就任首相后的首次出访，也是日本首相时隔五年再次对中国进行正式访问。胡锦涛主席、吴邦国委员长分别会见了安倍首相，温家宝总理同他进行了会谈。安倍首相提出双方要构筑基于共同战略利益的互惠关系，这是日方首次把中日关系定位在战略层面。双方发表联合新闻公报，日方首次同意以书面形式写入"正视历史，面向未来"。这次访问初步打开了中日关系的政治僵局，此访也被国际舆论称为"破冰之旅"。

安倍首相访华时，两国领导人一致同意继续推进战略对话，深入研究改善和发展双边关系的重大问题。2006 年 11 月，胡锦涛主席和安倍首相在越南河内再次会晤，双方决定指示两国外交部门就战略互惠关系的内涵进行深入研究，并尽快达成共识。新形势下，中日战略对话作为两国外交当局重要的对话渠道，又被赋予了新的历史使命和任务。

中日关系转圜后，两国关系总体保持着改善和发展的势头，日本各界对华交流与合作的热情明显高涨，民众对华认识和涉华舆论环境明显改善。

对话杭州

2007 年是中日邦交正常化 35 周年，温家宝总理将于春季访问日本，两国关系面临着进一步改善和发展的难得历史机遇。我们的对日工作既有机遇，也有挑战。

中日关系实现转圜，是日本面对我国快速发展强大的现实，不得不更加理性地思考对华关系的结果。那段时期，日本对华政策的基本方向是维护中日关系大局稳定，加大各领域交流与合作力度。

另一方面，中日关系转圜不等于回归到以友好为主调的关系格局。日新生代政治家希望与中国建立"对等"关系的意图溢于言表，甚至不加掩饰地公开宣称对中国"该合作就合作，该牵制就牵制"。

为落实两国领导人会晤共识，维护和巩固中日关系改善发展势头，我们与日方商定在 2007 年 1 月举行新一轮战略对话，任务主要有两个，一是就中日战略互惠关系的内涵进行磋商，二是为温家宝总理 4 月访日做政治准备，两个任务相辅相成。

这次对话意义不同寻常，无论对中日关系，还是对战略对话机制本身，都是一次承前启后的对话。我的工作团队做了很多精心准备，给我提供了大量材料。在此基础上，我自己动手，结合自身对中日战略互惠关系的思考，写了长达 15 页的对话纲要。

1 月 25 日至 26 日，第七轮中日战略对话在中国举行。那时我和谷内却不知道，这会成为我们共同主持的最后一次战略对话，当然也是气氛最好的一次。谷内对此半开玩笑地说，这次战略对话与以往不同之处在于可以在媒体前面带笑容，不必板着脸了。

这次对话同前两次一样分两阶段进行，后半段移师到风景如画的杭州。时任浙江省委书记习近平同志还专门出面宴请了参加对话的中日双方人员。

对话开始后，我对谷内说，当前形势下，中日战略对话面临新的使命和课题，愿同谷内次官共同努力，继续用好这一重要对话机制，为构筑与发展两国战略互惠关系发挥应有作用。对话进行得很顺利，我系统介绍了中方对中日战略互惠关系内涵及如何构筑这一框架的想法，引导日方创新思维，从两国关系长远发展的大局来认识和对待这一问题。谷内表示将认真研究，尽快与我举行磋商。

我重点阐述了温家宝总理访日的重要性，就温总理此访政治、经济及各领域成果预作铺垫。谷内表示，温总理访日意义重大，日方将尽全力确保访问圆满成功。

我还专门就台湾问题做日方工作。我说，近年来日方在台湾问题上消极动向增多，带来一系列重大消极影响和危害。中方要求日方能够看清形势和利害，尊重中方在台湾问题上的关切，切实按照中日三个政治文件和对中方作出的承诺，将日台关系严格限制在民间和地区往来框架内，明确反对"台独"，不做干扰中国和平统一的事。谷内对此表示，日方在台湾问题上坚持日中联合声明中所表明的立场，这一立场过去没有改变，今后也不会改变，日方希望当事者通过对话和平解决。

那次对话，双方取得了很多共识，有些成为温家宝总理的访日成果，还有很多后来被吸收进 2008 年《中日关于全面推进战略互惠关系的联合声明》中。

需要特别指出的是，在本次对话的小范围会谈中，我再次强调，温家宝总理访日将近，如果在历史问题和靖国神社问题上再出现几年前的情况，我们迄今所作的艰苦努力和取得的成果将付诸东流，中日关系将受到难以估量的重大损害。谷内回答说，在靖国神社问题上，中方尽可以放心。我说，我将郑重地向中国领导人报告。

艰难而不言弃

中日战略对话在两国关系面临严重困难的时候应运而生，为消除政治障碍、实现两国关系转圜、构筑两国战略互惠关系发挥了应有的作用。这是我国同主要大国通过战略磋商机制解决重大、敏感双边问题的成功外交实践。它体现了中国坚持通过对话协商解决问题的外交理念，展现出中国越来越开放、自信和负责任的大国风范。

从 2005 年 5 月至 2007 年 1 月的短短不到两年时间里，我一共主持了七轮中日战略对话，有幸见证了两国关系由"破冰"到"融冰"的发展过程。2008 年 3 月，我就任国务委员，不再负责主持中日战略对话，但仍一直密切关注着两国关系的发展。

2010 年 9 月，日方在钓鱼岛海域非法抓扣中方渔民渔船，并威胁将按日本法律对船长进行审判，想以此从法律上表明钓鱼岛属于日本，这让原本保持良好发展势头的两国关系受到不应有的冲击。2011 年，日本"3·11"大地震及海啸、核泄漏灾害发生后，中国政府与社会各界以各种形式真诚向日方表达慰问，提供援助，胡锦涛主席亲临日本驻华使馆表示慰问和悼念，两国关系不断改善并稳定发展。然而，2012 年下半年以来，日本在对华关系上消极动向明显增多。2012 年 9 月，日本政府不顾中方的坚决反对和反复规劝，执意非法"购买"钓鱼岛，实行所谓"国有化"，稍后，中方被迫对钓鱼岛海域实施巡航，以体现中国对钓鱼岛的主权。中日关系再次跌落低谷，我对此感到十分痛心。

2013 年 6 月，我作为老朋友应约会见来华的谷内先生。谷内对我说，当年我们为处理靖国神社问题谈了超过 100 个小时。我们现在面临的是几个小岛的问题，但很难处理，比七年前日本首相参拜靖国神社问题要难得多。

我说，越是在艰难的时候，越是孕育着希望和突破。我始终认为，日本要下决心从思想上解决正确看待中国的发展问题，不要感到心里不平衡，不要整天琢磨中国发展了是对日本的什么威胁，心态正了，关系就好处了。日本不能没有中国这个朋友，中日必须要友好相处，中日关系一定要也一定会好起来，而且要长期好下去。这是一个不可阻挡的历史大趋势。

第九章

军战磋商

我在与法方磋商时强硬回应，迫使法方不在对华政策上瞎折腾。后来，萨科齐见到我时，曾当着法方人员的面说，这个人很厉害，你们可不能忽视他！

法国是西方第一个与中国建立大使级外交关系的国家。在相当长的一段时间里，中法关系一直走在中国与西方大国关系的前列。中国与法国军事和战略小组是我们同西方大国建立的第一个向两国元首负责的高级别战略对话机制。从 2001 年初建时的内部磋商，到 2008 年对有关活动进行公开报道，该机制发展至今，已成为一个独具特色的双边重要战略沟通机制。该机制不仅促使中法关系迈上战略合作新台阶，而且一定程度上引领着中欧关系不断向前，凸显出法国在中欧关系中的"领头羊"作用。

2004 年 7 月，同法方首位对话伙伴达纳在一起

初识希拉克

1999 年和 2000 年，江泽民主席和法国总统希拉克互访对方家乡，这是中法关系史上的一大盛事。大概也就是 2000 年的时候，两国元首共同说起要在中法两国之间搞一个机制，在军事和战略层面加强沟通和交流。2001 年中法军事和战略小组就正式开张了。设立之初，中方由外交部负责常务的副部长牵头，法方牵头人是总统外事顾问。

在我接任中法军战小组会议中方牵头人之前，这个小组已经举行过两次会议，中方由李肇星副部长牵头。第三次会议于 2003 年 5 月 5 日至 6 日在巴黎举行，由我来主持。那段时间对中国可不寻常，北京的"非典"疫情闹得很厉害。很不巧的是，我们一到巴黎，中方代表团的翻译就发烧了。这个时候出这种事让人很为难。如果不告诉法方吧，到时候要真出了问题，就不好收拾了。我决定还是要如实相告。法国人知道后也很紧张，派国家疾控中心的人赶过来，把这个同志送去进行了检查，确认不是"非典"，大家才松了一口气。

说起"非典"，还是在我去巴黎前，也就是 2003 年 4 月，中国"非典"疫情闹得最厉害的时候，法国总理拉法兰到北京访问。那时候几乎没有外宾访华，大家都怕得不行，但是拉法兰总理坚持要来。法国人这么做，对我们是很有力的支持。记得当时把他安排在王府井附近的一家宾馆，专门做了非常严密的部署，确保安全。总之，这件事中国人是牢记在心的。后来，不管拉法兰当不当法国总理，他都成了我们的贵宾，经常应邀来华参加会议、论坛之类的活动，对中国也很友好。

言归正传，第三次中法军战小组磋商主要是对中法关系和当时的国际形势交换看法。我的对话伙伴、军战小组法方牵头人是总统代表达纳。那个时候的国际形势很复杂。当年的 3 月，美国以伊拉克拥有大规模杀伤性武器等为由，绕开联合国，对伊拉克发动了所谓"先发制人"的战争。美国人这么蛮干，是以战争方式冲击联合国和平解决争端的基本准则，也是以美国的单边行动冲击以联合国为代表的多边秩序和多边合作机制，称王称霸到了无以复加的地步，理所当然地遭到了包括中国、法国在内的安理会多数成员国的坚决反对。那么在这种情况下，针对美国搞单边主义对国际形势和大国关系的冲击，中法军战小组会议有很多话可讲，也能谈到一块儿。同时，中法也即将迎来建交 40 周年。法国是第一个与新中国建交的西方大国，在我们处理与西方的关系问题上，对法国还是要搞点"特殊化"，有些事也需要商量。

我首先和达纳谈了中法关系。我说，中法两国都是爱好和平、崇尚独立的大国，也都是安理会常任理事国，承担着重要的国际责任和义务。我们双方对当前许多重大的国际问题都存有共识，双方在新形势下进一步加强合作非常重要。我说，两国关系近 40 年来在各个领域都取得了很大发展，我们要再接再厉，推动我们的关系在新的世纪取得更多新的发展，这不仅有利于中法两国，而且对于维护世界的和平与繁荣也是有利的。我强调，双方在军事合作方面要争取更多实质性的进展。

达纳高度评价了军战小组的工作机制，认为双方通过前两轮磋商加深了相互了解，已在诸如战略稳定、多极化、国际和地区热点等问题上达成了广泛共识。他表示，希拉克总统已作出承诺，将努力推动欧盟尽快解除对华军售禁令，法方一直在欧盟内部做工作。

我们还就国际形势、朝核、伊拉克等问题，以及中法军事交流等双方共同关心的问题交换了意见。法方对这次会议作出了精心安排，给予了超规格的接待。

这次军战小组会议期间，我第一次见到了法国总统希拉克，那次会见原定半小时，但希拉克兴致勃勃，我们交谈了近 1 小时 30 分钟，这件事给我留下了深刻的印象。希拉克是欧洲政坛上的一个风云人物，他当过巴黎市长、法国总理，还见过我们的邓小平同志。他继承了戴高乐的独立思想，是一位有战略眼光和全球视野的西方政治家。

希拉克会见我时高度评价中法全面伙伴关系。他特别强调，中法军战小组磋商是中法全面伙伴关系的重要组成部分。在当前形势下，法中两国加强磋商显得尤为重要。法中双方应本着相互尊重、全面合作的精神，加倍努力，采取共同行动来应对和处理各种危机，需要进一步加强双方在国际事务中的协调与合作。法、中、德、俄四大国在伊拉克危机中的合作非常成功，堪称处理未来世界重大问题的典范。他还顺手指着案头摆放的一尊宋代观音像说，处理中国问题需要有一颗中国心。每当我思考中国问题时，这尊观音像总是能够给我以灵感和启迪。希拉克比较深入地谈到了他本人对中国的看法。他说，中国将成为一个世界强国，这一天的到来可能比很多人想象的要快得多。未来的世界究竟是走向单极还是多极，中国的看法至关重要。希望中国朋友不但看到未来一两年需要做的事，更要看到未来 20 年的情况。

希拉克说这些话，表明他非常看好中国的发展前景，同时也反映出他的多极世界观。他一直认为，世界多极化的趋势是不可逆转的，对美国霸权不怎么买账。他曾经说过，中国在未来 30 年将发展成为世界数一数二的强国，美国单边主义即将失败，单极世界虽然仍是当今世界的一个现实，但是，由一个国家来主宰世界事务的情况不会长期存在，也是令人不可接受的。他说，希望中国的目光不仅要朝向美国，也要朝向欧洲和俄罗斯。

希拉克总统对华友好有一个重要背景，就是他年轻时就非常喜爱中国文化，特别是中国青铜器。2004 年 10 月，希拉克访华，访问了成都。他很想看三星堆的青铜器，但又不想让媒体批评他游山玩水，因此没去现场。中方考虑到他的难处，在遵守《文物保护法》的前提下，专门挑选了几件东西拿到宾馆给他看。他非常高兴，爱不释手。希拉克对中国的文物确实很懂，甚至比我们很多中国人都要懂。他对中国文化方面的事情很上心，连我们国内争论李白出生地的事都知道得很清楚。

这件事也证明，文化交流对促进国家间关系的发展是多么重要。记得我当驻匈牙利大使的时候，听到一位匈牙利朋友说的一句话，让我印象十分深刻。我们当时在匈牙利举办中国文化节，有时还到乡下去搞一些中国文化展览。这个朋友说，匈牙利人很欣赏中国文化，如果一个人如此喜欢一个国家的文化，难道他还会仇恨这个国家吗？从这里面也看得出来，我们的文化影响力在世界上还是不小的。随着中国国力上升，我们的文化影响力还会相应上升。关键看我们怎么抓住机遇，以别人能够接受的方式传播中国文化。

其实，从外交规格讲，我当时是中国外交部管常务的副部长，到法国访问时，希拉克不一定每次都见。但是，因为我来自中国，他几乎每次都要见我。有一回，他还专门调整了日程，留在巴黎等我。特别令人感动的是，每次我去爱丽舍宫，他都要走到门外的台阶上亲自迎接。有一次，天下着雨，我们还两个人打着伞，在台阶上照了一张合影。

他在郊区朗布里埃有一座总统别墅，一般用来招待比较亲近的外国领导人。我应邀到那个别墅去住过一晚。那一次是法方代表以总统名义为我们举行宴会，希拉克本人不在家，但是他夫人在那里迎接了我们。显而易见，法方作出这个安排是独具匠心、有其特殊含义的。

印章刻友谊

通过内容务实、形式灵活的中法军战小组磋商，我们夯实了法方反"台独"的立场，为中国新一届政府领导人首访法国扫清了障碍，为提升中法关系的战略合作水平打下了坚实基础。

2003 年是中欧关系十分特殊的一年。这一年，中欧双方决定致力于发展全面战略伙伴关系。10 月 13 日，中国政府发表了首份《中国对欧盟政策文件》。10 月 30 日，第六次中欧领导人会晤在北京举行，胡锦涛主席会见了来访的欧盟轮值主席国意大利总理贝卢斯科尼、欧盟委员会主席普罗迪和欧盟理事会秘书长兼欧盟共同外交与安全政策高级代表索拉纳。这一年，中法交往也很密切。在第三次中法军战小组会议后不到半年，也就是中欧领导人会晤的同时，我们在北京搞了一次中法军战小组牵头人非正式磋商。

这次非正式磋商主要为胡锦涛主席 2004 年元月正式访问法国做准备，并就中法军战小组第四次会议作出安排，同时，双方就国际热点问题交换了意见。我说，2003 年 4 月，在中国"非典"疫情最严重的时候，拉法兰总理坚持访问中国，是对我们的有力支持。6 月，胡锦涛主席赴法国埃维昂出席希拉克总统倡议的南北领导人非正式对话会议，受到法方的盛情款待，中方对此表示高度赞赏。我说，中法都是世界文化大国，即将互办文化年，这一定会成为中法文化交流史的里程碑，大大加深两国人民的相互了解和友谊。

达纳表示，法国人民热忱期待举办中国文化年，这个活动一定会取得积极效果，进一步促进中法两国人民的相互了解。中国的发展日新月异，已成为欧洲人每日必谈的话题。他还表示，胡锦涛主席即将于 2004 年元月访法，这将是两国关系的历史性时刻。法方届时准备把埃菲尔铁塔装饰成红色，这也是象征中国和法国国旗的颜色，作为庆祝法中建交40周年暨中国文化年的高潮节目，也是对胡主席访法的隆重献礼。

这次磋商就胡主席在中法建交40周年的特殊时刻访问法国达成了重要共识，为这次重要的国事访问取得圆满成功奠定了基础，同时还完善了中法军战小组的配套机制。

我向胡主席汇报了这次磋商的情况，重点汇报了他即将对法国进行国事访问的有关情况。胡主席仔细听取了汇报，觉得访问成果还需要敲得更牢靠些，就指示我再跑一趟法国。这样就有了2003年12月19日至23日在法国举行的中法军战小组特别会议。期间，希拉克总统会见了我，他原定当天离开巴黎去外省，但特意留下来。我们也是他在2003年会见的最后一批外国客人。

我向希拉克总统面交了胡锦涛主席的信函。我说，胡主席和中国政府是从战略高度和长远眼光来看待中法关系的，是从维护世界和平、促进共同发展、支持多边主义、迎接世界挑战的历史高度来看待中法合作。胡主席就任后首次访欧就选择了法国，并明确指示中方支持法国为国际热核聚变试验堆场址所在国，这些都是他亲自作出的重要政治决定。

欢谈之余，我特别强调说，40年前，戴高乐将军作出历史性决定，同中国建立大使级外交关系。总统先生继承戴高乐将军的传统，与邓小平、江泽民等中国领导人共同努力，将中法关系推进到新的发展水平，在中法关系史上做出了重要贡献。相信胡锦涛主席访问法国也将为中法关系史谱写新的华章。

希拉克表示，胡主席首访欧洲即选择法国，这是法方的殊荣。法方将这次访问视为推动法中、欧中关系迈上新台阶的重要契机。会见结束时，我把一枚刻有"希拉克"三个汉字的巴林鸡血石印章赠送给他,他非常高兴地说:"以后给胡主席写信,就可以用这个印章了。"

我在与达纳磋商时,主要商讨了胡主席访法的一些具体问题。我强调,在中法建交 40 年里,法国发展对华关系在很多方面都走在西方各国前列,我们需要从战略高度和长远角度思考如何更全面、广泛、深入地推进中法关系的发展,当务之急是双方共同努力,确保胡主席访法取得丰硕成果。

达纳表示,中国是第一个与法国建立战略对话的国家,胡主席访法对法中和欧中关系均具有重要意义,法方希望继续成为欧中关系的"领头羊"。法国在人权、推动欧盟解除对华军售禁令等问题上都发挥着积极影响。法国虽不是世界上最强大的国家,但它有自己独特的分量和世界影响力。希拉克总统非常有个性和人格魅力,在国际事务中经验丰富,具有长远目光。什么事一旦形成信念,他将坚定贯彻落实。关于访问成果,达纳表示,当胡主席和中国代表团离开法国时,中方一定不会后悔所作出的选择。法总统外事顾问顾山在会见我时也表示,胡主席访法将满载而归。

这次军战小组特别会议的另外一项重要议题是台湾问题。当时的背景是台湾当局执意在 2004 年 3 月举行旨在分裂国家的所谓"公投"。希拉克会见我时表示,法国对台湾当局推行可能导致"台独"的"公投"持严重保留态度,并准备在拟发表的法中共同文件中表明法方的立场。法国总统外事顾问顾山表示,希拉克总统愿在为胡主席举行的国宴致辞以及两国元首公开答记者问等场合,公开阐明法方的立场。达纳还对我说,法方从未在共同文件中就台湾问题发表看法,但考虑到法中关系的重要性、台海当前局势和中方重大关切,法方愿在准备发表的共同文件中作专门阐述,重申反对"台独"的原则。

这次特别会议过后不久，达纳来华出席中法建交 40 周年图书首发式，我们抓住这一机会又搞了一次磋商。根据中法军战小组第三次会议达成的共识，双方牵头人在两次会议间歇期间可采取务实、灵活做法，利用访问、过境等机会，随时就某个专题交换意见。安排此次磋商体现了这一共识。

达纳在磋商中转达了法方重要政治口信：希拉克总统希望胡主席访法取得圆满成功，并且，希望这一成功不仅属于中国，也属于法国和欧洲。为此，双方应共同努力，取得双赢成果。关于台海局势，达纳说，希拉克总统对此高度重视，并亲自作出两点指示：一是"法国重申坚持一个中国的一贯立场，认为应以建设性对话作为台湾海峡两岸关系的基础，和平解决台湾问题"；二是希拉克总统注意到中方特别关注"公投"问题，愿作出不同寻常的决定，在此问题上作出明确表态，强调"法国反对包括'公投'在内的任何旨在单方面改变现状和加剧台湾海峡紧张局势的举动"。法方将在联合声明、希拉克欢迎晚宴祝酒辞以及应询回答记者提问时公开阐明上述立场。达纳强调，希拉克本人作出的这个政治决定，比法国以往的立场，以及其他欧盟国家的立场，都更前进了一步，具有非同寻常的重要性，表明希拉克和法国政府对台湾问题的高度重视。

通过此次磋商，双方敲定了胡主席访法日程安排，并就具体的访问成果达成了一致，特别是希拉克最终作出政治决断，同意在中法联合声明案文中加上反对"台独"的内容，在台湾问题上作出了比以往更加积极的特殊表态，这是法国国家元首第一次在这个问题上公开、明确表态，对其他西方国家有积极引导作用。

铁塔披上中国红

从 2004 年 7 月到 2007 年 5 月希拉克总统卸任法国总统为止，中法军战小组又举行了四次会议和两次小组牵头人磋商。

中法军战小组第四次会议于 2004 年 7 月在北京举行。此前一个月，欧盟首脑会议正式通过了《欧盟宪法条约》①，欧洲一体化进程取得重要进展。2004 年在中法关系史上是非常重要的一年。胡锦涛主席元月对法国进行的国事访问十分成功，希拉克总统夫妇打破礼宾常规，亲自到机场迎接。中法签署了《联合声明》②，胡主席还在法国国民议会发表了演讲。同时，中法文化年系列活动进展顺利，巴黎香榭丽舍大街举行了中国彩装行进表演，吸引了 70 万观众到现场观看。法方还把埃菲尔铁塔装饰成了红色。

根据双方的安排，法国总统希拉克将在年内正式访问中国。为做好有关筹备工作，中法军战小组法方牵头人、总统代表达纳应我的邀请来华，与我共同主持了第四次会议。胡锦涛主席亲切会见了小组法方成员。中法双方与会人员还专程到贵州、成都参观访问。

会议期间，中方就台湾问题、欧盟解除对华军售禁令问题、承认中国市场经济地位问题、中欧关系、双方关切的重大经贸问题等深入交换了意

① 是欧盟制定的首部宪法，其宗旨是保证欧盟的有效运作以及欧洲一体化进程的顺利进行。经过近四年的准备，2004 年 6 月 18 日，欧盟 25 个成员国在比利时首都布鲁塞尔举行首脑会议，一致通过《欧盟宪法条约》草案最终文本。但法国、荷兰两个欧盟创始成员国分别在 2005 年 5 月和 6 月的全民公决中否决了该条约，从此搁浅。后经过对文本的修改，2007 年 10 月 19 日，欧盟非正式首脑会议通过了新的条约，并于 2007 年 12 月 13 日由欧盟各国首脑在里斯本签署，称"里斯本条约"或"欧盟改革条约"，取代《欧盟宪法条约》，于 2009 年 12 月正式生效。
② 声明将中法关系提升为全面战略合作伙伴关系。

2005 年 6 月 6 日，赴巴黎参加中法军战小组第五次会议期间，会见希拉克总统

见。达纳重申，法方坚定不移地支持一个中国原则，反对单方面改变台海现状，不允许台湾政要访问法国。他表示，对华军售禁令早已过时，欧盟多数成员国都支持解禁，目前的阻力主要来自美国。对于这一点，同年3月我在美国会见布热津斯基时，布热津斯基也认为，在对欧盟解除对华军售禁令问题上，美国不会支持欧盟。当时我正以特使身份在美国就台湾当局"公投"一事进行外交斡旋。后来的事态发展证明，美国在此问题上对欧盟施加了压力，设置了很大的阻碍。

这次会议奠定了希拉克总统成功访华的基础。他于当年10月8日至12日来华，首站访问成都。国家副主席曾庆红专程前往迎接。希拉克在华出席了法国文化年开幕式，中法双方签署了《预防和控制新发传染病合作协议》和《信息技术领域合作框架协议》。在台湾问题上，希拉克公开、明确地反对"台独"和"公投"，赞成中国以"一国两制"解决台湾问题，并表示法国将积极推动欧盟解除军售禁令和承认中国市场经济地位。

中法军战小组第五次会议于2005年6月在巴黎举行。这次会议是在中法两国元首实现互访、两国互办文化年活动取得巨大成功、中法全面战略伙伴关系不断深化的背景下召开的。此次会议还有其他复杂背景，一是国际社会非常关注联合国安理会改革问题，二是欧盟对华军售解禁进入了关键阶段，三是台海局势出现了新变化，四是格鲁吉亚、乌克兰和吉尔吉斯等国发生了"颜色革命"。

会前，法国总理拉法兰于4月21日至23日访问了中国。期间，他和温家宝总理举行了会谈，两国总理一起出席了在故宫举办的路易十四国王展揭幕仪式。中法签署了涉及农业、财政、航空、能源、通信等领域的20个双边合作文件。双方商定，在2004年实现元首互访的情况下，2005年实现两国总理互访。

在上述背景下，中法军战小组围绕两国重要外交活动展开了磋商，并对共同关注的国际问题交换意见。法方针对中方的关切，介绍了他们在推动军售解禁问题上作出的努力、欧盟内部分歧以及美国施压情况，再次重申了法方将继续坚定推动欧盟尽早解禁的立场。磋商期间，希拉克在会见我时谈到联合国改革问题，表示安理会改革的实质是五常否决权问题，如果五常否决权受到了任何质疑或损害，法国都不会接受。希拉克还谈到，欧盟解除对华军售禁令的势头正在减弱，有可能进一步被推迟。但是，法方绝不放弃努力，将与德国一道，继续予以推动。

2005 年 11 月，为做好温家宝总理访问法国的政治准备，中法军战小组专门举行了一次磋商，这次是法国总统外事顾问顾山担任军战小组法方牵头人，他们换人了。此后，2005 年 12 月 4 日至 7 日，温家宝总理访问法国。中法签署了订购 150 架空客 A320 飞机、中国发展改革委与空客公司加强工业合作备忘录等 19 个双边合作文件，温总理在巴黎综合理工大学和法国雇主协会分别发表了《尊重不同文明、共建和谐世界》和《中法经贸合作前景广阔》的演讲。中法关系保持了全面发展的良好势头。

2006 年 3 月，法国总统特使、总统外事顾问顾山专程来华，双方就中法核能合作问题进行了磋商。

5 月，中法军战小组第六次会议在北京举行，仍由我与顾山共同主持。这次会议的背景是，希拉克总统和德维尔潘总理即将于当年的下半年分别访华，而且，法国 2007 年将举行总统和议会选举。因此，这次会议一方面是为法方的两次高访做准备，另一方面也承担着承前启后的重要使命，确保中法关系平稳过渡。

会议的气氛轻松良好，中方安排法方参观了清东陵和黄崖关长城，并在河北香河安排了部分会议议程。我高度评价了希拉克总统执政十多年来为推动中法、中欧关系发展作出的重要贡献，表示我们高度重视他即将对中国进行的第四次国事访问。同时，我也就台湾、解禁等问题做了法方的工作。

顾山表示，希拉克总统在欧洲国家领导人中最了解台湾问题，他的思路和中国领导人如出一辙。法国政府一贯坚持一个中国原则，反对任何可能改变台海现状的举动。解禁问题已成为欧美关系的重要问题之一。希拉克总统强调，法国将继续坚定不移地推动解禁，绝不放弃，将继续做欧盟工作，朝这个方向努力。

中法军战小组第七次会议于2007年3月在巴黎举行，是希拉克总统本人提议举行的，这也是他任内搞的最后一次军战小组磋商。这一机制是他和江主席首创的，他希望在卸任之前，对小组的工作进行总结。当时，法国新一届总统大选的选战正酣，中法关系进入重要敏感期。中方决定将这次会议作为进一步推动双边战略合作、深入了解法国选情的重要机会，努力为法国政府换届后巩固两国全方位合作的良好势头奠定基础。

我向希拉克总统带去胡锦涛主席亲笔信函。胡主席在信中高度评价希拉克为中法关系发展所作的突出贡献。会见时，我向希拉克表示："总统先生是当今世界有战略和国际眼光、富有智慧和有魄力的政治家。中国领导人和人民高度评价你对中国的友好之情，特别是世界上还没有哪一位西方大国政治家能像你这样坚定地公开声明坚持一个中国原则，反对'台独'，支持'一国两制'。中法关系取得今天的成果，与你的努力是分不开的，你对世界和平与进步作出的贡献，也将载入史册。"希拉克仔细地阅读了信函。看得出他十分感动。他动情地说，中国在世界上扮演着越来越重要的角色。法中关系对法国而言十分重要，其中既有政治原因，也有经

中法军战小组会议期间，同法方对话伙伴顾山交谈

济、文化等因素。法国是欧盟重要成员，希望欧中关系和法中关系能够不断发展。

在与顾山举行的会谈中，双方就中法关系和国际形势等深入交换了看法。关于中法关系，我总结说，当前中法关系具有战略性、创新性、务实性、亲密性四个特点，正是这些特性推动两国合作达到前所未有的广度和深度，既使双方受益，也推动了国际秩序朝着更加公正合理的方向发展。中法友好关系是两国人民的宝贵财富，今后无论国际形势和两国各自的国内形势如何变化，中法友好合作关系都应继续发展下去，双方应坚持战略协调，加强互利共赢的务实合作，不断巩固加强双边关系的社会、文化和民意基础。

顾山对此深表赞同，并表示，希拉克总统执政的 12 年是法中关系突飞猛进的 12 年。希拉克同几代中国领导人都保持着非常良好的工作关系和个人友谊。不管总统选举出现什么结果，都不会动摇法中关系的基础。相信未来的法国总统和政府将积极推进两国关系发展。关于国际形势，法方认为，虽然美国仍然是世界上最强大的国家，但在一些重大国际问题上已开始力不从心，实际上美国已开始承认世界正从单极向多极过渡，态度比过去几年更现实、理智和谨慎，更多地想争取到国际社会，特别是安理会主要成员国的支持。

为显示对军战小组的高度重视，法方除安排希拉克总统会见我们外，还作出了一些特殊的安排，比如安排我们参观了凡尔赛宫未对外开放的部分，看了斯特拉斯堡附近的马奇诺防线，还访问了法国国家行政学院，它被称为法国高级公务员的摇篮。

萨科齐的拥抱

2007 年 5 月，萨科齐在法国总统选举中获胜，法国政府换届了，我的对话伙伴也变了。那么，萨科齐总统和法国新政府是不是能够延续希拉克总统的对华政策呢？中法关系下一步将走向何方？中方很关心这个事。2007 年 6 月 27 日至 30 日，我应邀赴法国进行非正式磋商，邀请是由我的新对话伙伴、法国总统外事顾问雷维特发出的。顾山先生则先去英国当了大使，后来于 2014 年 8 月任驻华大使。

我和雷维特是第一次见面。我们进行了长时间的交谈，双方都有一见如故的亲切感。在小范围、大范围会谈中，他主动提到了欧盟对华军售解禁问题，明确表示法方在这个问题上的立场不会改变，将继续推动欧盟尽早解除对华军售禁令。他建议法中两国共同做美国总统候选人的工作，推动美方改变立场。

我感谢他的这些积极表态，并说，解禁问题主要是政治问题，如果国与国之间，特别是大国之间要增进互信，共同面对全球性挑战，就没有理由维持这个荒谬的禁令，其他国家也没有理由阻挠解禁。我向法方强调，中法全面战略伙伴关系在中国与西方大国关系中是独一无二的，两国关系应该是亲密、可靠、稳定的特殊关系。

那次见萨科齐总统很有意思，我至今仍记忆犹新。2007 年 6 月 28 日下午 3 点半，我们在法方礼宾官引领下进入总统办公室外面的会议室等候。我们在那里等了三分钟左右，正三三两两低声说话时，礼宾官高呼："法兰西共和国总统到！"话音刚落，一个个子不高但长得很结实的中年人一阵风似地从办公室里间大踏步地走出来，他一边走一边跟我们打招呼。我记得很清楚，那天他未穿西服上装，只穿了衬衫，打领带，手指还夹着半截雪茄。

萨科齐热情地与我握手，示意大家落座。几乎没有寒暄，他就直奔主题，说："下面，我谈六点意见。"在他面前摆着法方写的谈话参考，我瞥了一眼，上面标记了一些重点，有注释，还用彩笔画了一些道道。他说话的音量不高，但是很有力，吐字非常清晰。

萨科齐的"六点意见"是：第一，世界上只有一个中国，中国的统一没有任何讨价还价的余地，希望在一个中国前提下和平解决台湾问题；第二，法国希望与中国发展稳固和坦诚的关系，双方可能会在人权等问题上有不同看法，但无论有何问题，双方都应在相互尊重的基础上，通过对话加以解决；第三，他本人高度重视下半年对中国进行的国事访问；第四，2008年下半年将在北京举行的欧中领导人会晤十分重要，届时法国将担任欧盟轮值主席国，他一定尽力帮助中国解决欧中关系中的遗留问题；第五，法中战略对话对解决国际重大问题非常重要；第六，希望法中尽早就第三代核电站项目达成一致，同时在铁路、航空、电信等方面深化合作。

他讲完这六点后，没说任何其他话，身体就往沙发上一仰，双手抱在胸前，两眼盯着我，表示准备听中方意见。

我简单作了两点回应。第一，中方高度重视与法国的关系。双方保持和发展这种关系不仅对中法双方，而且对世界的和平发展都是有利的。两国关系的战略价值不可估量，是难以用金钱来计算的。第二，中方赞赏法国政府坚定支持一个中国政策、支持中国统一大业。

在我讲话时，他偶尔会予以回应。我讲完后，他可能意识到自己在刚才的讲话中未提中法战略关系，于是又补充道："请你向胡主席报告，法中关系极具战略意义"。说完这句话后，他就起身准备离开。这时，我说我还有一件礼物要送给您。我送了一件玛瑙如意给他。他很高兴，自己使劲撕开包装，拿在手中仔细地端详，连声说好。他要快步走回办公室时突然止步，回转身来，与我分别左右拥抱了两下，以这个法式的拥抱与我告别。我抱住他时拍了拍他的后背，感觉他不胖。事后，雷维特对我说，萨科齐上任一个半月以来，已经见了不少外宾，但以拥抱的方式告别还是第一次。

这次磋商期间，我也见了希拉克和达纳等老朋友。总体上看，法国新政府成立后举行的这次中法军战小组磋商，对保持中法全面战略伙伴关系的连续性，对增进法国新领导人对中国的了解和信任发挥了积极作用。军战小组在促进中法关系中的独特作用再次得到了证明。

三次磋商

从这之后，到中法关系由于萨科齐会见达赖而严重受损之前，中法军战小组牵头人还进行过三次磋商。

2007 年 11 月 9 日至 10 日，雷维特来华磋商，主要为萨科齐总统访华做准备。萨科齐上任后，总体上延续了希拉克时期的对华政策框架，高度重视法中关系，把加强法中全面战略伙伴关系作为重要外交目标。但同时，他表现出的两面性也比较突出。特别是当时一些西方国家出现了抵制北京奥运会的声音。此外，陈水扁当局大肆推动台湾搞"入联公投"、"法理台独"，"藏独"势力的活动也比较猖獗，一些欧洲政要蠢蠢欲动。

考虑到法国将于 2008 年下半年担任欧盟轮值主席国，在一些重大问题上有必要与法国沟通，中方决定邀请萨科齐于 2007 年 11 月底来华进行首次国事访问。因此，萨科齐也就成为中国在党的十七大以后接待的第一位西方大国领导人。在这个背景下，雷维特来华磋商。

我与雷维特举行了两轮小范围磋商和一对一的会见，在欢迎晚宴上举行了大范围会谈。在小范围会谈时，我除通报中方对萨科齐访华的相关安排外，还着重对中共十七大以后中国的发展前景进行了展望，并回击了欧洲对华负面看法。在一对一会见时，我郑重希望萨科齐总统及其他法国领导人不要会见达赖，并加重语气强调，这是一个重大的政治问题。中国老百姓对外国领导人会见达赖非常不满，如果萨科齐总统见他，中国老百姓会认为法国与其他西方国家一道在利用这个问题来反对中国。我还说，戴高乐将军1964年决定同中国建交的时候，没有看任何人的脸色，是独立、果断地采取行动，具有大战略家、大政治家独到的眼光。我向雷维特直言不讳地指出，听说萨科齐总统在莫斯科会见普京总统后，不顾俄方反对会见了"持不同政见者"。我说，北京不是莫斯科，这种事绝不能在中国发生。我还说，萨科齐总统近来多次公开评论人民币汇率问题，这样做不利于双方合作，也有损他访华的友好气氛。

雷维特表示，在台湾问题上，萨科齐总统的立场不会有任何改变。法方充分认识到陈水扁别有用心，将对他明确地进行谴责，避免他铤而走险。雷维特建议中方领导人会见萨科齐总统时，直接向他提出不能见达赖的要求。雷维特承诺，萨科齐在中国不会见什么"持不同政见者"。在这次磋商中，双方就许多敏感问题也进行了坦率的沟通与交流，加深了相互了解，为萨科齐总统成功访华打了一个较好的基础。

萨科齐于2007年11月成功访华，法方挺满意。这次访问有一个很有意思的细节，就是萨科齐把他的老母亲也带到中国来了，老太太当时已经80多岁了。胡锦涛主席很尊重她，送了她一条披肩。在上海的一次宴会上，我坐在老太太的旁边，她问我："你们国家最大的官是谁啊？"我说："是胡锦涛主席。"她接着话茬儿说："在法国，我儿子就是最大的官。"老太太很可爱，很为自己的儿子骄傲。

2008 年春天，拉萨发生了"3·14"事件，法国在涉藏、涉奥运会等问题上做了一系列对中国不友好的事①，引发中国民众的强烈不满，中法关系面临困难。经过我方严正交涉，法方采取了一些补救措施。法国参议长蓬斯莱、前总理拉法兰先后访华，胡锦涛主席、温家宝总理亲自出面，促使法方对两国关系受损的原因有了一定的认识。在此情况下，雷维特提出于 4 月 26 日至 27 日访华，就双边关系、国际形势中的重大问题与中方举行军战小组牵头人非正式磋商。我们也希望抓住这个机会，促使法方认识错误，正确看待和处理涉藏、涉奥运问题，不能在错误的道路上越走越远，特别是不能当面说友好背后捅刀子。我们当时考虑这次与法方会谈要把话说透，把狠话说在前面，戳到法方的痛处。

这个时候中国的"两会"已经开过了，我成了国务委员，而中法军战小组双方牵头人是副外长级。我也想过，这个差使能不能由接替我的常务副外长承担，但此前萨科齐说过一句话，这个差使就没交出去。事情的经过是这样的，萨科齐首次访华收获很大，他非常高兴，在和胡锦涛主席会谈结束时，他问："胡主席，中法军战小组中方可不可以仍旧由戴来牵头？"胡主席说："当然可以啊！"事情就这样定了。

雷维特磋商时转达了萨科齐总统的信息，并对法中关系遇到困难的原因进行了辩解。雷维特说，萨科齐总统承受着来自法国国内和欧盟的巨大压力，在策略上不得不采取一些措施。他还称，萨科齐实际上比任何法国领导人都更重视法中关系，从未想过做任何损害中国利益的事。

我毫不客气地指出，要是法方仍然觉得委屈的话，那就不可能从根本

---

① 指 2008 年 5 月，北京奥运会火炬传递至巴黎时遭"藏独"分子干扰一事。

上深入思考中法关系出现问题的症结所在，就不利于克服困难、排除干扰、改善关系。我质问道："为什么萨科齐总统在是否出席奥运会开幕式问题上出尔反尔？为什么火炬传递在巴黎遇到的情况同在其他国家的反差会那么大？为什么将涉藏问题与奥运会挂钩？为什么法国官方对媒体拼命抹黑中国置若罔闻？为什么将出席奥运会开幕式同中国中央政府与达赖方面对话挂钩？为什么自称崇尚人权的法国，那么崇拜、喜欢、支持一个政教合一、代表黑暗封建农奴制、天天做着分裂中国梦的分裂势力的总头子？"

关于萨科齐总统是否出席北京奥运会开幕式，我很不客气地对雷维特说，我们欢迎萨科齐总统出席北京奥运会开幕式，但是，如果他不来，我们也不会拿轿子去抬他！

我还明确表示，法国在奥运会和涉藏问题上的一连串表现太让中方失望了，法方在明知涉藏问题敏感性和奥运会重要性的情况下，却出现了这么多错误的言行，中方对此难以理解。在中国同西方国家关系中，法国曾创造过很多好的"第一"，这次却创造了很多"倒数第一"，这深深地刺痛了中国人民。当然，我也肯定了法方采取的补救措施，希望法方继续改正错误。在这一次磋商中，我说出了那么多厉害的话，法国人没想到，当然我也不是始终板着个脸跟他说话。会谈结束，法国人私下对我们的同志说，没想到戴那么厉害，那么批评我们，有点受不了！

磋商期间，刚担任国家副主席的习近平同志会见了雷维特。习副主席回顾了中法关系的历程，肯定了萨科齐上任后对中法关系的重视，同时也严正指出法方在涉藏和奥运会问题上的错误言行，对法方提出明确的希望与建议，对法方很有触动。

此次磋商还打破以往不对军战小组活动进行报道的惯例，对习副主席

2008 年 10 月 7 日，赴法参加中法军战小组会议期间，在巴黎爱丽舍宫会见萨科齐总统

会见雷维特以及我与雷维特的会谈进行了公开报道。新闻稿由双方协商一致，尽管内容离中方的期待还有一定的距离，但总体基调比较积极，突出了双方对中法全面战略伙伴关系的重视；强调法方祝愿和支持北京奥运会取得圆满成功等。此次新闻稿向外释放了一些积极的信号。

经过 2008 年上半年的紧张工作，法方进一步认清了形势，中法关系逐步回到正常轨道。萨科齐总统也出席了北京奥运会开幕式。随着法国即将担任欧盟轮值主席国，第七届亚欧首脑会议和第十一次中欧领导人会晤即将举行，有必要推动中法、中欧关系健康稳定发展。在此背景下，我于 2008 年 10 月赴法磋商。

我与雷维特重点谈台湾、涉藏、"东突"等问题。我告诫雷维特，世界上总有一些人不断拿涉藏等问题来干涉中国内政，希望法国朋友千万不要卷入这种活动中去，千万不要以任何形式再碰涉藏问题。可以肯定地说，这完全是一种"赔本生意"，是干不得的。针对北京奥运会以后国际上对中国实力上升出现的担忧，我表示，中国要真正发展起来还要走很长的路。我们希望和平发展的中国能够让世界放心，让世界感到中国是有亲和力的，是可以放心打交道的国家。

萨科齐总统会见我时，我向他转达了胡锦涛主席的口信，积极评价他坚持来北京出席奥运会开幕式和不会见达赖的正确决定。我们的谈话主要围绕着巩固中法政治互信、扩大务实合作及涉藏问题展开，我着力的重点是争取他不见达赖。萨科齐再次祝贺北京奥运会和残奥会取得的巨大成功，表示自己坚持出席开幕式虽然遭到了许多人的批评，但坚信这个决定是正确的。他还谈到，法中关系在经历一段波折后，现在已恢复了良好的发展势头。

这次磋商还有两个重要背景，一是美国次贷危机引发国际金融危机，二是俄罗斯与格鲁吉亚发生了冲突。因此，我们当时也重点讨论了这两个问题。我记得萨科齐见我时还谈到，国际金融危机的发生表明"美国梦"已经破灭了。那个时候西方还没有人这么讲，但他确实真切地感觉到美国发生的这场金融危机够呛，把资本的贪婪本性暴露无遗。不过，在那个场合听到一个西方大国的总统说出这番话来，我是多少有些意外的。在巴黎期间，我还拜会了希拉克，就中法关系、国际形势等问题听取他的意见。

针锋相对

2008年下半年，中法高层交往相当频繁，萨科齐于8月和10月两次来北京，分别出席奥运会开幕式和第七届亚欧首脑会议。应该说，中法关系出现了恢复发展的好势头。然而，就在这个时候，萨科齐不顾我们再三警告，于11月13日宣布，他将于12月6日访问波兰期间会见达赖，从而使中法关系再次面临严重困难，中法关系几乎降至冰点。我在与法方磋商时强硬回应，迫使法方不在对华政策上瞎折腾。后来，萨科齐见到我时，曾当着法方人员的面说，这个人很厉害，你们可不能忽视他！

萨科齐宣布他将会见达赖的消息后，中方宣布推迟原定于12月1日在法国举行的第十一次中欧领导人会晤。2009年1月，温总理访问欧洲也绕开法国，围着法国转了一个圈。这两件事对法国有很大的触动。

中法关系毕竟不能这么一直冷下去。因此，接下来就是中法关系如何转圜的问题。到底怎么转呢？双方商定，由中国驻法国大使孔泉与法国总统外事顾问谈成几条东西，谈好后，双方以外交部的名义发表，然后再实现关系转圜。

当时，国际金融危机愈加严重，欧洲和美国的日子都不好过，法方对我们有一个最大的关切，就是希望2009年4月在伦敦举行的二十国集团峰会上，能够与中国举行元首会晤，否则萨科齐难以对法国国内交待。双方随后进行了多轮高强度谈判，在最后一刻，离伦敦峰会也就一两天的时间，双方达成共识，法国承诺在多边场合也不会见达赖。[①]

2009年4月1日晚上10点多，胡锦涛主席在伦敦会见了萨科齐总统。胡主席当晚还有另外一场活动，法方提出的会晤时间是晚上10点半。我们请示胡主席，说这么晚了还见不见？胡主席认真考虑了一会儿，决定还是见。双方谈了半个小时，萨科齐挺高兴。

两国元首会见结束后，我把雷维特留下来又叮嘱了几句，希望法方从这个事件中吸取教训，今后不要再瞎折腾了。

2009年，中法军战小组双方牵头人又进行了两次接触。9月1日至3日，雷维特来北京，我与他举行非正式磋商。这是两国关系当年4月转圜后，双方牵头人首次碰头。法方的主要意图，一是恢复双方互信，向外界发出中法关系已经切实恢复的政治信号；二是就当年年底举办的二十国集团匹兹堡峰会、哥本哈根气候变化会议等重要国际会议的议题同中方交换看法，并希望寻求到中方的支持；三是推动中法全面恢复核能、航空、铁路、电信、环保等领域的合作。

我在小范围见雷维特时说，尽管世界确实发生着重大的改变，但是，法国无论是在欧洲还是在世界上，仍然是一个具有重要影响的大国。我们希望中法关系始终走在西方国家，特别是西方大国同中国关系的前列。当前重要的一点，就是要恢复和增强中法政治互信，不能因为某些眼前的利益，损害甚至牺牲我们两国关系的基础，损害我们各自国家重要和核心的

[①] 2009年4月1日，中法两国外交部发表联合新闻公报，法方表示拒绝任何形式的"西藏独立"。

利益。只要双方真正从战略高度和长远角度来看待和处理两国关系，言而有信，避免两国关系陷入人为的折腾，增强两国关系发展的可预测性、可确定性和稳定性，双方政治互信就能逐步恢复和进一步增强。我还说，经过去年的折腾，中法关系正逐步恢复正常，但仍然处于比较脆弱和敏感的阶段。希望双方共同努力，总结经验教训，精心维护两国关系的良好势头，努力增强发展两国关系的民意基础和政治互信。希望中法关系不要再折腾了。不脱轨是最起码的要求，一旦脱轨付出的代价太大。今后不仅不应该脱轨，而且应在正常轨道上加速前进。

雷维特作了回应，并奉萨科齐的指示，向中方传递四点重要信息：第一，萨科齐总统强烈希望今后不再发生任何导致双边关系脱轨的事情；第二，法中全面战略伙伴关系比以往任何时候都更为重要，双方应尊重对方主权，照顾对方核心利益；第三，法中应加强合作，推动国际货币多元化、全球气候变化等重大问题取得积极进展；第四，法中有必要共同规划并促进在核电、航空、铁路等传统重要领域的合作，并且开辟出新的合作领域。

这次磋商有效地巩固了中法关系转圜成果，扩大了双方发展两国关系的战略共识，共同规划了未来一年多时间里一系列重要双边活动，如菲永总理访华、萨科齐总统来华出席上海世博会开幕式、胡锦涛主席访问法国等。据悉，雷维特在第一时间向萨科齐总统详细汇报了我们的磋商情况，萨科齐非常满意，并热切期待在纽约联大会议期间再次与胡主席会面。

2009年10月的中下旬，我以国务委员的身份出访欧洲三国，法国是其中的一站。也就是说，才过了一个多月，我和雷维特又在巴黎会面了。我们的这轮磋商适逢中法元首纽约会晤之后、法国总理菲永访华前夕，对于落实两国元首共识，进一步增进双方政治互信，推动两国各领域合作，促进中法关系快速回升具有重要意义。

萨科齐总统、菲永总理和库什内外长先后会见了我，我与雷维特举行了大、小范围会谈，还见了法国国际关系研究所所长德蒙布里亚尔、国际战略研究所所长博尼法斯等国际问题学者。

萨科齐会见我时，感谢中方支持法国2011年主办二十国集团峰会，希望法中就全球治理机制、国际货币体系改革等问题加强沟通，共同倡议在华举办有关国际货币问题的研讨会。他还强调，世界上只有一个中国，并说当他在政治上初出茅庐的时候，就拒绝过台湾方面的邀请。他还称自己是欧洲领导人中唯一未在首都会见达赖的一位。萨科齐承诺，法方将继续努力推动欧盟对华军售解禁和承认中国市场经济地位，希望出席2010年上海世博会开幕式并顺访中国。

我表示，在双方共同努力下，中法关系渡过了前一段困难时期，重新走上了正轨，并且加速发展。相信在胡主席和总统阁下的共同关心下，两国关系今后将不再遭遇挫折，并发展到更高的水平。也希望法方继续为推动中欧关系发展发挥更大作用。双方这次谈得很好，会见时间原定半小时，结果谈了1小时零5分。会见后，他还和我拥抱告别。

与雷维特会谈时，我强调，中法关系自建交之日起就具有战略性。在新形势下，中法关系的战略性不是下降了，而是上升了。去年以来，双边关系出现波折，在双方共同努力下已经平息，双方达成不再折腾的共识，决定沿着正确的轨道加快发展两国关系。雷维特表示赞同，说法方决心推动法中关系"像高速火车一样前行"。

这轮磋商给我一个很深的印象，就是法方多次指出，当今世界上的事情，如果没有中国的参与，什么也干不成，所以，他们发展对华关系的愿望是十分强烈的。另外，不打不成交，经过一番波折，法方对中方要求他们在台湾、涉藏和涉疆等问题上切实尊重中国的核心利益和重大关切有了新认识，对中法关系"不再折腾"也听进去了，中法互信进一步修复和加深。

两次恳谈

在萨科齐任内，中法军战小组只开了一次正式会议。这就是 2010 年 9 月 25 日至 26 日在北京举行的第八次会议。当时，欧洲受主权债务危机的冲击，处境困难，情绪低落。相比之下，中国保持着快速发展的势头，经济总量跃居世界第二。中法关系自 2009 年年初实现转圜以后，也重新走上了快车道。法方更加看重中国的大国地位，加强对华合作的愿望非常强烈。同时，胡锦涛主席也即将访问法国。

综合这些情况，中方考虑本次会议的重点是就新时期中法关系定位、发展方向以及两国在全球事务中的合作达成原则共识，为胡主席成功访法构筑良好的政治基础。除举行军战小组全体会议外，我与雷维特举行了小范围磋商。我们首先就胡主席访法交换意见。我表示，双方要精心准备，使这次访问成为一次产生重大深远影响的高质量访问。

雷维特表示，胡主席对法国的第二次国事访问意义重大，萨科齐总统希望通过此访建立更加成熟、稳定、和谐的法中关系，使两国关系继续成为大国关系的表率。

我说，中法关系未来的发展应该更好地体现战略性、时代性、创新性和稳定性。相互尊重对双边关系的发展非常重要，特别是尊重对方的独立、主权和领土完整，尊重对方根据各自国情独立自主选择发展道路的权利，尊重对方的政治制度和文化多样性。要做到相互尊重，很重要的一点就是要超越意识形态和价值观的差别。法国 1964 年与中国建交，就是超越意识形态和价值观差异所作的战略选择。如果没有相互尊重，那什么都谈不上了。中欧、中法尽管"主义"不同，但是可以相互借鉴。中国尊重你们，不会当你们的"教师爷"，不会向你们传播我们的意识形态、价值观和发展模式。我们注意从你们那里研究吸取好的东西来发展和完善我们自己，但你们也应该尊重我们，平等相待。

我向他强调，为使中欧关系更好地向前发展，欧洲要变，要正视和适应世界的变化，调整以西方意识形态和欧洲中心论为主导的世界观和发展观，不要习惯于孤芳自赏，对别人特别是对发展中国家居高临下、指手画脚。如能解决好这样的问题，你们就会把中国的发展切实当作欧洲的机遇，就会更加注意尊重中国的核心利益，就会对 13 亿中国人所走的路、所做的事多一些理解，中欧关系就一定会有更好的未来。你们不要怕发展中国家的发展，这对你们很有好处，发展中国家有那么大的市场、那么多人口，你们的利益未来很大程度上取决于你们对发展中国家的态度和与发展中国家的关系。雷维特表示法中应该互相尊重，有责任感，成为真正的合作伙伴。

当时，G2 的概念被炒得很热，国际上对中美关系有不少议论，有的认为应该搞"中美共治"，有的则认为中美必将走向对抗。欧洲对此很忧虑。我向法方特意强调，中美关系很重要，而且必将有更大发展。但中美不可能，也不应该搞什么"共治世界"。当然，中美也不能对抗，21 世纪不是对抗的世纪，对抗的老路是走不通的。对抗既不符合中国的利益，也不符合美国的利益，而且不符合全世界的利益。美国国内有些人以冷战思维来思考问题，认为中国在跟他们抢位置。说老实话，中国没这个愿望，也没这个基因去跟美国争霸。中国共产党的根本任务就是让 13 亿中国人

2011 年 9 月，与中法军战小组会议法方牵头人雷维特游安纳西湖，进行安纳西湖对话

民过上好日子，我们深知争霸没有好下场。雷维特对此深表赞同。

时值法国正筹备 2011 年二十国集团戛纳峰会。法方提出，想把安理会改革问题也纳入峰会议程。因此我在这次会议中做了法方的工作，希望法方不要冲动。我说，安理会改革是联合国的事，二十国集团主要解决经济、金融领域的问题，应首先做好本职工作，不要去碰安理会改革这样的问题。如果二十国集团做了联合国的"太上皇"，那将十分危险。这个话法方听进去了。

总的看，这次会议取得了积极成果，为胡锦涛主席访法做好了政治准备，提升了中法战略互信，进一步深化了中法经贸合作，加强了双方在二十国集团等重大国际地区事务中的沟通与协调，推动了新形势下中法关系的发展。

在萨科齐卸任前，中法军战小组牵头人在法国举行了最后一轮磋商，时间是 2011 年 9 月 22 日至 25 日，由我与雷维特共同主持。

当时的背景是，随着 2012 年法国总统选举临近，法方对华政策中内政因素的考量增多。此外，中法经贸合作缺乏新的抓手也是一个日渐突出的问题，双方在安理会改革、利比亚等问题上也出现分歧。我方认为有必要进行磋商，有针对性地深入做工作，推动中法、中欧关系持续、健康发展。

大家都是老熟人了，所以在磋商的形式上不拘一格，双方谈得也很深入。我与雷维特总计谈了 11 个小时。我们游览了法国东南部的安纳西湖，并选在湖边散步进行对话，这个方式很特别，大家都很轻松，交谈的话题也十分广泛。雷维特是十分能干的老资格外交官，曾任法国常驻联合国代表团团长、驻美国大使，先后担任希拉克和萨科齐两任总统的外事顾问。他还曾常驻北京，略微懂一点中文。这个人对中国的看法总体上比较客观，主张"坚定不移地"发展对华关系。我们两个人比较谈得来，双方都说了一些"掏心窝子"的话。

雷维特说，中国过去跟苏联差不多，但苏联垮掉了，中国却实现了腾飞，这两个社会制度如此相近的国家却走出了完全不同的发展道路，是我们这些西方人原来完全没有想象到的。在短短的 30 多年时间里，中国实现了历史上速度最快、规模最大的转变，非常了不起。他还说，我们不想改变中国的社会制度，而是欢迎中国的发展。萨科齐总统多次说过，你们的制度很有优势，欧洲国家的议会制度碰到欧债危机这样的难题时，一筹莫展，变成了解决问题的障碍。

我对雷维特说，中国不是苏联，我们也常跟美国人讲这句话。戈尔巴乔夫在苏联进行的改革结果是从根本上把社会主义改掉，而我们坚持走中国特色社会主义的改革之路，通过改革来不断巩固和完善社会主义制度。

在就国际形势交换看法时，我说，当今世界正在经历深刻、快速、巨大、广泛的变革，大致讲起来有这么几个特点：一是世界正日益缩小成为"地球村"，各国相互联系日趋紧密，相互依存和利益交融在不断加深，谁也离不开谁。二是各国面临诸多共同挑战，必须团结一致，超越分歧，共同应对。三是新兴经济体在全面崛起，这是大势所趋，不可阻挡，只能适应，而且适应好了，也有利于发达国家在更高水平上发展。不管东方、西方、南方、北方，不管搞资本主义还是搞社会主义，也不管你喜不喜欢我、我喜不喜欢你，大家都在一条船上。希望欧美逐渐学会以相互尊重、相互适应、合作共赢的方式来对待中国，共同应对挑战。

雷维特表示，全球化给世界带来很多机遇，包括中国、印度、巴西在内的新兴国家纷纷崛起，世界更加多极化，国际权力结构也在调整，正在寻求新的平衡。全球化和互联网的发展，把各国更加紧密地联系在一起。与此同时，国际形势中不确定、不稳定的因素也越来越多。国际社会需要以变应乱，各国应互谅互让，适应形势变化，找到解决问题的出路。

法国总统府秘书长兼二十国集团事务协调人穆斯卡向我们介绍了法方关于二十国集团戛纳峰会的立场和设想，特别强调法方在作出任何重大决定之前将征求中方的意见。我向法方表示，在二十国集团框架内加强合作是今年中法关系的亮点，戛纳峰会应成为一次团结、合作、共赢的会议，而不是充满对峙和争吵。

磋商期间，萨科齐在爱丽舍宫的后花园会见了我。我们讨论了欧洲的政治经济形势，共同展望了二十国集团戛纳峰会的前景，还谈到美国模式。萨科齐坚持认为，希腊不应该成为第二个雷曼兄弟公司，欧盟应向希腊提供资金，同时监管希腊。他还谈到，如果中国政府能够宣布人民币加入特别提款权货币篮子的时间表，将扮演全球经济领头人的角色。萨科齐说，旧的美国模式已经失败，失败的原因是金融过度自由，以至于最后没有规则来有效地约束。我在谈话中表达了中方对欧洲复苏的信心，表示相信法国在他的领导下，一定会不负众望，将二十国集团戛纳峰会开成合作、团结、提振信心的大会。

续写新篇

2012 年 4 月，萨科齐在法国总统大选中落败，社会党领导人奥朗德上台。9 月 29 日，我与奥朗德的外事顾问燕保罗在北京举行中法军战小组牵头人磋商。这既是我与法国新政府有关人士举行的首次对话，也是我以中法军战小组中方牵头人身份主持的最后一轮磋商。

　　奥朗德政府发展对华关系的意愿是强烈的。奥朗德当选的第二天，就约见了中国驻法国大使孔泉。法方还主动提出，奥朗德总统希望在二十国集团洛斯卡沃斯峰会时结识胡锦涛主席。奥朗德十分重视中法军战小组机制，多次表示希望尽快举行新一轮牵头人磋商。法方还希望继续推进两国在核能、航空等领域的务实合作。

　　但是，法国社会党长期在野，党内熟悉国际事务和中法关系的重量级人物不多。因此，中方希望通过这次磋商，深入细致地与法方沟通，引导法国新政府继续奉行积极的对华政策，推动中法关系继续向前发展。

　　军战小组法方新牵头人燕保罗作为奥朗德总统的主要外交智囊，在影响法国外交及对华政策方面地位重要。燕保罗曾在中国学习、工作10多年，相当了解亚洲和中国事务，而且能够讲流利的中文，是一个"中国通"。

　　我与燕保罗举行了大、小范围磋商。首先，我总结了军战小组成立以来取得的成果，对小组下阶段的发展提了一些思路，主要包括：要维护好军战小组机制，让它在两国关系中继续发挥沟通、协调和推动作用；虚实结合，既开展战略沟通，也要务实，多出合作成果；与时俱进，根据双边关系和形势发展需要，对小组运行机制进行相应的调整和完善；双方都要有战略和长远眼光，增强前瞻性、主动性、创造性。燕保罗深表赞同，表示军战小组机制重要而独特，富有开拓性。希望双方本着相互尊重、平等相待的精神，通过建设性对话来妥善处理分歧，使对话成为双边关系的主旋律，这也正是军战小组机制的独特价值所在。

　　讨论到双边务实合作时，我特别强调，务实合作取得成果的关键是解放思想，着眼长远，优势互补，扬长避短。中国是实行市场经济的国家，只有真正有竞争力、有前瞻性的好产品、新产品才可能赢得中国市场。高端技术装备领域的合作，尤其需要高水平的政治互信和综合实力的支撑，还要有不看别人脸色行事的政治勇气，这正是中法关系的优势所在。

燕保罗表示，法中双方要始终尊重对方的核心利益，这是发展双边关系的关键。法中在国际事务中，特别是重大国际问题上是密不可分的合作伙伴。燕保罗特别声明，奥朗德总统和法国政府承认西藏是中国领土不可分割的一部分，法方的这一立场现在不变，将来也不会变。

当时，叙利亚局势动荡不定，法国等西方国家受到在利比亚武力推翻卡扎菲政权的鼓舞，想趁热打铁，在叙利亚推翻巴沙尔政权。我对法方进行了敲打。我说，不管对哪个国家的领导人，也不管你喜欢还是不喜欢他，你都没有权利叫他下台。凭什么这样做呢？符合国际法的哪一条呢？该谁上台，该谁下台，这是叙利亚人民自己的事，就像任何一个国家都不应要求法国领导人下台一样。对于叙利亚问题，大家都要冷静、理性地看待和处理。中方在这个问题上没有私利，也谈不上喜欢谁不喜欢谁，我们讲原则，讲的是一个国家的人民有权自主决定本国事务的国际法基本原则。燕保罗表示，巴沙尔不尊重叙利亚人民，遇到问题时只会以暴力的方式来处理。叙利亚问题需要政治解决，但是，如果巴沙尔继续执政，将很难找到政治解决方案。

时任国务院副总理李克强同志会见燕保罗时，高度肯定中法关系。李克强同志说，中法关系持续发展具有三个坚实的基础，一是两国都拥有古老的文明和独特的文化，二是两国人民之间的传统友谊深厚，三是中法经济互补性很强。中方愿与法方在巩固传统领域合作的同时，积极开辟新兴合作领域。

这次磋商传递了中方重视中法关系的重要信息，强调法国是中欧关系的"领头羊"，深化了双方政治互信，推动了务实合作，达到了预期目的。

我从 2003 年担任中法军战小组中方牵头人后，总共与法方举行了 6 次小组全会，14 次牵头人磋商或特别会议，结识了 4 位法方牵头人。我与法方对话伙伴在元首互访和出席多边会议等场合还搞过多次会晤。中法军战小组成为两国高层沟通的有效渠道和统筹协调双方各领域合作的重要平台，为推进两国政治、经济、军事等各领域的合作发挥了"稳定器"、"协调器"和"推进器"的作用。通过务虚与务实相结合，双方就双边和国际事务中的重大敏感问题推心置腹地进行交流，积极寻找解决问题的思路，体现了战略性、务实性和前瞻性的特点。

通过中法军战小组的工作，法方在西方大国中率先公开、明确表态反对"台独"，带头推动欧盟解除对华军售禁令，并在 2010 年发表的《中法关于加强全面战略伙伴关系的联合声明》中，公开声明"相互尊重对方独立自主选择发展道路"，增进了双方战略互信。

小组成立之初，世界上类似的机制还很少见。当时法国人以此为傲，觉得这个办法很好。其他一些大国知道中法有这个机制都很羡慕，这也调动了他们与中国进行战略沟通的积极性。经过 10 多年的实践和探索，中法军战小组形成了独具特色且行之有效的工作机制，创造了中国对外交往的新模式。

结束语

　　写到这里，本来应该收笔了，因为我想告诉读者的东西，都包含在前面的章节里了。但我还是想再补充几句，但愿不是画蛇添足吧。

　　退休快三年了，我仍然时常回忆起当年一次次的战略对话的情景，怀念我那些对话伙伴，并同他们中的若干位保持着形式不同的接触和联系。有充分理由可以说，通过我们与主要大国间架起的战略沟通的桥梁，增进了我们与对话方的战略互信，或加深了他们对中国发展方向、战略意图、政策走向等的认识，或减少了他们在这些方面的疑虑，他们的"中国观"不同程度地发生了变化，从而积极影响了他们国家的对华政策，推进了与对话方的战略合作，推动了重大外交难点问题的解决，维护了我国的战略和核心利益，促进了世界的和平安宁与发展，改善了我国和平发展的外部政治、经济、安全、舆论环境。这10年间尽管国际风云变幻，但我们与各大国的关系总体保持了平稳向上发展的势头，这与战略对话的作用是分不开的。实践证明，开展战略对话的决策确实是适时和正确的。

　　战略对话注重的是同对话伙伴的智慧、思想的战略沟通与交流。智慧、思想从哪里来？都是从我个人脑子里出来的吗？不是的。它从五千年中华文明、文化的熏陶中来，从中央的方针政策指导和中央领导同志的悉心指点中来，从新中国外交思想、实践的经验启迪中来，从工作团队集体思想和实践的滋养中来，还从我的对话伙伴绽放出来的思想火花给予我的灵感中来，当然也从我自己对祖国和人民深沉的爱，对民族复兴伟业的强烈责任感和对人类和平与发展崇高事业的炽热追求以及长期积累和苦苦琢磨、思索中来。

战略对话重在对话的战略性，特别是战略的针对性，这是对话的生命力和质量所在，是对话可持续发展的保障。战略对话不同于一般外交磋商，常规性问题不是对话的重点，必须与时俱进地研究、思考涉及国际形势、国际关系特别是大国关系中的重大的、全局性、宏观性问题，并力求在对话中加以探讨。比如，构建中美新型大国关系就是这样一类问题。一位美国学者说，十分赞赏习主席的外交理念，构建中美新型大国关系的提出就是非常规性思维的范例。

战略对话要想找到战略共识，很重要的前提是，对话双方都能正视当今世界的巨大变化，思想观念、方针政策、行为方式等，都力求适应这种变化。不这样，身子虽进入21世纪，脑子仍停留在过去，就很难说到一块儿去。所幸的是，这些年来，对话各方的"世界观"，都不同程度地发生了变化，认识到今天的世界已经是一个"地球村"了，村里各家各户利益交融，相互依存度空前扩大和加深了，一大批发展中国家走上快速发展的轨道，影响扩大了，各国人民要和平、要发展、要合作、要公正、要过好日子的愿望更加强烈了，世界实际上已踏进利益和命运共同体的时代，思想、政策、做法等必须要适应这种变化，走同舟共济、同球共治、和谐共处、共同发展的道路。

战略对话的根本目的是增进大国间的战略信任，促进彼此合作，妥善处理分歧，增进彼此国家和人民的福祉，造福于全人类。因此，对话中我们反复向对方讲明，中国为什么要走、怎么走和平发展道路，同时恳切希望对方也走和平发展道路。只有大家都不结盟、不争霸、不称霸，彼此不冲突、不对抗，相互尊重、互利合作，世界才会变得比较安宁，大家才能更好地发展，老百姓的日子才更好过。历史经验表明，如果有大国决意要称霸，走非和平发展道路，必定引起大国不和，吵架甚至打架，那么世界就不会有安宁和发展可言。我不敢说，这些话我的那些对话伙伴们都听进去了，都相信我们说的了，但至少部分地听进去，部分地相信了。这是一项长期而又艰难的工作，必须坚持不懈地做下去。

战略对话中，各大国当然都要维护自己的国家利益，特别是核心利益。中国也一样，必须坚定维护自己的主权、安全和发展利益。但外交不是赢者通吃，各大国间要相互尊重彼此利益特别是核心利益。"相互尊重"这四个字十分重要。不能只顾自己，不顾别人。要努力找到彼此利益的共同点，将共同利益的蛋糕做大，做得更好吃，自己好，别人也好，才是正道。无疑，我们中国人在办外交、搞对话的时候，心中首先一定要装着祖国和人民，但也要装着中国所离不开的世界；要坚定维护国家和人民利益，同时要顾及别人的利益，特别是发展中国家的利益，为世界的和平、稳定与繁荣作贡献。

战略对话中，作为对话一方的中国已经不是鸦片战争之后的旧中国，而是快速发展而又绝不当超级大国的最大发展中国家。自鸦片战争至中华人民共和国成立前的 100 多年间，中国的外交史是一部屈辱外交史。我们绝不能像那段时期的当政者那样跪在地上办外交。一定要挺直腰板，绝不能有丝毫奴颜媚骨。新中国是当今世界为数不多的能够独立自主决定自己内外政策的国家，这来之不易，值得倍加珍惜。不管风吹浪打，我们独立自主的精气神不能丢！同样，由于我们这个国家块头大，在发展，在强大，人们对此有些担忧，我们也务必不能像有的国家那样搞霸权外交，不能想骂谁就骂谁，想打谁就打谁，想干涉谁的内政就干涉谁的内政，对世界上的事情想怎么办就怎么办。那是很不得人心、很遭人恨的，对自己、对别人都是很有害的。我以为，中国外交的鲜明特色，就是既不搞霸权外交，也不搞屈辱外交。在我们同大国的战略对话中努力坚持和体现中国外交的原则、特色和风格。

战略对话中，搞好中美、中俄战略对话最为重要。尽管中俄关系已经是中国对外关系中最好的一组大国关系，但仍须不断精心培育，使之好上加好。中美关系是我们对外关系中最重要的一对大国关系，也是最复杂、对世界牵动和影响最大、最需要下功夫去处理的一对关系，所以在中美对话上我们花的时间和精力最多。从事中美战略对话，既要像观察天气那样仔细密切跟踪观察每天关系的变化情况，又要洞察彼此关系可能的历史发展趋势，适时进行深层的战略沟通，努力把话说到对方的心坎上去，从而对中美关系的发展演变施加战略性的积极影响。实践证明，只要着眼中美关系大局和人类福祉，相互尊重，坦诚沟通，耐心对话，把问题谈深谈透，中美之间在许多问题上是能够找到共同语言的，是能妥善处理分歧的，包括在构建中美新型大国关系这样的重大问题上都能谈到一块儿去。

搞好战略对话，需要不断加强自身学习。周恩来总理说过，外交是一门艺术。战略对话是对外交官政治和政策水平、战略思维、文化修养、人格魅力、语言艺术、业务素质等各方面的要求比较高的一类外交工作。掌握谈判对话的艺术不易，娴熟运用就更难，需要用心学习、思考、琢磨和积累，包括虚心向对话伙伴学习，不仅个人需要学习，国家也需要学习。

在 21 世纪，我们中国比任何时候都更加需要加强学习，成为一个学习型国家。要学习全面思考分析历史潮流的趋向，正确判断世界发展趋势，冷静评估我们国家的发展水平和国际处境，正确制定和妥善实施对外政策。要虚心摸索怎么做一个发展中大国，怎么更好开展中国特色大国外交，怎么更好地同世界上所有国家打交道，包括怎么把各种战略对话搞得更加有声有色，如何培养造就同我们国家外交工作更大发展相适应的会办外交的政治家、战略家。在这些方面，需要做的事情还很多，要走的路还很长。

提高我们战略对话的能力和水平，还有赖于构建中国自身的外交学理论体系。1949 年 11 月 8 日，周恩来总理在新中国外交部成立大会上说过："我们现在还做不到讲外交学，但是将来，我们一定要建立中国自己的外交学，系统的、科学的外交学。"今天，作为一个正在崛起的、在世界事务中发挥着越来越重要作用的社会主义大国，一个加速向实现中华民族伟大复兴目标奋进的发展中大国，理应着手构建起具有鲜明中国特色和时代特征、思想内涵深厚的中国外交学理论体系，即周总理说的系统的、科学的中国外交学，用以指导今后的中国外交，帮助后人去创造中国外交的更大辉煌。为此，需要对新中国外交史进行系统研究和总结。在此基础上，还要系统整理和研究先秦以来中国历史上涌现出的各种外交思想。毛泽东同志说过："从孔夫子到孙中山，我们应当总结，继承这一份珍贵的遗产。"毫无疑问，在这一份珍贵遗产中，也寓含着卓越的外交智慧和深邃的外交思想。实际上，这些思想和智慧也深深影响了我们过去 10 年进行的各种战略对话，也必将影响战略对话的未来。

我们同各大国战略对话启动和展开的 10 年，正是中国大发展的 10 年。回顾一下历史，自鸦片战争后的 100 余年中，即便在新中国成立后的几十年时间里，在 21 世纪到来之前，有哪一个大国倡议同中国进行类似今天这样的战略对话呢？没有！因为人家瞧不起你，认定你没有同他进行战略对话的资格。只是进入 21 世纪以来，伴随中国的快速发展，国力和国际影响力的快速上升，才有大国开始有意同中国进行战略对话与沟通，进而有的大国积极谋求同中国建立战略对话的机制，最终我们同各大国和国家集团的战略对话都开展起来了。事实说明，要确保今后对话的可持续并且更加有效地进行下去，最根本的还是我们中国人要万众一心，继续下功夫办好我们中国自己的事情：国家更加繁荣昌盛，人民生活更加殷实，社会更加和谐稳定，对人类和平、发展、进步事业贡献更多更大。须知，一个穷国、弱国，一个缺乏国际贡献和影响力的国家，即便你再大，也是没人有兴趣同你搞什么战略对话的。

我在 2009 年 7 月去美国进行战略与经济对话时曾经说过：20 世纪 70 年代初打开中美关系大门的时候，毛泽东主席、周恩来总理同尼克松总统、基辛格博士的对话堪称最高水平的大国间战略对话。我们过去 10 年同各大国的战略对话，只是 21 世纪新形势下，我们在同外部世界开展战略沟通方面开了一个头，做了一些探索和尝试，还大有文章可做。展望未来，21 世纪的中国和世界以及中国同外部世界的关系还将发生许多可以预料和难以预料的新变化、大变化，与举足轻重的世界大国进行深度战略沟通和思想交流，努力从大国对华战略和政策的源头上，即"世界观"、"中国观"、"安全观"、"利益观"、"价值观"及思维模式等层面施加积极影响，将始终是中国外交需要高度重视的问题。与时俱进地坚持好、运用好、发展好、完善好战略对话这一新型外交形式，必定大有益于中国，也大有益于世界。

附 录

戴秉国国务委员在布鲁金斯学会纪念中美建交 30 周年晚宴上的演讲

女士们，先生们：

今天，在布鲁金斯学会与大家欢聚一堂，纪念改变了世界的重大历史事件——中美建交 30 周年，我感到非常高兴。布鲁金斯学会是美国著名智库，多年来，一直以浓厚的兴趣关注中美关系，为促进中美人民友好合作，推动中美关系发展作出了积极贡献，我对此表示赞赏和钦佩。

30 多年前，中美两国一代伟人用小小的乒乓球带动大球，打开了中美两国重新交往的大门。停航许久的中美关系大船又乘风破浪启航了。今天，在 NBA 打球的姚明成为中美两国人民都喜爱的明星。从乒乓球到篮球，不仅是直径的变化，更折射出短短 30 年间中美关系广度和深度实现了巨大跨越。

还是 30 多年前，当基辛格博士秘密访华之前，在人们看来中美两国将会长久相互隔绝下去。听说那时，当一位英国记者把博士秘访中国消息发给伦敦编辑时，那位编辑竟然断言，记者先生肯定是喝醉了，基辛格怎么会去中国？于是他把这条新闻稿扔进了垃圾篓。在基辛格博士秘访中国之后，尼克松总统去了，再后来，邓小平先生来了……1979 年 1 月 1 日，中美两国终于正式建立外交关系，开启了两国交流合作的新时代。短短30年，在几代中国领导人、七任美国总统和中美两国人民的共同努力下，两国关系的航船迎着风雨阳光不断前进，成为当今世界最富生机和活力，最为重要的双边关系，给中美两国人民带来了巨大福祉，为世界和平与发展作出了重要贡献。

13亿中国人和3亿美国人都会高兴地看到，中美的高层和各层级往来越来越频繁了。两国领导人从几年难得一次会晤，发展到布什总统任内两国元首一年多次会晤，并经常通话、通信，对推动两国关系发展发挥着不可替代的重大作用。胡锦涛主席同当选总统奥巴马虽未曾见面，但已进行了颇有内容的愉快通话，一致表示要扩大各领域合作，把中美关系推上更高水平。中美之间建立起60多个对话合作机制。特别是在两国元首倡导下，双方建立的战略经济对话和战略对话两个机制，为两国在战略层面加大、加深对话与合作提供了重要的平台。

中美之间的战略共识越来越多了。今天这个时代虽然信息技术高度发达，却也是无论人与人、国与国之间都十分需要加强心与心直接坦诚深入沟通交流的时代。30年来我们的沟通交流达到从未有过的广度和深度。我们双方对处于大变动中的这个世界的认识，我们彼此对对方的认识，我们对中美关系重要性的认识都大大深化了，战略互信积少成多了，彼此都变得更为理智和聪明了。中美两国对世界和平与稳定肩负重大责任，应该友好相处而不是彼此敌视，应该沟通合作而不是对抗冲突，越来越为两国主流社会所认同。

中美共同利益的纽带越来越粗壮，互利合作越来越广泛深入了。可以说，今天的中美关系越来越具有强大的内在动力和丰富的全球意义，成为中美两国人民十分珍贵的财富。从双边到多边，从政治安全到经济金融，从地区热点到跨国挑战，几乎找不到我们没有合作的问题。以中美经贸关系为例，双边贸易额由建交时的 24 亿美元跃升至 3000 多亿美元，增长了 120 多倍，中国连续六年成为美国增长最快的海外出口市场，美国数百万个工作岗位与中美贸易密切相关。双方在朝核、伊朗核等热点问题和反恐、防扩散、气候变化等全球性问题上开展的有效的沟通与协调，成为双边关系发展新的支点。尤其是应对当前的金融危机，更显中美利益关系之紧密、彼此合作之重要。

中美人民之间的友谊越来越加深了。中美关系从民间交往开始，目前已经形成两个社会之间的全面交流。两国间每天有 5000 多人往来于太平洋上空。尼克松总统访华时，我们想在中国找一首美国歌曲都非常困难。今天，各种风格的美国音乐在中国都有众多听众，美国好莱坞制作的《花木兰》、《功夫熊猫》在中国受到热捧。美国人民对中国的文化也情有独钟，据说在几千所美国学校里，年轻人正在学习孔夫子的语言。特别值得一提的是，两国在各自遭受自然灾害袭击时，感同身受、相互支持。美国南部新奥尔良遭受卡特里娜飓风袭击后，中国紧急决定提供援助。中国四川发生特大地震灾难后，美国政府和社会各界也伸出了援手。

30 年来，中美两国形成了你中有我、我中有你的利益格局。美国著名的经济史学家尼尔·弗格森创造了一个新词叫"中美国（CHIMERICA）"，形容中美之间的密切联系。特别值得一提的是，共和党政府打开了中美关系的大门，民主党政府实现了中美建交。克林顿政府时期，中美就中国加入世贸组织达成共识，中国向融入国际社会迈出了关键一步。布什政府期间，中美不仅成为了"利益攸关方"，而且成为了建设性合作者。中美关系 30 年的发展历程表明，发展对华关系已成为美国民主、共和两党的共识。

中美关系取得如此巨大的进步，恐怕是 30 年前最天才的预言家也想象不到的。

中国有一句古话"饮水不忘掘井人"。在收获着两国关系丰硕果实的时候，我们要深切缅怀中美关系的开拓者们，要向在座和不在座的两国所有亲身经历、参与和推动这一伟大历程，为中美关系作出过贡献的老前辈和各界有识之士致以良好祝愿与诚挚感谢！

历史是最好的老师。30 年中美关系的发展史给我们留下了许多宝贵的启示。我以为，我们必须把握好对彼此的战略定位。30 年来的事实证明，中国的发展不但没有削弱美国的力量和优势，反而增进了美国的利益。中美两国是伙伴而不是对手，更不是敌人，中美关系不是零和关系，而是互利共赢的关系。我们必须坚持从战略高度和长远角度看待和处理中美关系。我们必须牢牢把握并不断深化中美之间的共同利益，扩大合作，把共同利益这块蛋糕做得越来越大、越来越好。我们必须坚持以理性、客观、平和的心态看待对方的发展，判断对方的战略意图，不断增强战略互信。我们必须尊重和照顾对方核心和重大利益关切。充分理解并尊重对方对政治制度和发展模式的选择，你们搞你们美国特色的资本主义，我们搞我们中国特色的社会主义。我们必须坚持互不干涉内政的原则，特别要妥善处理中美关系中最重要、最敏感的台湾问题。我们必须不断完善坦诚、深入、快捷沟通合作的机制保障，培育良好的舆论环境和社会基础。

女士们，先生们，

我来自中国人均 GDP 最低的贵州省的一个穷山村，在田间扶过犁，在山上放过牛。童年时，我也梦想着有朝一日能够走出大山，去见识外面的世界，为我的家乡，为我的国家做点有益的事情。是新中国的诞生，是中国的发展，特别是中国改革开放，使我实现了自己的梦想。每一个美国人都怀有美国梦。同样，每一个中国人也都有自己的中国梦。改革开放给亿万中国人提供了更多实现梦想的机会。

几乎和中美建交同一个时间，中国人民开始了改革开放和现代化建设的伟大历史进程。经过 30 年艰苦创业，我们取得了举世瞩目的成就。特别是今年我们成功举办北京奥运会后，国际社会更加关注我们，更想了解中国的长远意图和根本走向究竟是什么。其实，所谓中国的战略意图并不像有些人想得那么复杂，那么深不可测，好像我们深藏着不可告人的称霸野心。我们中国人没有什么阴谋，只有"阳谋"，没有什么野心，只有善心。我可以在这里郑重负责地告诉大家，这个"阳谋"简单得很，就两个字：发展。就是在解决 13 亿中国人的温饱之后，再让他们都过上小康生活，使历经磨难的中华民族能够自立于世界民族之林。这就是我们的梦。我们不做霸权梦，不做帝国梦！

我要特别指出的是，我们没有因为办了奥运会而一步登天，我们还是一个名符其实的发展中国家。前些天我收到一张照片，我初中同班的 52 个同学中竟有一半已经离开了这个世界。为什么？因为我们仍是发展中国家！我们六个兄弟姐妹中，生活在农村的三个也早于我而永远地走了。为什么？因为我们还是发展中国家，我们还只是一个人口大国，经济小国。对于这么一个国家，不管多么可观的财力、物力，只要除以 13 亿，那就成为很低很低的人均水平。目前，中国光残疾人就有 8400 万，比法国人口还多 2000 万，每年要解决的失业人数 2400 万，绝对贫困人口还有 1000 多万，再加上今年四川大地震又直接造成 1000 多万灾民，仅仅让这 1 亿多的弱势群体都不愁温饱，过上小康生活，就是多么复杂、艰难、巨大的难题啊！所以，中国的发展道路、真正繁荣富强起来的道路还很漫长，万里长征才走完了几步啊！我们哪有意图和能力去挑战美国？

　　我相信，在座的各位，全世界一切正直善良的人们都会从中国 30 年改革发展中得出一个重要结论：中国的发展为世界和包括美国在内的各国带来的是繁荣发展和合作机遇；中国是国际体系渐进、有序变革的重要稳定力量。

　　是的，这 30 年中中国立足国情，适应时代，与时俱进，找到了适合自己又有利于别人、造福世界的发展道路。五千年文明赋予我们追求和谐、和睦、和平发展的美好意愿和智慧。中国是一个对世界抱有善意、行为负责、尊重别人，但不容别人欺侮的国家；一个根据自己国情不断发展社会主义民主政治，重视、尊重和保护人权的国家；一个在前进道路上困难重重，但思想永不僵化，始终坚持改革开放，虚心学习别人，谋求与各国平等相待、和谐相处、互利共赢、共同发展的国家；一个坚持走和平发展道路，光明磊落，对各国敞开心扉、坦诚相待，世界各国可以安心、放心而有信心与之打交道的国家。当然，我们并非十全十美，我们欢迎一切善意的批评和建议。我们有信心排除万难，实现我们的目标，也一定能够实现我们的目标。用你们的话说"WE CAN !"

　　这 30 年中，我们深深懂得，时代变了，任何国家都可以通过发展国际合作实现互利共赢。历史上那种靠战争来改变国际体系和秩序，那种你死我活、你输我赢、你兴我衰、你好我坏、你安我危的冷战思维和零和博弈规律失效了，过时了。

　　那么，我们中国究竟如何实现我们的"发展"梦呢？具体讲，就是要通过和平的而不是非和平的，侵略、扩张、掠夺性的方式，通过我们自己对自身制度的不断改革和完善，通过我们中国人自己的艰苦奋斗，发挥其创造性、积极性，走科学发展道路，通过我们同包括美国在内的世界各国持久友好相处、平等互利合作来使占人类五分之一强的中国人能告别贫困，过上比较体面的日子，使中国成为人人安居乐业、大家和睦相处，政治文明、物质文明、精神文明，人与自然和谐协调发展的国家。

我强调中国将专注发展是不是就意味着中国不尽国际义务、不承担我们的责任了呢？绝对不是。不过我想指出的是，让 13 亿中国人过上比较富足而又有尊严的生活本身就是中国首要的国际责任和对世界的最大贡献。同时，全世界有目共睹的是，中国承担着越来越多的与自己的国力和身份相符的国际责任和义务。我们深知，在这个日益相互依存的世界上，中国的前途命运日益紧密地同世界的前途命运联系在一起，只有和谐共处、利益共享、责任共担、互利共赢，才是最符合自己和别人利益的。我们懂得，如果自私自利，只顾自己，不顾别人，最终是要招人仇恨的，是损人害己的。

女士们，先生们，

当今世界正处于大变革、大调整之中。由于全球化、信息化的深入发展，人类科学技术的迅猛进步，世界变得越来越"小"了，俨然像个"地球村"了。在这个"地球村"里，大家的共同利益变得越来越多越"大"了，互利合作需要越来越强烈了。要应对诸多的挑战和问题，靠各国，哪怕像美国这样最强大的国家单打独斗也越来越不行了。各国间相互依存、利益交融达到前所未有的程度，就像人们描绘的那样，逐渐形成了你中有我、我中有你、谁也离不开谁的"命运共同体"了。我们正在经历的这场百年罕见的金融危机再次雄辩地证明了这个道理。

总之，世界的大变化呼唤着人们思想的大解放，各方面的大变革。再也不能用 20 世纪的冷战思维来考虑和处理 21 世纪的问题了。和谐相处、协调合作、互利共赢，应该也必须成为各国的共同选择。正如一位并非中国的外交家所指出的："今天全球化的结果是，我们不再分别乘坐不同的航船，我们全都乘坐在同一条我们称之为'地球飞船'的航船上。我们的命运取决于船上的内部力量。"我以为，既然我们大家都在一条船上，一荣俱荣，一损俱损，我们就绝对没有理由同室操戈而不同舟共济，绝对没有理由不放弃那种只能导致对抗、冲突甚至战争的思想观念、政策和做法。中美两国作为最大的发达国家和最大的发展中国家，更应视彼此为伙伴而非对手，更应加强沟通、协调与合作，更应真诚同世界所有国家和人民一起，共同克服我们面临的困难和挑战，共同创造人类更加美好的未来。

女士们，先生们，

经过 30 年的发展，中美关系正站在新的历史起点上。中美的共同利益很大很大，合作的空间很大很大。我们有理由、有责任共同推动中美关系在第二个 30 年乃至更长时间，获得更大、更好的发展，为两国人民带来更多、更大的利益，为人类创造更多的福祉。

我认为，实现中美关系的更大发展，最基本的前提是相互尊重、平等相待，坚持发展中美建设性合作关系的大方向，这不仅符合中美两国人民的利益，也符合世界人民的利益。我们希望与美国新政府共同坚持这个大方向，携手推动中美关系不断向前发展。

实现中美关系的更大发展，最现实的任务是要实现中美关系平稳过渡，使中美关系走出曾经有过的随美国政府更迭而波动的怪圈，开好头，起好步，在新的起点上继续扬帆远航。

实现中美关系的更大发展，最紧迫的议程是要加强宏观经济金融政策协调，共同应对国际金融危机。反对任何形式的贸易保护主义或将经贸问题政治化。

实现中美关系的更大发展，最核心的环节是务必要处理好两国关系中涉及对方核心利益的问题，维护和发展我们两国合作的战略基础。台湾、涉藏等问题事关中国的核心利益。中国人民捍卫自己核心利益的决心是坚不可摧的。

实现中美关系的更大发展，最根本的途径是加强战略对话沟通，扩大战略共识，增进战略互信，促进战略合作，不断挖掘中美合作新的增长点。

实现中美关系的更大发展，最重要的基础是加强两国和两国人民之间的相互了解和理解，增进相互之间的好感和友谊，培养一代又一代致力于中美友好的人士，打牢两国关系的社会基础。

女士们，先生们，

回顾中美关系的过去，展望两国关系的未来，我们感谢勇敢艰辛的破冰者，我们更需要大智大勇的扬帆者。让我们携起手来，乘着时代的劲风，高扬起友谊合作的风帆，推动中美关系的航船，沿着建设性合作的大方向，乘风破浪，驶向更加美好的明天。中美关系应该能够成为 21 世纪两个有着不同社会制度和文明、不同发展水平的大国之间和谐相处、共同发展的新型关系。我们能行吗？我想，只要我们两国和两国人民同舟共济、共创未来，回答应当是肯定的：WE CAN！

谢谢大家。

（2008 年 12 月 11 日，华盛顿）

坚持走和平发展道路

党的十七届五中全会通过的《中共中央关于制定国民经济和社会发展第十二个五年规划的建议》，绘制了未来五年我国发展的宏伟蓝图。在对外工作部分再次提出，高举和平、发展、合作旗帜，奉行独立自主的和平外交政策，坚持走和平发展道路，坚持互利共赢的开放战略，维护我国主权、安全、发展利益，同世界各国一道推动建设持久和平、共同繁荣的和谐世界。这是对当代中国对外举什么旗、走什么路、达到什么目标和怎样实现目标的深刻阐述，对做好新形势下的对外工作具有重大现实意义和深远历史意义。

一、中国为什么提出走和平发展道路？

坚持走和平发展道路，并非主观想象或拍拍脑袋的产物，而是我们深刻认识到当今世界发生了很大变化，当今中国发生了很大变化，当今中国与世界的关系也发生了很大变化，必须因势利导，因时适变，走出一条既符合世界发展潮流又符合本国国情的路子来。

当今世界正在发生广泛而深刻的变化。由于经济全球化与信息化深入发展，科学技术迅猛进步，世界变得越来越"小"，俨然成了"地球村"。各国相互联系、相互依存、利益交融达到前所未有的程度，共同利益变得越来越广，需要携手应对的问题越来越多，互利合作的愿望越来越强，从某种意义上讲，世界已是一种"利益共同体"。任何国家哪怕是最强大的国家也不可能独善其身、单打独斗，任何国家的行为不仅事关自己，也会对其他国家产生重要影响。那种只顾自己不顾别人，以武力征服、威胁别人，或以非和平手段谋求发展空间和资源的做法，越来越行不通。那种以意识形态划线，以各种理由拉帮结伙，一方或几方就想独揽世界事务的做法，也越来越不得人心。在日益增多的各种风险和挑战面前，要和平、谋发展、促合作已成为不可阻挡的时代潮流。各国唯有同舟共济而不是同舟共"挤"，同舟共渡而不是同舟共"斗"，才有出路。

当代中国正在发生广泛而深刻的变革。经过 30 多年的改革开放，我们从"以阶级斗争为纲"到以经济建设为中心，全面推进社会主义现代化事业；从搞计划经济到推进各方面改革，建立起社会主义市场经济体制；从封闭状态和片面强调自力更生，到实行对外开放、发展国际合作；从以意识形态划线到主张各种社会制度和发展模式和谐并存，全方位发展对外关系，中国的变化可谓翻天覆地，迫切要求我们必须从我国的基本国情出发，牢牢把握现阶段发展的阶段性特征，深入推进改革开放，加快转变经济发展方式。

当代中国同世界的关系也发生了历史性变化。随着改革开放的不断深入和经济社会的不断发展，中国日益融入国际社会，同世界的联系越来越紧密，中国的前途命运日益同世界的前途命运联系在一起。中国的发展离不开世界，世界的繁荣稳定也离不开中国。如果我们不能很好地处理同外部世界的关系，新世纪头 20 年由国际形势总体和平、大国关系相对平稳和新科技革命迅猛发展提供的发展机遇就可能丧失。

二、和平发展道路是一条什么样的道路？

坚持走和平发展道路，是以胡锦涛同志为总书记的中央领导集体在深刻把握时代特征和中国国情，统筹国内国际两个大局，研究借鉴其他大国发展经验教训的基础上提出的崭新发展道路，既是我国发展战略的重大抉择，也是我国对外战略的重大宣示。

我把这条道路的特点概括为"五合一"：一是强调发展的和平性。中国不但不会搞西方列强侵略、掠夺、战争、扩张那一套，还要把我们的力量用来为世界和平服务，将发展与和平有机统一起来。二是强调发展的自主性。独立自主是中国外交的根本特征，自力更生是我们的优良传统。30多年来，我们始终把发展的基点和重心放在国内，主要靠改革开放，靠自己的智慧和勤奋，靠不断扩大内需，靠推进经济发展方式转变求得自身发展。三是强调发展的科学性。按照以人为本、全面协调可持续发展的科学发展观的要求，既着力推动国民经济又好又快发展，又积极推动和谐社会建设，确保和平发展进程有一个良好的国内环境。四是强调发展的合作性。中国是国际大家庭的一员，只有风雨同舟、利益共享、责任共担，才是最符合自己和别国利益的。我们主张对外要友好，不要敌视；要合作，不要对抗；要互相信任，不要相互猜疑；要平等相待，不要强加于人。五是强调发展的共同性。中国坚持自己的国家利益与人类共同利益的一致性，在自身发展的同时，努力与世界各国实现共同发展，决不做损人利己、自私自利的事。我们知道，要想自己发展，必须让别人发展；要想自己安全，必须让别人安全；要想自己活得好，必须让人家也活得好。

三、中国的发展走向和战略意图是什么？

经过 30 多年的改革开放，特别是成功举办北京奥运会和经历国际金融危机考验之后，中国的战略走向越来越受到国际社会关注。这里要指出的是，所谓中国的战略意图并不像有些人想得那么复杂、那么深不可测，好像我们深藏着不可告人的目的和野心。其实，中国的战略意图就是四个字：和平发展，即对内求和谐、求发展，对外求和平、求合作。这是在今后很长时期里，我们几代、十几代甚至几十代人想的一件事，要做的一件事，是我们 100 年、1000 年也不会动摇的一个方针。具体地讲，就是要通过和平的方式，通过对自身制度的不断改革和完善，通过中国人的艰苦奋斗和发明创造，通过同世界各国持久友好相处、平等互利合作来实现上述目标，使占人类五分之一强的中国人能告别贫困，过上比较好的日子，使中国成为人人安居乐业、大家和睦相处，政治文明、物质文明、精神文明、人与自然都协调发展的国度，成为国际社会最负责任、最文明、最守法规和秩序的成员。在这个过程中，我们要根据中国的国情发展社会主义民主政治。总之，中国人穷日子过得太久了，最大的战略意图就是使自己的日子一天比一天、一年比一年过得好些，希望地球上的人们日子也一天比一天、一年比一年过得好些，除此别无他图。我们党把这一过程称为"和平发展"，把实现和平发展的方式、方法和途径称为"和平发展道路"。正如人们所看到的，这条道路已庄严地载入党的十七大报告中，这次全会又以"十二五"规划建议的方式重申，足见中国共产党人坚持走和平发展道路的诚意和决心。

四、如何看待中国取得的发展？

改革开放 30 多年来，中国取得了举世瞩目的经济社会发展成就。特别是近年来，中国的发展更备受国际社会关注，许多人认为中国已是发达国家，可与美国平起平坐了。这种议论一方面说明走和平发展道路是完全可以实现国家发展的，我们的选择是对的；另一方面也说明这些人对中国的发展状况和程度还缺乏全面深入的了解。其实，无论中国的国内生产总值总量有多大，发展成果都要由 13 亿人分享。目前我们人均国内生产总值只有 3800 美元，世界排名在第 104 位左右，甚至低于不少非洲国家。按联合国人均一天 1 美元的生活标准，中国今天还有 1.5 亿人生活在贫困线以下。即使按人均收入 1200 元人民币的贫困标准，中国还有 4000 多万人未脱贫。目前还有 1000 万人没有用上电，每年还要解决 2400 万人的就业问题。中国人口多、底子薄，城乡和地区发展不平衡，产业结构不合理，生产力不发达状况没有根本改变，无论如何都还是一个人口大国、经济小国，一个名副其实的发展中国家。我们遇到的经济、社会问题可以说是世界上最大、最难解的课题，没有任何骄傲自大的本钱。中国要真正发展起来，人民过上比较好的生活，还有漫长而艰辛的路要走，还需要几代人甚至更长时间的不懈努力。即使那时中国的人均国内生产总值接近美、欧、日等西方国家，我们的经济和生活质量也还是远远落在它们后面。

需要特别指出的是，即使中国将来强大起来了，仍将是发展中国家的一员，仍将继续坚定不移地同广大发展中国家站在一起，团结合作，共同发展。这是由我们共同的历史遭遇、共同的战斗友谊、共同的发展任务、共同的战略利益决定的，绝不会因为中国自身经济的发展和国际地位的变化而改变。无论过去、现在和将来，中国都始终是发展中国家最真诚、最值得信赖的朋友、兄弟和伙伴。尽管我们在同发展中国家发展关系的过程中还有需要改进和提高的地方，但中国同广大发展中国家的合作是光明磊落的，是平等相待、互利共赢、真诚友好的，所谓"新殖民主义"的帽子无论如何也戴不到中国的头上。

五、中国发展起来后会不会在世界上争霸?

这个担心是没有必要的。反对霸权主义已经写进了中国的宪法，也写进了中国共产党的党章。恐怕世界上还没有哪个大国、哪个政党能够这么做。

历史地看，中国没有扩张称霸的文化和传统。我们有几千年以"仁"、"和"为核心的政治文化传统，崇尚"和为贵"、"亲仁善邻"、"协和万邦"。几百年前，中国即使在最强大、国内生产总值占到世界30%的时候，也没有去搞扩张、搞霸权。郑和曾率领世界上最强大的船队七下西洋，带去的不是血与火、掠夺与殖民，而是瓷器、丝绸和茶叶。在中国的盛唐时期，日本从中国得到的不是威胁，而是繁荣。从西汉起，中国的版图大体上就是今天这个样子。

现实地看，在经济全球化时代，一国的振兴完全可以通过平等有序、互利互惠的国际竞争与合作实现，不需要也不可能再走挑战国际秩序或挑战别国的老路。世界上一些大国兴衰的经验教训告诉我们：扩张主义的路不能走，军备竞赛的路不能走，称霸世界是一条死路，和平发展才是唯一正确的道路。中国越发展，就越需要加强同世界各国的合作，也越需要一个和平稳定的国际环境。互利共赢、共同发展，是我们改革开放30多年来对外关系中最大最深的体会，也是我们取得成功的一大法宝。这个法宝我们要牢牢抓住，绝不会丢弃。

从我们的根本政策看，不当头、不争霸、不称霸，是基本国策和战略选择。一个国家是否威胁世界，关键要看它奉行什么样的政策。我们始终坚持和平共处五项原则，尊重各国人民自主选择发展道路的权利，绝不做称王称霸的事，也不寻求主导世界。邓小平同志曾经说过，如果中国有朝一日在世界上称霸，世界人民就应当揭露、反对并打倒它。这一点国际社会可以监督我们。

至于说中国要取代美国、称霸世界，那是神话。政治上，我们搞中国特色的社会主义，不输出社会制度和发展模式，尊重各国人民对社会制度和发展道路的选择。经济上，我们自己要继续一心一意谋发展，也乐见各国继续繁荣发展，谋求共同进步。军事上，我们不搞军备竞赛。我们首先要考虑的是让13亿中国人穿得好一点、吃得好一点、住得好一点、出行方便一点，不可能也不愿把大把大把的钱都花在军费上。

我们自己不谋求霸权，也不会同其他国家在我们这个地区争夺霸权，搞什么共同霸权，或搞什么"门罗主义"。我们奉行的是"睦邻、安邻、富邻"的周边外交政策，亚太战略的出发点和落脚点就是为自身发展营造稳定、良好的周边环境，与有关各国实现互利共赢，愿意永做东盟和亚洲各国的好朋友、好邻居、好伙伴。我们与亚洲国家签订的双、多边协议没有任何排外条款，我们对区域合作持开放态度，我们的意图是透明的、善意的。我们也希望有关国家在亚洲的所作所为不以防范、遏制和损害中国为目的，希望有关国家在我们中国人几千年生存发展的这个地区，在我们家门口的言行也都是善意和透明的。如果把中国的发展看作机遇，并且善于抓住这个机遇，就会从中受益。如果成天怀疑中国的地区和国际战略意图，把主要精力放在挑毛病、找麻烦上，就会丧失与中国合作的良机。那种要拉帮结派对付中国、遏制中国的图谋，那种在地区国家间挑拨离间及在中国近海搞联合军演的做法，更是典型的冷战思维，既不合时宜，又阻挡不了中国的发展，更会失去同中国发展合作关系的历史性机遇，注定是行不通的。

国际上有些人说，中国有句话叫"韬光养晦、有所作为"，猜想中国宣布走和平发展道路，是在自己还不强大的情况下施展的一种阴谋诡计。其实，这是无端猜疑。这句话是邓小平同志在 20 世纪 80 年代末 90 年代初讲的，主要内涵是中国要保持谦虚谨慎，不当头、不扛旗、不扩张、不称霸，与走和平发展道路的思想是一致的。

总之，中国是一个对世界抱有善意、行为负责、尊重别人，但不容别人欺侮的国家；一个根据自身国情不断发展社会主义民主政治，重视、尊重和保护人权的国家；一个在前进道路上困难重重，但思想永不僵化，始终坚持改革开放，虚心学习别人，谋求与各国平等相待、和谐共处、互利共赢、共同发展的国家；一个坚持走和平发展道路，对各国敞开心扉、坦诚相待、光明磊落，世界可以安心、放心并且有信心与之打交道的国家。国际社会对中国的和平发展应该是欢迎而不是害怕，应该是帮助而不是阻碍，应该是支持而不是遏制，应该理解和尊重中国在和平发展进程中正当和合理的利益与关切。

六、快速发展的中国如何处理与其他国家的关系？

中国有句俗话，在同一个锅里吃饭，哪有锅盖不碰碗勺的。我们生活在同一个"地球村"，国家之间难免有这样那样的矛盾和摩擦，没什么值得大惊小怪的。关键是问题出现了，本着什么原则处理，是睚眦必报，或是小题大做，还是采取完全不同的办法？我们处理国际关系的基本原则有这么几条，几十年来证明也行之有效：一是坚持按照和平共处五项原则发展同所有国家的关系。不搞干涉内政那一套，不搞使用或威胁使用武力那一套，不搞厚此薄彼、拉帮结派那一套。二是坚持奉行互利共赢的开放战略。不做以邻为壑、损人利己的事，注重共同利益、发展共同利益、维护共同利益，把共同利益的蛋糕做大做好。三是坚持以求同存异、对话协商的方式解决矛盾分歧。这些年我们在这方面做了大量工作，同美国、欧洲、日本以及一些新兴大国都建立了战略对话和磋商机制，就事关当今世界、事关双边关系的一些全局性和长期性重大问题深入交换意见，以增进相互理解、信任，寻求战略共识，扩大共同利益，减少麻烦和波折。对于暂时解决不了的问题，我们主张先放一放，等条件和时机成熟时再说，有些问题也可以让我们的子孙后代去解决。

有人认为，中国政府从未承诺放弃以武力方式解决台湾问题，中国军费也在逐渐增加，这与和平发展道路是不是相互矛盾？我的看法是，任何发展道路的选择都不可能以牺牲国家重要利益特别是核心利益为代价。什么是我们的核心利益？我个人理解，一是中国的国体、政体和政治稳定，即共产党的领导、社会主义制度、中国特色社会主义道路；二是中国的主权安全、领土完整、国家统一；三是中国经济社会可持续发展的基本保障。这些利益是不容侵犯和破坏的。

台湾问题事关中国的统一和领土完整，事关中国的核心利益，涉及13亿中国人民和全体中华儿女的民族感情。在台湾问题上，我们奉行"和平统一、一国两制"的基本方针，决不允许台湾从中国分裂出去，决不承诺放弃使用武力，这并不是针对台湾同胞，而主要针对少数"台独"分裂势力。近年来，海峡两岸关系和平发展取得积极而重大进展，双方签订了两岸经济合作框架协议，这为两岸关系和平发展开辟了更为广阔的前景。但有的国家出于冷战思维和地缘政治需要，不顾中方坚决反对，仍在坚持对台售武，这种言而无信的做法不利于两岸关系和平发展，有违亚太地区和平、合作与发展潮流，应尽快予以摒弃。

中国奉行防御性的国防政策，加强国防建设的目的是捍卫国家主权和领土完整，保卫我们22000多公里的陆上边界和18000公里的海疆，保卫我们的和平建设，而不是出于军备竞赛需要，不是为了争夺霸权，不是追求对外扩张。国际上一些人总担心中国将不断增长的经济实力转化为军力，这完全是杞人忧天。与美日等不少国家相比，中国的军费水平无论总量还是人均还相当低，不会对外界构成什么威胁。至于所谓透明度，世界上军事绝对透明的国家并不存在。相反，几十年来中国的军事透明度却在不断提高，特别是我们的战略意图比许多国家特别是主要大国都要透明。比如，我们向世界公开宣示永远不称霸，向全世界公开承诺不首先使用核武器，不向无核国家使用或威胁使用核武器。如果其他国家也这样做，对世界和平、稳定与发展无疑是一个很大的贡献。

七、中国如何运用日益增强的实力和影响？

中国发展的目标归结为一句话，就是对内建立和谐社会，对外推动建设和谐世界，也就是中国首先要对13亿中国人民负责，同时也对世界人民、对世界和平与发展负责，使中国发展的成果惠及国内民众和国际社会。现在国际上对我们"聚精会神搞建设，一心一意谋发展"存在着误解，认为中国疏于尽国际责任，不愿履行国际义务。其实，从改革开放之初，我们党就把维护世界和平、促进共同发展作为三大历史任务之一，近年来又提出推动建设持久和平、共同繁荣的和谐世界，加大了对国际和地区事务的关注和投入。一是积极参与应对能源、粮食、气候变化、恐怖主义、自然灾害、传染性疾病、金融危机等全球性问题和朝核、伊朗核、阿以冲突、苏丹达尔富尔等地区热点问题的解决。二是积极参与国际体系建设。中国是国际体系负责任的参与者，既是受益者，也是建设者和贡献者。现行国际体系并非完美无缺，需要与时俱进，进行变革完善，使之更加公正合理。中国今后愿以更加积极的姿态参与这一进程，包括参与国际规则的制定与完善，继续承担与国力相符的国际责任与义务。三是积极参与推进发展议程。一方面，我们集中力量解决好中国的发展问题，中国发展是世界发展的重要组成部分，中国越发展，越能惠及世界。近些年来，中国经济对世界经济增长的贡献率超过10%，对国际贸易增长的贡献率超过12%，为相关国家和地区创造了数以千万计的就业机会。另一方面，中国不仅是全球发展事业的重要参与者，更是全球发展事业的重要推动者，愿与世界各国一道共同推动联合国千年发展议程，共同推动世界的繁荣与进步。

八、和平发展道路与中国特色社会主义是什么关系？

两者可以说是"一体两面"。一方面，和平发展道路是中国特色社会主义的本质要求。走什么样的发展道路，从根本上是由国家性质决定的。资本主义社会和资本贪婪的本性，决定了西方大国的崛起必然伴随着侵略和扩张，必然充满着血腥和暴力。中国是社会主义国家，坚持人民富裕、社会公正、国家发展、世界和平的基本目标。在相当长的历史时期内，我国仍处于社会主义初级阶段，人民日益增长的物质文化需要同落后的社会生产之间的矛盾仍是社会主要矛盾。这就决定了我们必须始终把发展当作党执政兴国的第一要务，并为此创造长期和平稳定的国际环境，也决定了"我们搞的社会主义是不断发展社会生产力的社会主义，是主张和平的社会主义"（邓小平语）。另一方面，和平发展道路也是中国特色社会主义的重要组成部分。中国特色社会主义体现在方方面面，涉及经济、政治、文化、社会、生态等各个领域，我们把对外领域的中国特色社会主义叫作和平发展道路，或者说和平发展道路集中体现了对外领域中国特色社会主义的基本属性、基本特征、基本内容和基本途径。在对外领域高举中国特色社会主义伟大旗帜，就是高举和平、发展、合作旗帜，始终不渝走和平发展道路。这是我们党把握世界发展大势和总结中外发展经验教训得出的一个基本结论，是我们不断推进马克思主义中国化和时代化取得的一个重要成果，也是我国在复杂多变的国际环境中实现科学发展的一个根本保证。

九、走和平发展道路与推动建设和谐世界是什么关系？

坚持和平发展道路，是向世界宣示我国将如何实现发展和振兴，其实质是我们党对国家发展道路与战略的选择。推动建设和谐世界，回答的是中国将致力于建设什么样的世界、什么样的国际秩序，其实质是我们党的国际秩序主张与行为准则。坚持和平发展道路是推动建设和谐世界的基础和前提；推动建设和谐世界是坚持和平发展道路的必然要求。中国坚持两者的有机统一，既做爱国主义者，也做国际主义者。中国走和平发展道路，使占世界五分之一强的人过上较好的生活，将是对全人类的巨大贡献，也会使这个世界因中国的存在而变得更和谐。我们向世界公开宣示和一再强调坚持走和平发展道路，除了表明中国和平发展的诚意外，也希望更多的国家加入到和平发展道路的行列中来。倘如此，持久和平、共同繁荣的和谐世界就离我们每个人不是很遥远了。反过来，如果我们生活的这个世界变得更为和谐了，那么中国的和平发展道路就能走得更为平稳和顺当一些。从这个意义上讲，坚持走和平发展道路与推动建设和谐世界也是互为条件和相互促进的，不能人为割裂开来。

十、中国和平发展道路能不能行得通？

这条路是走得通的。全世界可以看到，过去30多年，我们以自己的实践打破了后起国家振兴势必掠夺、侵略、争霸的历史定律，开创着全球化时代靠勤劳智慧、靠合作共赢实现和平发展的全新道路。"十一五"时期这五年中国的发展更是证明和平发展道路是一条光明之路。过去的五年，是我国综合国力不断增强的五年，是我国广泛深入参与国际合作、国际地位和国际影响力大幅提升的五年，也是我国深化同世界各国关系、对外工作不断取得重大成就的五年。五年来，我们在党中央、国务院的正确领导下，围绕中心、服务大局，抢抓机遇、化解挑战，"办盛会"、"战危机"、"促发展"、"树形象"，实现了国家利益的新发展，对外工作的新跨越。中央外事工作会议成功召开，在全面深刻认识国内国际环境发展变化的基础上，强调我国与世界关系发生历史性变化，提出统筹国内国际两个大局，走和平发展道路，奉行互利共赢的开放战略，推动建设持久和平、共同繁荣的和谐世界等一系列重大对外战略思想，指引新时期对外工作沿着科学发展的轨道前行。

五年来，我们坚持统筹国内国际两个大局，通过全方位开展对外工作，努力为国家现代化建设创造和平的国际环境和有利的外部条件。我们稳步推进与各大国、周边国家和发展中国家的关系，同世界各国的友好合作全面发展；积极开展多边峰会外交，党和国家领导人在各种场合宣示我国重大政策主张，积极参与应对国际金融危机合作，推动国际经济体系变革进程，在应对气候变化等全球性问题上发挥了独特的建设性作用；"引进来"与"走出去"相结合，大力开展对外经贸合作，为国内抗危机、保稳定、促发展、转变经济发展方式服好务；以举办北京奥运会、新中国成立 60 周年、上海世博会、广州亚运会等重大活动为契机，加强公共外交和人文交流，进一步树立我国文明、民主、开放、进步、负责任的大国形象，在国际上广交深交朋友，积极引导国际舆论，推动国家软实力建设不断深入；坚定维护国家主权和安全，坚决回击各种分裂破坏活动，积极开展非传统安全领域国际合作；坚持以人为本、外交为民，努力维护海外企业和公民的合法权益，同时对外开展了大量国际救援及维和活动。我们既通过广泛开展国际合作，扩大了与各国的共同利益，推动了互利双赢的共同发展；又通过开展各种形式的战略对话与政策磋商，积极化解矛盾分歧和疑虑误解。

事实证明，我们以改革开放顺应经济全球化潮流，通过和平发展和国际合作，同世界各国普遍发展友好伙伴关系，妥善处理各种矛盾和摩擦，在国际事务中发挥建设性作用，推动国际秩序朝着公正合理方向改革，是完全能够走出一条符合时代潮流的和平发展道路的，而且这条路会越走越宽广、越走越有希望。

（本文刊登于《中共中央关于制定国民经济和社会发展
第十二个五年规划的建议》辅导读本）

戴秉国国务委员会见美国前总统国家安全事务助理哈德利时谈中美关系（节录）

　　前几天，基辛格博士来中国访问。外交学会举行了纪念他首次访华40周年座谈会。在座谈会上大家一致的看法是，中美关系40年来取得的巨大发展超乎人们想象。这当中有几代中国领导人和八任美国总统付出的心血努力，也和在座各位的努力是分不开的。仅就中美贸易而言，发展非常迅速。中美关系从政治、经济、军事到文化等领域，从官方到民间，发展的广度和深度都很不寻常。特别是对于中美这么两个社会制度、历史文化、发展水平不同的大国，更是非同寻常。

　　当然，中美关系在发展过程中也经常遇到风雨，有时甚至雷电交加。但双方通过共同努力克服了困难，推动中美关系不断向前发展。为什么中美关系能够取得这样的发展？因为中美双方都有发展关系的客观需要，良好的中美关系对双方都很有用、都很重要。奥巴马总统就职以来，中美关系在原有基础上取得了新的、更大的发展。我告诉美国朋友，中美之间虽然有矛盾和分歧，但双方合作已无所不包、无所不在。包括在台湾问题上，中美也有合作，那就是共同反对"台独"。面对国际金融危机，中美密切沟通协调，携手应对危机，这就是同舟共济啊！这在过去是很难做到的，20

世纪二三十年代的世界经济危机中，美国和苏联能做到吗？这些事实说明，中美两国实际上正在建立一种新型的大国关系。这种关系是一种合作共赢的关系，是能够妥善处理分歧、矛盾和问题，而不是冲突对抗的关系。我今年5月在华盛顿出席第三轮中美战略与经济对话时说过，如果中美在21世纪能够真正建立起新型国家关系，那么这可能是人类历史和国际关系史上一个巨大的、历史性的变革，一个革命性的变化。这当然并不容易，但历史经验证明，我们可以走出这样一条新路来。除此之外，中美两国没有别的路可走。冲突对抗对我们两个国家、对世界都是巨大灾难。

我赞成芮效俭先生的看法。我们必须保持中美关系良好发展势头，而且长期、持久地保持下去。要做到这一点，首先要不断解决好思想认识问题。拿中国人的话来说，就是邓小平先生讲的，要解放思想、实事求是。恐怕全世界都要来一次思想大解放。因为客观形势变了，21世纪与20世纪有很大不同。国与国之间，尤其是中国和美国这样的大国之间利益交融达到了人类历史上从未有过的广度和深度。实际上，大家已经形成了一个利益共同体、命运共同体。再用20世纪的冷战思维，那种集团对抗、那种你死我活的思维方式行事已经行不通了。在这个世界上，美国发展得好，对我们是好事；中国发展得好，对美国也是好事。反过来，美国发展不好，对中国也不是好事；中国发展不好，对美国也不是好事。所以，我们对处理中美关系的思维、观念、政策、方式都要与时俱进。

我们之所以提出坚持走和平发展道路，这是适应时代潮流、适应21世纪变化的需要。坦率地告诉你们，《坚持走和平发展道路》这篇文章首先是要告诉中国人应该怎么做。中国要发展起来并对人类作出更大贡献，只能走这条道路，而不能走别的道路。别的道路就是害自己、也害世界的道路。历史上有不少教训，最近的就是苏联。我们不能走它的老路。中国现在、今后、将来，都要坚定不移走和平发展道路。我讲这些，是希望美国朋友们不要对中国有那么多疑虑，担心中国强大起来要抢美国的位置、抢你们的"金饭碗"。根本不存在这样的问题。我们希望你们发展得越来越好，"金饭碗"含金量更高。当然，我们的日子也要比现在过得更好。13亿中国人应该过得好一点，不然我们怎么向人民交代？怎么向世界交代？你们养不好13亿人啊！如果中国发展不好，13亿人跑到世界上去抢饭碗、抢工作，那对世界将是灾难。因此，我希望美国朋友们既不要误判中国的战略意图，也不要误判自己。什么是不误判自己？就是你们要对美国的未来有信心。美国有很多优势，把这些优势发挥好，同时吸取世界上其他国家的长处，发展好同中国和世界其他国家的合作，那你们将发展得更好。中国没有把美国当作敌人，不认为美国在衰落，也从未把美国当作一个衰落的国家来对待。况且，美国是繁荣、强大还是衰落，不是别人能够决定得了的，这掌握在美国人自己手中。中国人的未来关键也要看中国人自己把中国的事情做得怎么样。苏联当年垮台，虽然有很多外部因素，但关键还是自己出了问题。

明天是中国共产党建党90周年。谈起中国的过去、现在和未来，都离不开中国共产党。我跟美国朋友说过，你们想要了解中国，一定要了解和研究中国共产党。要更好地了解中国，要好好研究中国5000年文明史，自秦始皇统一以来2000多年的历史，1840年鸦片战争至今100多年的近代史，以及新中国成立以来的60多年和改革开放30多年的历史。这对美国朋友正确地认识、了解和对待中国将会很有帮助。

中国共产党在90年前成立，不是从天上掉下来的，也不是哪个人突发奇想搞起来的，而是中国历史发展的必然产物。中国共产党1921年成立时，世界上诞生了很多共产主义政党，日本、巴西、南非、印度等国共产党都大体在同一时期成立，但只有中国共产党在经过 28 年奋斗后，最终取得革命胜利，推翻了压在中国人民身上的"三座大山"。这 28 年中，我们也走过弯路，但我们自己纠正了，前进了。1949 年新中国成立以来，中国取得了巨大成就，也犯过错误，其中包括"文化大革命"这样的重大错误，但还是我们自己纠正了。中国共产党有很强的自我调节、自我纠正、自我完善能力。苏联垮台时，有外国朋友问我，你们的"老大哥"都垮了，你们是不是也差不多了？快进博物馆了？当时有些人是在等着我们进博物馆的。但为什么苏联这样的"老大哥"垮了，中国不仅没有垮，还站稳脚跟、发展起来了？最重要的就是中国共产党坚持解放思想，实事求是，与时俱进，不断进行改革创新。在苏联还没有垮台的时候，我们就开始了改革开放。苏联当时指责我们是"修正主义"，但他们没想到，我们不但没有垮下去，倒是真正发展起来了。

我们对自身的认识、对世界的认识都在不断调整、发展和变化。进入 21 世纪，我们看到世界的变化，更感到 21 世纪和 20 世纪确实大不相同。中国必须走和平发展道路，必须同包括美国这样不同社会制度、历史文化、发展水平的国家加强合作，妥善处理分歧，走出一条国与国关系的新路来。我们不可能什么都做得那么好，但我们不断努力，争取做得好一些。我想，如果中美两国就我上面提到的当今世界的大势、大的问题想清楚，形成共识，很多具体问题处理起来就比较好办，就知道应该怎样妥善处理，使之符合时代要求和两国共同利益。我很赞成各位刚才谈到的，中美两国在未来一段时间各自国内都有重要政治议程。我们应该共同努力，为我们各自办好这些大事创造良好环境，处理好中美关系，使两国关系平稳发展。

（2011 年 6 月 30 日）

后　记

　　退休后许多国内外同事和朋友纷纷建议我静下心来，写点东西，忆旧抒怀。在国外的朋友中，基辛格博士最早建议我写点回忆录。今天，正好是我退休三周年。《战略对话——戴秉国回忆录》的出版发行了却了我一桩心事。

　　说易行难。提笔之初，写什么颇费思量。想写、该写的东西不少，其中我同许多亚非拉国家的同行和领导人的沟通交流，有着许多令人难忘的记忆。非洲的梅莱斯、中东的阿拉法特、亚洲的李光耀、拉美的卢拉都是我十分敬仰的。但思虑再三，最终决定先写我主持中美、中俄、中印、中日、中法战略对话或磋商，以及我就朝核、台湾等问题出任中国政府特使的特殊经历，因为通过这些大事，可以窥斑知豹，本世纪最初 10 年国际形势的波诡云谲、国际关系的错综复杂、中国外交的波澜壮阔汇映其间。往事历历，作为亲历者和见证人，把这些事情记录下来，传之后人，是我对历史的一个交代。书中也叙述了我的一些个人观点和看法，既很浅薄，也不一定完全正确，但一定是我的心里话，写出来供大家参考并批评指正。

编写过程中，许多领导人及老友新朋给予我热情鼓励和关心；杨洁篪国务委员，王毅、张业遂等外交部领导予以大力支持；外交部政策规划司在蔡润司长、王亚军司长领导下做了出色的综合协调工作；外交部各司局、中国国际问题研究院以及外交学院等单位付出了辛勤劳动；我的老同事裴援平、傅莹、周晓沛、孔根红等同志全部或部分审读了书稿并提出了宝贵建议；郑曦原、刘征杰、李维维、李潜虞、陈悦、宫梦媛、程丽华等同志承担了大量具体工作；裴援平、马朝旭、刘海星、周晓沛、孔根红、丛培武、廖力强、陈栋、费胜潮、孙宁、钱晏青等同志提供了有见地的背景材料；我的秘书李志刚自始至终参与其中；人民出版社在编辑排印等方面付出不少心血。对为这本书的出版问世作出贡献的所有同志和朋友们，我深为感激。如果没有他们的关心、努力、协助和支持，我不可能写出这本书来。至于本书的不足和瑕疵，概归咎于作者本人。

我这一辈子能为党、为国家、为人民、为世界做点有益的事，回顾起来，一靠共产党、新中国，这是大前提，是根本，二靠父母亲友，三靠老师同学，四靠领导同事，五靠自己，还要感谢国际上许多朋友的支持和合作。

在几十年的外交生涯中，我的夫人黄浩同志，不仅承担了大量家务事，而且给了我不少智慧和精神支持。我感到歉疚的是，我对这个"小家"的关注太少了，同外国人的沟通倒是不少的，同家人的沟通却是太不够了。希望这本书的问世能给他们一些慰藉。10 年的对话也有他们的一份心血。这本书出版的时候，我已整整 75 岁了。未来留给我的日子还有多少？我不知道。我希望也争取能活到建党一百周年，看到中华民族伟大复兴第一个一百年奋斗目标的实现。第二个一百年奋斗目标的实现我是看不到了，但我九泉之下也会为之欢呼雀跃。我从大山里来，当我离开这个世界的时候，我还要回到大山里去，魂归故里，亲吻乡土，同时也要魂飞大海，拥抱世界。

戴秉国

2016 年 3 月 16 日

于北京

责任编辑：陆丽云

责任校对：吴海平　周　昕

装帧设计：曹　春　汪　莹

图书在版编目（CIP）数据

战略对话：戴秉国回忆录／戴秉国 著 . – 北京：人民出版社，2016.3（2021.4 重印）

ISBN 978 – 7 – 01 – 015903 – 4

I. ①战…　II. ①戴…　III. ①戴秉国 – 回忆录　IV. ① K827＝7

中国版本图书馆 CIP 数据核字（2016）第 046212 号

战略对话

ZHANLÜE DUIHUA

——戴秉国回忆录

戴秉国　著

人民出版社

世界知识出版社　出版发行

（100706　北京市东城区隆福寺街 99 号）

北京盛通印刷股份有限公司印刷　新华书店经销

2016 年 3 月第 1 版　2021 年 4 月北京第 3 次印刷

开本：710 毫米 ×1000 毫米 1/16　印张：25.75　插页：6

字数：328 千字　印数：40,001 – 43,000 册

ISBN 978 – 7 – 01 – 015903 – 4　定价：79.00 元

邮购地址 100706　北京市东城区隆福寺街 99 号

人民东方图书销售中心　电话（010）65250042　65289539